国家自然科学基金"住房保障家庭福利依赖及经济自助行为研究"（71473166）项目资助
上海师范大学"产业经济学"重点学科建设项目资助

共有产权保障住房
——上海实践与理论探索

崔光灿　李　东　编著

中国建筑工业出版社

图书在版编目（CIP）数据

共有产权保障住房：上海实践与理论探索 / 崔光灿，李东编著. — 北京：中国建筑工业出版社，2019.11
ISBN 978-7-112-24353-2

Ⅰ.①共… Ⅱ.①崔… ②李… Ⅲ.①保障性住房—住房政策—研究—上海 Ⅳ.①F299.275.1

中国版本图书馆CIP数据核字（2019）第221795号

责任编辑：徐　纺　胡　毅
特约编辑：陈　晔　杨柳峰
责任校对：党　蕾
装帧设计：陈　瑶
装帧制作：霸州市顺浩图文科技发展有限公司

共有产权保障住房——上海实践与理论探索
崔光灿　李　东　编著

*

中国建筑工业出版社 出版、发行（北京海淀三里河路9号）
各地新华书店、建筑书店经销
霸州市顺浩图文科技发展有限公司制版
北京中科印刷有限公司印刷

*

开本：787×960毫米　1/16　印张：19¼　字数：329千字
2019年12月第一版　2019年12月第一次印刷
定价：58.00元
ISBN 978-7-112-24353-2
（34846）

版权所有　翻印必究
如有印装质量问题，可寄本社退换
（邮政编码100037）

内容提要

共有产权保障住房是共有产权机制在产权型保障住房中的实现形式之一，既能起到保障基本住房需求的作用，又有利于保障家庭享受均等的公共服务，实现"安居乐业"，并能有效防范"福利依赖"和投机性购房。上海经过十年左右的实践和理论探索，有经验也有困难。制度设计的合理性与管理机制的科学性是保证住房保障政策有效性的两个必要条件。

本书结合作者近年来对共有产权保障住房的跟踪研究，对上海市共有产权保障住房政策制定过程中的主要理论考虑、近十年实践中的主要做法进行了系统梳理，包括共有产权保障住房的申请审核、住房建设、供应分配、后期管理等。同时，对上海共有产权保障住房未来发展可能遇到的困难、其他地区实施共有产权住房政策的可行性及需要注意的问题进行了分析。书中部分内容也结合了英国共有产权住房、新加坡组屋和我国香港居屋的一些运行机制分析，以说明共有产权保障住房机制设计的考虑因素。书中也对上海共有产权保障住房向非户籍人才供应、廉租住房与共有产权保障住房的"租售转化"进行了分析。

全书主要内容均为作者近年来的研究成果，包括作者主持的社会调查，如对上海新市民居住意愿及对共有产权住房认识的调查，对共有产权保障住房家庭后期使用情况的调查等，以及在共有产权住房支持与廉租住房支持的社会效果比较、上海共有产权保障住房的运行特征等方面的研究成果，可为共有产权住房在我国的实践和发展提供参考。

本书适合房地产经济、社会政策、住房政策研究人员，城乡建设与住房管理部门管理人员等参考阅读。

前　　言

上海共有产权保障住房从 2009 年开始试点实施，已历时 10 年，目前已经解决了十万户左右家庭的住房问题。但共有产权保障住房制度的建设却是一个漫长的过程，许多具体政策是在实践探索过程中形成和完善的。

上海共有产权保障住房制度实施过程中的一个重要体会是，制度的设计与执行同样重要，一个制度的实施效果不仅体现在制度设计的合理性和可行性上，更体现在管理机制的科学和高效上，体现在制度实施的公平、公正上。

上海共有产权保障住房定位于解决中低收入家庭的住房困难问题。在上海的住房保障体系中，廉租住房主要通过租赁支持解决低收入户籍家庭的住房困难问题，公共租赁住房主要解决各类新就业大学生、来沪务工人员等为主的新市民和部分户籍家庭的阶段性住房困难问题。同时还通过征收安置住房解决旧城改造中的居住问题，通过旧住房综合改造来改善旧住房中居民的居住条件等。而共有产权保障住房起到了衔接保障与市场的功能，被保障家庭有一定的购房能力，但还不足以购买市场化商品住房，通过政策的支持，可以购买部分产权，并在以后有机会退出保障体系，走向市场。

共有产权保障住房有两个重要的机制。一是共有产权的机制，以避免原经济适用住房政策实施过程中投资获利的购房问题，使购房人按市场价格购买自己的产权份额，并仅能从自己的产权份额中获得投资的收益；政府产权份额的收益归政府。二是住房保障机制，体现为政府将使用权完全让渡给购房人，不收取租金，解决其居住问题。这两个机制共同作用，在居住方面，购房人不需要支付租金，可实现完全稳定的居住，并享受到与商品住房相同的公共服务等；但在收益权上，政府又没有让渡，收益与风险完全由购房人按自己的产权份额承担。

产权型保障住房可较有效地避免其他住房保障体系中的"福利依赖"问题,使保障对象更加"经济自力"。它不会因保障对象的收入提高而要求其退出保障,给予的支持是一次性的,但享受是长期的。更重要的在于它为购房人退出保障体系,最终通过自身努力改善住房条件,进入市场化住房供应体系提供了台阶。它既可使购房人解决长期的居住问题,也使其看到改善住房条件的可能性,有了努力提高工作收入的动力。

在共有产权保障住房建设中,上海实施了以大型居住社区为主的集中建设和商品住房小区中配建两种模式。大型居住社区建设是上海住宅建设中的一个重要探索,它将普通商品住房和保障性住房统一规划建设,保证了阶段性有效的房源供应。

上海共有产权保障住房在供应环节上基本形成了客观、准确、公平、公正的申请审核与房源分配机制,建立了住房、户籍、收入、财产、婚姻状况全面的申请信息审核机制,成立了专门的房屋状况信息中心和居民经济状况核对中心,对准入条件实施了准确审核,有效防止了隐瞒虚报等骗购现象。

在共有产权保障住房供后使用管理中,经过了合同管理到行政管理,导出区管理到导入区管理的探索,并初步形成了与社区管理相结合的常态化管理机制,保证了共有产权保障住房用于自住。一些社区通过党建联建、联席会议等探索了更为有效的管理机制。

共有产权保障住房5年后的上市管理是重点。上海目前主要有政府回购和家庭购买完全产权两种退出方式。上市交易的价格根据市场价格进行评估,采用市场化的机制,根据产权份额实施。5年内如果家庭有特殊情况需要转让产权的,可实施政府回购。当然,如果被保障家庭需要长期居住,则不需要退出,仍可长期使用,享受保障。

2018年，上海共有产权保障住房又有了两个新探索。一是将共有产权保障住房扩大覆盖面，扩大到非户籍家庭。对阶段性属于中低收入，但工作稳定、预期未来收入稳定增长，又有一定购房能力，希望购买产权住房的非户籍家庭提供支持。二是廉租住房的先租后售政策，将之与共有产权保障住房机制相结合，即租赁政府实物廉租住房的家庭，一定年限后可以按共有产权保障住房政策购买原住房。

从上海共有产权保障住房的发展看，还有一些制约其持续发展的因素，如房源问题，未来可供建设的共有产权保障住房房源有限；如何促进二级市场形成，将原来的保障住房更有效地继续用于新的保障对象；如何形成常态化的申请受理机制，解决按批次集中供应中出现的困难等。

在本书中，一些章节增加了国内外情况的介绍，主要有助于理解政策制定的设想。在共有产权保障住房上市交易中，增加了新加坡组屋和我国香港居屋的二级市场情况介绍，说明如何建立一个简单的将保障住房供应给新保障对象的机制。在供应环节，增加了新加坡组屋预售的介绍，以说明如何使保障住房供需关系更好地匹配。同时，鉴于英国的共有产权住房实施时间长，而且更多地利用了市场化机制，专门用了一章介绍其运作机制，特别是北爱尔兰，通过货币化方式实施共有产权住房，具有较强的借鉴意义。

目前，一些城市也在探索共有产权住房政策，不同城市的定位不同，如北京定位于政策性商品住房，南京有保障性住房和人才住房两种形式。共有产权住房不一定适合所有城市，也不需要一个统一的发展模式，在住房供应中占的比例可大可小，可定位于不同类型的住房政策。但需要指出的是，无论是定位于保障住房还是商品住房，作为政府或非营利机构与家庭共有的共有产权住房一定有"保障"或"支持"的功能，并主要体现在后期使用权的让渡上。共有产权机制虽然是一个有效的住房供应模式，但不同的城市住房供应状况差异太大，所以建议因城而异，由各地自己探索合适的住房供应方式。但考虑到任何城市政府发展共有产权住房的初衷都是保障或支持部分支付能力不足的家庭购买住房，而不是和家庭"合伙投资"，共有产权"保障住房"应是共有产权住房的主要形态。

共有产权保障住房如何实现可持续发展，更好地满足中低收入家庭的住房需求，还有一些问题需要研究，还有一些机制需要在实践中不断完善。同时共有产权住房是否有更合适的运作机制，在哪些城市更适合，也是需要理论与实践的不断探索。

共有产权保障住房政策实施需要一个复杂的管理体系。从建设到供应、后期管理，不仅需要大量的政策配套，更需要大量人力和物力实施精细化的管理，所以相对于过去的经济适用住房、限价商品住房等，不仅是制度的创新，更需要管理上的创新。所以严格地讲，共有产权保障住房制度是一套管理体系的建立，这套管理体系无论在管理理念还是管理方式上都是新的，而且从经济上考虑需要一定的规模效应，如果政策覆盖面小，户均管理成本会非常高。正是基于这一点，共有产权保障住房或其他形式的共有产权住房可能不适合于所有城市。

为了给广大管理者和学者介绍上海共有产权保障住房的基本情况和理论思路，作者结合近年的相关跟踪研究，形成了本书，目的在于为大家的研究提供素材，为进一步完善上海共有产权保障住房制度，服务共有产权住房在其他地区的实践，使住房政策更有助于"人民安居"，提供参考。

编者
2019 年 3 月

目 录

第一章 共有产权保障住房的几个基本理论问题　　1

第一节 共有产权住房与住房保障关系　　2
一、共有产权住房是一种特殊的产权关系　　2
二、共有产权住房与住房保障　　4

第二节 政府是否应该对产权住房进行支持　　6
一、国际住房政策发展趋势　　6
二、提高住房自有率的政策取向　　8
三、是否在住房保障中鼓励自有产权的讨论　　9

第三节 住房保障中的福利陷阱与经济自力　　12
一、住房保障也要防止福利陷阱　　12
二、住房保障福利陷阱的理论模型　　13
三、"家庭自助"也应成为住房保障工作的目标之一　　16

第四节 共有产权住房衔接保障与市场的作用　　18
一、住房供应的两大体系　　18
二、共有产权住房使市场与保障体系相衔接　　19
三、共有产权商品住房与共有产权保障住房　　21

第二章 上海共有产权保障住房制度的形成　　23

第一节 共有产权保障住房产生的主要背景　　24
一、深化住房制度改革的需要　　24
二、托底的住房保障制度已不能满足实际需求　　25
三、上海经济适用住房的早期探索　　27
四、共有产权保障住房名称的确定　　28

第二节 上海为何要发展"共有产权"经济适用住房　　31
一、住房保障要兼顾提高保障对象的住房支付能力　　32
二、有"产权"保障性住房有助于保障对象积累住房支付能力　　33
三、"共有产权"及其收益分配符合经济规律　　33
四、"共有产权"经济适用住房符合上海实际情况　　35

第三节 政策制定与实施过程　　36
一、政策制定过程　　36
二、政策启动实施过程　　41
三、政策的修订　　44

第三章　上海共有产权保障住房的基本制度　47

第一节　共有产权保障住房的基本定位　48
一、共有产权保障住房是"住房保障体系"的重要组成部分　48
二、政府与个人的产权份额依"共有产权机制"　49
三、共有产权保障住房供应以新建住房为主　50
四、后期使用权利与义务以"约定"形式实施　50
五、激励家庭退出保障走向市场　51

第二节　共有产权保障住房运行中的核心机制　52
一、供应对象的精准性　52
二、分配供应的公平性　54
三、供后管理的有效性　54
四、共有产权机制的完整性　55

第三节　上海共有产权保障住房的几个特征　57
一、明晰了政府与市场的关系　57
二、衔接了住房保障供应与市场化供应　58
三、平衡了政府帮助与家庭自助的关系　58
四、统筹了政府的当期与远期土地财政收入　59

第四节　上海共有产权保障住房管理体系　59
一、较完备的政策体系　59
二、市、区两级管理体系　62
三、相关部门的住房保障管理协调机制　64

第四章　上海共有产权保障住房的保障对象　66

第一节　共有产权保障住房准入标准　67
一、户籍条件要求　67
二、收入与财产标准　67
三、住房困难标准　68
四、其他具体细化标准　69

第二节　共有产权保障住房申请审核过程　70
一、共有产权保障住房申请审核流程　70
二、通过现代化信息技术手段，提高申请审核效率和精准性　71
三、建立监督机制，确保政策公平、公正　74

第三节　共有产权保障住房的轮候与购房　74
一、共有产权保障住房购房总流程　74
二、轮候排序　75
三、选房　76
四、签约　78
五、购买共有产权保障住房的税收与信贷支持　79

第四节　共有产权保障住房家庭特征　　　　　　　　　　82
　　一、总体规模　　　　　　　　　　　　　　　　　　82
　　二、基本家庭特征　　　　　　　　　　　　　　　　83
　　三、共有产权保障住房典型家庭　　　　　　　　　　85

第五章　上海共有产权保障住房建设与供应　　　　　　　89

第一节　共有产权保障住房的供地与选址　　　　　　　90
　　一、以划拨方式供应建设用地　　　　　　　　　　　90
　　二、确保有效土地供应数量　　　　　　　　　　　　91
　　三、大型居住社区建设的由来　　　　　　　　　　　92
　　四、大型居住社区选址与规划　　　　　　　　　　　94

第二节　共有产权保障住房的建设方式　　　　　　　　98
　　一、集中建设与分散配建两种方式为主　　　　　　　98
　　二、"政府主导、市场运作"的集中建设　　　　　　98
　　三、共有产权保障住房的配建　　　　　　　　　　　100

第三节　共有产权保障住房的建设标准与配套　　　　　101
　　一、编制共有产权保障住房设计导则　　　　　　　　101
　　二、努力增加优质公共配套资源　　　　　　　　　　103

第四节　共有产权保障住房的供应与定价　　　　　　　106
　　一、房源调配与公布　　　　　　　　　　　　　　　106
　　二、住房结算价格与销售价格　　　　　　　　　　　109
　　三、产权份额确定　　　　　　　　　　　　　　　　112

第六章　上海共有产权保障住房供后的使用管理　　　　114

第一节　共有产权保障住房使用的基本要求　　　　　　115
　　一、共有产权保障住房是否只能自住的讨论　　　　　115
　　二、上海共有产权保障住房明确只能"自住"　　　　116
　　三、上海共有产权保障住房使用管理中的重点　　　　117

第二节　共有产权保障住房使用管理纳入社区管理的机制　118
　　一、共有产权保障住房供后使用管理的界定　　　　　118
　　二、共有产权保障住房使用管理的主要内容及责任主体　119
　　三、供后使用管理纳入社区常态化管理的基本定位　　120
　　四、共有产权保障住房供后管理纳入社区常态化管理的协调机制　121

第三节　共有产权保障住房后期管理的实践与案例　　　124
　　一、签订供后房屋使用协议　　　　　　　　　　　　124
　　二、当前共有产权保障住房供后使用管理的模式　　　125
　　三、社区参与共有产权保障住房案例　　　　　　　　127
　　四、司法介入——共有产权保障住房出租合同无效　　131

	第四节	共有产权保障住房后期使用家庭问卷调查	132
		一、调查样本	132
		二、住房的基本情况	133
		三、住房使用的基本情况	134
		四、对后期管理的看法	136

第七章	上海共有产权保障住房供后的产权转让管理		138
	第一节	后期产权管理的几个核心问题	139
		一、保障性住房产权交易为什么要限制	139
		二、产权收益（损失）是否严格按产权份额实现	141
		三、封闭、半封闭还是开放市场	143
		四、共有产权住房产权交易的四个可能形式	144
	第二节	上海共有产权保障住房供后产权管理的实践	145
		一、共有产权保障住房供后的产权管理现状	145
		二、未来上市意愿的问卷调查	147
		三、政府回购和购买政府产权的管理程序	148
	第三节	新加坡与我国香港地区二级市场借鉴	149
		一、我国香港居屋的上市管理及流程	149
		二、新加坡组屋的上市管理	152

第八章	上海共有产权保障住房扩大到非户籍家庭的探索		155
	第一节	住房支持将成为住房发展的重要内容	156
		一、住房政策需要服务于支撑城市发展的各类关键人才	156
		二、将支持性的住房政策定位于一项公共政策	156
		三、住房支持政策要多渠道	159
		四、上海已有的住房支持政策	161
	第二节	新市民的住房支持要分层次解决	163
		一、非户籍常住人口是上海新市民的主体	163
		二、解决非户籍常住人口住房问题的主要考虑	164
		三、人才住房政策应定位于阶段性支持为主	167
	第三节	上海青年家庭住房状况及需求调查	168
		一、被调查对象基本情况	168
		二、居住现状	171
		三、无房上海新市民的住房需求	173
		四、对共有产权住房的认识	178
	第四节	共有产权住房对新市民支持的可能	180
		一、通过产权支持青年家庭住房的可能性和必要性	180
		二、面向人才的共有产权住房宜定位于阶段性支持政策	182

		三、上海将共有产权保障住房覆盖面扩大到非户籍家庭的做法	183
		四、未来面向中高收入人才的住房支持的方向	186
	第五节	我国其他主要城市面向人才的产权住房政策	187
		一、北京市的共有产权住房	187
		二、深圳的人才产权住房支持	190
		三、南京的人才共有产权住房	191

第九章 上海共有产权保障住房先租后售的尝试　　194

	第一节	先租后售的基本考虑	195
		一、先租后售住房的作用	195
		二、我国香港先租后售的实践案例	196
		三、我国内地有关保障房"先租后售"的政策设计	198
		四、"先租后售"政策可行性	202
	第二节	上海廉租住房先租后售的可能性	202
		一、实物配租廉租住房政策的基本情况	202
		二、实物配租廉租住房运行中面临的难点和问题	203
		三、实施"先租后售"政策对完善住房保障体系的作用	204
		四、实物配租家庭"先租后售"意向调查	205
	第三节	先租后售廉租住房与共有产权保障住房衔接的机制	211
		一、为什么要与共有产权保障住房衔接	211
		二、与共有产权保障住房衔接需要解决的几个关键问题	212
		三、上海的实践方向	216

第十章 产权支持与租赁支持的效果实证　　218

	第一节	研究背景	219
	第二节	产权支持与租赁支持的政策效应差异的理论分析	221
	第三节	两种住房保障政策效果的实证分析	223
		一、数据来源与变量选取	223
		二、实证模型选择	226
		三、实证结果	226
	第四节	结论与讨论	229
		一、主要结论	229
		二、政策讨论	230

第十一章 上海共有产权保障住房面临的问题和思考　　232

	第一节	共有产权保障住房申请与供应方面	233
		一、共有产权保障住房不宜"应保尽保"	233
		二、新增房源供应的持续性不足	234

	三、初次销售定价折让幅度大将不利于制度持续发展	234
	四、按批次供应中建设项目统一进度协调难	235
	五、共有产权保障住房是否可形成"人等房"的轮候机制	235
	六、"常态化"的申请、受理与供应机制是否可行	236
	七、如何形成准入标准的动态调整机制	241
第二节	共有产权保障住房供后使用管理方面	241
	一、供后管理的全面有效实施仍有难度	242
	二、加大供后违规违约处置力度	244
	三、共有产权保障住房纳入社区管理的几个支撑条件	245
	四、提高共有产权保障住房使用效率	247
第三节	共有产权保障住房上市管理方面	247
	一、5年内回购处理复杂	248
	二、满5年后上市制度仍需优化	249
	三、关于5年后上市可进一步探索的方面	250

第十二章 专题借鉴：英国共有产权住房运作机制 255

第一节	英国共有产权住房的基本情况	256
	一、共有产权住房制度实施的情况	256
	二、共有产权住房在住房保障体系中的地位	257
第二节	英格兰共有产权住房主要运作机制	258
	一、供应对象	258
	二、共有产权住房的供应	260
	三、租金及后期使用	262
	四、后期产权管理	263
第三节	北爱尔兰货币化的共有产权住房	264
	一、供应对象	264
	二、供应管理	265
	三、租金及后期管理	266
	四、购买剩余产权份额	267
第四节	比较与借鉴	267
	一、英国与上海共有产权住房政策对比	267
	二、几点主要启示	269

第十三章 共有产权住房政策的进一步讨论 270

第一节	共有产权住房在我国的实践	271
	一、江苏淮安等地的先行先试	271
	二、其他试点城市的探索	273
	三、更多城市的探索	275

第二节 发展共有产权住房应坚持的几个基本原则　278
　　一、共有产权住房政策应坚持住房保障或住房支持的定位　278
　　二、共有产权住房供应对象应以"夹心层"为主　279
　　三、共有产权住房应坚持按出资额形成共有产权份额　279
　　四、政府对共有产权住房的支持力度应适度　280
　　五、共有产权住房应允许家庭购买完全产权　280
　　六、共有产权住房不必覆盖所有产权型保障住房　281
　　七、共有产权住房是一个复杂的机制，应"因城施策"　281
第三节 共有产权住房未来展望　282
　　一、共有产权保障住房　282
　　二、人才类共有产权住房　284
　　三、共有产权商品住房　285
　　四、货币化共有产权住房的实现形式　285
　　五、共有产权住房需"分类管理"　286
参考文献　287
后记　290

第一章

共有产权保障住房的几个基本理论问题

第一节　共有产权住房与住房保障关系
第二节　政府是否应该对产权住房进行支持
第三节　住房保障中的福利陷阱与经济自力
第四节　共有产权住房衔接保障与市场的作用

第一节　共有产权住房与住房保障关系

一、共有产权住房是一种特殊的产权关系

（一）从住房的产权分类谈起

住房是家庭的重要财产，从物权法的角度看，与住房相关的权利包括三个方面，即所有权、用益物权和担保物权。而产权是一个相对模糊的概念，使用的范围更广。住房产权一般是指产权人对住房的所有权和使用权。依据不同类别的住房与不同权利人之间的关系，可分别从不同产权角度考虑住房的属性。

从所有权的角度，住房可简单地分为公有住房和私有住房两大类。公有住房常常是指产权由国家或政府所有，提供给居民居住的住房，这种住房常常是低租金、面向特定人群供应的，如国外的公共住房，我国改革开放前的公有住房等。私有住房是产权属于私人的住房，一般由家庭建造或购买，并确权为私人的住房。另外在我国还有一些相对复杂的所有权住房，如企事业单位拥有产权的住房，如单位的宿舍等，这部分住房有时难以界定私有还是公有。如国有单位拥有住房，其属于国有资产，一般就应该属于公有住房；而私营企业，其住房主要用来营利性经营，可以界定为私有。这一般又可从拥有该住房主体的产权属性来讲，如国有、集体所有、私有等。

从使用权的角度，住房可分为自用和他用。其中他用的一个重要形式是租赁住房。租赁住房是一种用益物权安排，是房屋所有人在一定时期内转让使用权的关系。出租的住房一般是所有权明确的住房，出租方一般是所有权人或其代理人，当然出租住房的所有权属性既可以是公有住房也可以是私有住房。具有公有住房属性的租赁住房在我国主要有廉租住房和公共租赁住房，私人产权的租赁住房一般是由家庭将自己拥有的住房出租，常常就是市场上供应的租赁住房。

住房的所有权与使用权都很重要。所有权主要表示住房既是财产的归属，同时也涉及资产的收益归属。使用权是住房的实际居住使用归属，因为住房不仅是财产，更是居住的场所，居住使用的权利也非常重要。二者可以形成不同的关系，一般住房自住自用的情况下，二者是统一的；而如果二者分开的话，由使用权是否支付对价，是否有限制，可产生不同的住房类型。

所以，从产权属性看，住房属于物权的关系范畴，更多强调住房的所有权关系。进而演化出了住房自有率的概念，即一个国家或地区拥有自有产权住房的家庭所占的比例。但自有产权是家庭私有住房概念，住房自有率也被称为住房私有率，是住房的产权结构，其本身可以反映住房市场结构或住房的"私有化"程度，但不能反映居民的居住状况好坏程度，更不能说明住房是否公平。根据"第六次全国人口普查"调查数据，目前我国居住在自有产权住房（自建+购买）中的家庭占72%，租赁住房的家庭占到26%。

（二）共有产权住房是一种相对复杂的产权状态

产权理论是一个非常复杂的理论，对产权的划分不同学者有不同观点。韩文龙、刘灿（2013）梳理了国外学者的观点，认为单就产权的分类而言，主要有二分法（私有产权和共有产权）、三分法（国家产权、社区产权和私有产权）和四分法（私有产权、政府产权、非实在产权和共同产权）。不同分类其实也是从不同主体的特征角度进行划分的，但共有产权这一概念，最初主要是从产权制度演变的角度分析的。

作为物权的共有产权，我国《物权法》对于"共有"有相应的规定，如其中第九十三条"不动产或者动产可以由两个以上单位、个人共有。共有包括按份共有和共同共有"，第九十四条"按份共有人对共有的不动产或者动产按照其份额享有所有权"。

住房作为不动产的一种，如果由两个以上单位、个人共有，即称为"共有产权住房"，但由于住房是一种比较特殊的"物"，所以在所有权、用益物权和担保物权等的实现形式上，往往更加复杂，有时需要专门的法律规定来界定。如，如果两个以上个人共同购买住房，并在产权证上明确份额，则按出资份额享有物权，即按份共有。如果作为家庭财产的一部分，即使房产证上没有明确共有产权人，是否也是家庭成员的共有财产，可能要适应其他相应的法律规定。

个人与公有主体共有产权，这是一种更加特殊的产权关系。从英国等地的共有产权住房实施情况看，共有产权住房不是一种完全经济对等意义的产权关系，往往是政府对个人的住房支持或保障。如英国的共有产权住房虽然更多使用了市场机制，但其政策理念是"任何努力工作并尽力储蓄的人都应该有机会购买一套属于自己的住房"，最终还是帮助家庭拥有住房，而不是和家庭"合伙投资"。

所以我们要研究的"共有产权住房",不是一般含义的"共有产权",而往往是政府或非营利机构与个人共有的住房,是一种更加复杂的产权关系。这类住房是政府或非营利机构对个人住房的一种支持形式,具体支持力度和方式虽然会有所差异,但一般政府或非营利机构在"用益物权"的约定上会有一定的让渡,如低租金等,所以需要相应的法律或制度进一步规范或明确这种产权关系。

这样,从产权的角度,我们可以将共有产权住房界定为,所有权共有而使用权独占的房屋,其中使用权的独占一般是以约定的形式获得,可能支付对价,也可能不用支付对价。

二、共有产权住房与住房保障

对中低收入家庭实施住房保障或支持是多数国家或地区都在实施的政策,其理论依据包括"住房权"的保障、二次分配的公平性等,最初都从属于社会政策,重点解决住房带来的社会问题,包括住房不足、居住条件恶化、贫民窟等。住房保障政策较早可追溯到英国工业革命后,由于产业工人大量集中带来的住房状况恶劣及相应的社会问题,进而产生了公有住房政策,特别是第二次世界大战后,为缓解住房严重不足的状况,英国开始大规模建设低价公共住房。同样,第一次世界大战后德国出现了严重的住房危机,并引发社会动荡,政府于是通过住房政策介入住房市场,以缓解危机,稳定社会(孟钟捷,2011)。我国香港地区的公共房屋制度起源于1953年九龙石硖尾寮屋区大火,超过5万名居民失去了住房,政府因此决定系统地展开徙置计划,其中,1953—1973年主要是发展廉租屋;1973年香港房屋委员会成立,开始着手新市镇建设。美国住房政策源于1930年的经济危机,住房建设减少,许多城市由贫民窟而引发了社会动荡,住房问题成为政治和社会不稳定的一个危险病灶,因而促使联邦政府开始对住房问题进行间接和直接的干预(李艳玲,2003)。

住房保障的支持方式,最初是以依赖政府建立廉价的公共住房为主,逐步过渡到政府鼓励非营利机构建设公共住房,再到租赁补贴为主,即所谓的"补砖头"到"补人头";后来进一步演化出支持中低收入家庭购买产权住房的方式。

我们如果将住房保障方式进行归类,按被保障家庭获得住房产权(同时包括居住权)还是居住权,可分为产权保障与租赁保障两大类,其中租赁保障主要解决居住问题，而产权保障在解决居住问题的同时还支持家庭积累资产。按住房保障由政府或政府支持的机构是否提供实物住房，又可分为货币化补贴保障和实物保障，这两种分类是相互交叉的，货币化补贴包括购房补贴和租房补贴，实物保障又分政府或非营利机构提供的低租金住房（如公共租赁住房）和低价住房（如经济适用住房）两种情况。两者的组合共有四种具体的保障形式：一是政府或政府支持的非营利机构建设的低价出售型住房；二是政府或政府支持的非营利机构建设的供中低收入家庭使用的租赁住房；三是政府通过租赁补贴支持家庭到市场上租赁住房；四是政府通过财政、信贷、税收等多种补贴手段支持家庭购房，但在实际操作中演化出更具体的保障方式，如表1-1所示。

表1-1 住房保障的主要方式

住房保障方式	实物方式	货币方式	政策目标
产权保障（支持）	• 政府建设的低价住房，如我国的经济适用住房、新加坡组屋等 • 政府支持非营利机构建设的低价住房，如中国香港居屋、英国共有产权住房等	• 购房财政直接补贴 • 低息贷款 • 税收抵减	• 解决居住困难 • 帮助家庭积累资产
租赁保障（支持）	• 政府直接建设的公共住房或公共租赁住房等 • 政府支持的非营利机构建设的各类租赁住房	• 各类租金补贴，如美国的住房券	• 解决居住困难

从世界各地的实践来看，任何一种保障方式都有利有弊。总体来看，政府直接提供产权住房保障的政策相对较少，但支持中低收入家庭购房的较多。其中共有产权住房作为一种特殊的形式，在英国实践得较多，并取得较好的效果。我国香港的居屋在收益分配上也有共有产权住房的性质。因为共有产权住房相对其他住房政策，实施过程更加复杂，特别是后期的产权管理和上市收益分配等，要求较成熟的市场环境和政策操作，所以，一般其他国家的产权型保障住房主要是通过"有限产权"的形式实施，如新加坡的组屋、美国的经济适用住房等。共有产权住房作为住房保障的一种形式，从全世界看，还没有成为一种主要形式，但随着市场经济的发展和政府管理水平的提升，有不断发展的可能。

在我国，产权住房保障包括经济适用住房、限价商品住房和共有产权住房等，在解决住房问题的同时帮助家庭拥有住房产权。租赁住房保障通过租赁补贴等方式解决家庭住房困难，包括廉租住房、公共租赁住房等，但家庭没有获得住房产权，仅得到阶段性或长期的住房支持。这两种住房保障方式都解决了最基本的住房问题，但住房支持不仅关乎住房问题的解决，还会对保障家庭的财富积累、就业激励、子女教育等产生影响。

我国产权型住房保障政策中，从最开始的经济适用住房，到后来的"限价房"、双限双竞房等，都是一些有效的探索，但都面临投资性购房的问题。所以，后来一些地区开始了共有产权住房的探索，如北京、淮安、黄石等地都试点了不同的共有产权住房，但共有产权住房是否作为保障性住房，不同的地区有不同的做法。

第二节 政府是否应该对产权住房进行支持

一、国际住房政策发展趋势

（一）与住房发展阶段相适应，住房发展目标从单一到多元

从国际经验看，住房发展的阶段性重点基本经历了从重数量到重质量、可支付性、居住环境、居住融合的演变。

从重数量到重质量是一个重要的阶段性转变。在判断这个阶段性特征时，套户比（住房总套数与家庭总户数的比值）是直观判断住房市场供求均衡程度的重要指标之一（刘洪玉，2013），它反映了一个国家或地区住房的总体供求状况和满足基本住房需求的程度。根据其他国家和地区住房市场的发展经验，对应住房套户比指标的变化，从重数量到重质量的发展过程分为三种情况：第一，住房的绝对短缺阶段，当全国总体住房套户比小于1时，住房供应绝对短缺，政府的住房发展重点是增加住房供应，并可能通过快速建设"低质量"住房来解决住房供应不足问题。第二，住房的结构性短缺阶段，当全国总体住房套户比等于1时，标志着供给绝对短缺问题已经缓解，但可能不同地区的住房供应关系不同，有些地区套户比已经超过1，而其他地区套户比小于1，出现住房的结构性短缺。这一阶段是从住房供求结构性不平衡到基本全面平衡的过渡时间，一般经历时间为5~10年。第三，住房质量提升阶段，当住房短缺问题彻底解决以后，住房市场就进入质量提升阶段，并开始关注住房的可支付性问题。

在住房发展目标从重数量过渡到重质量后,一般各国的住房发展目标开始多元化,并且侧重点也有所不同,但一般都包括住房可支付问题、居住融合问题等。美国20世纪40年代后、日本20世纪70年代后都基本解决了住房的绝对数量不足问题,开始转向住房质量目标。在多元化的住房政策目标中,不同国家的重点可能存在差异。如美国的住房政策目标包括保护和扩大优质住房的供给,使现有的住房更价廉、更容易获得,提高社区居民在民族和收入分布上的多样性,帮助家庭积累财富,巩固家庭,使居民能获得基本的配套服务设施,促进大都市的平衡发展(阿列克斯·施瓦兹,2008)。

(二)与经济发展水平相适应,住房支持人群从低端到中高端

国际住房保障的发展也有一个阶段性发展的趋势,从最低收入家庭到低收入家庭、中低收入家庭、中等收入家庭,并不断关注"夹心层"家庭。

第一,在解决居住安全阶段,主要保障对象是最低收入家庭。主要通过贫民窟改造、建设廉租房屋等方法,保障低收入人群最基本的居住条件。第二,满足最基本居住需求阶段,仍以低收入家庭为主。随着工业化和城市的发展,城市住房供求矛盾突出,为了防范居住安全隐患,缓解社会矛盾,促进城市发展,许多城市开始大量建设公共租赁住房或廉价房,解决低收入家庭的住房困难问题,并逐步将住房保障作为城市公共政策的一项重要内容。第三,改善居住条件阶段,过渡到中低收入家庭。在解决住房供求基本矛盾后,更注重提高居住的质量,并将保障对象扩大到中低收入家庭。第四,提高住房自有率阶段,开始注重"夹心层"家庭。在解决中低收入家庭住房困难的同时,随着房价的高涨,许多国家和地区开始关注既无法享受原有保障制度,又无力购买商品住房的"夹心层"家庭,将精力放在中等或中高收入家庭、青年家庭、专业技术人员等的住房政策上,这部分家庭往往是社会发展的重要动力,是社会稳定的基础。在通过政府建设低价住房出售、支持开发商建设可负担住房的同时,更多地通过住房金融支持政策,促进中等收入家庭"自置住房",提高住房自有率。

住房政策目标从住房支持人群和支持的重点看,大致阶段如下:

(1)解决居住安全阶段——最低收入家庭;

(2)满足最基本居住需求阶段——低收入家庭;

（3）改善居住条件阶段——中低收入家庭；

（4）提高住房自有率阶段——"夹心层"家庭，中等收入家庭。

（三）与市场发展路径相适应，住房支持手段从直接到间接

在多元化的政策目标发展过程中，住房支持手段也逐步由提供实物住房过渡到以住房金融税收支持为主。

许多国家在住房支持的最初都会提供实物的公共住房，主要用于最低收入群体的住房保障，不同国家比例差异较大，从5%~30%不等。但公共租赁住房常常会面临经营成本高、维修资金不足等问题，所以多数国家在一定阶段之后都开始减少或停建公共租赁住房。相对政府提供低价住房，通过金融与税收提供支持逐步成为主要国家的住房政策重点，住房保障与住房金融体系的完善也逐步结合到一起。如美国通过税收减免、低利率信贷优惠等支持的购房群体占到二分之一左右，日本通过金融支持的家庭占到三分之一左右，极大提高了住房自有率。所以，不管什么样的政治经济体制，住房支持政策的种类基本相同，政策发展的趋势也基本趋同，都有一个从实物向货币的转化过程。

二、提高住房自有率的政策取向

20世纪六七十年代后，与住房政策目标关注住房的经济属性相对应，政府对住房的支持方向也产生了变化，主要国家和地区的住房政策开始倾向于"鼓励住房自有产权"，包括增加对中低收入家庭购买住房的支持。住房政策由过去提供低价租赁住房为主演化为以促进住房自有为主，通过金融税收等手段，提高各类家庭的住房支付能力。

学术界和政府部门都形成了鼓励"住房自有产权"，提高住房自用率有利于家庭、社会及经济发展的主流观点。1995年，美国总统克林顿实施了国家住房自有战略，以提高低收入家庭和少数民族家庭的住房自有率，并宣称住房自有对国民的好处是"当我们增加住房自有的家庭数量时，促进了经济增长，创造了工作机会，建立了中产阶级，塑造了更好的市民"（Brian，2013）。2000年美国住房与城市发展部的一份报告对住房自有权的益处进行了详细的描述："住房拥有者将获得投资收益带来的财富积累，享受更好的居住条件，参与更多的社区生活，子女在学校的表现会

更加优秀,减少犯罪的可能。同时,社区也从业主房地产税收、稳定的社区环境中获益"(Harkness 和 Newman,2003)。总结起来,产权住房对家庭的影响一般认为有:通过房产增值带来的财富积累;家庭行为的改善,包括社区参与、政治参与;对家庭幸福感或生活满意度的影响;对子女学业成绩、不良行为及未来成就的影响等。

在各国住房自有率快速上升的过程中,家庭购买住房也从解决基本居住问题,转为积累财富。许多学者开始提到"自有住房"的一个重要好处是"财富积累",认为低收入家庭也可以通过住房财产的形式积累财富(Butler,1985),购买公共住房是分享财富的有效手段(Apgar,1989)。从美国中低收入家庭拥有住房对财富积累的效果看,拥有住房的家庭每年净财富增加约 1.4 万美元(Turner 和 Luea,2009)。

将增加住房自有率作为一项政策目标,是一把双刃剑。一方面,通过帮助一部分有能力的家庭购买住房,积累家庭财富,可以起到解决住房问题和稳定社会的作用。另一方面,当人们更多关注住房资产及其增值功能时,住房的资产属性被不断放大。住房价格的变化不仅取决于居住带来的需求,更取决于居住与投资同时产生的需求。居住需求的变化主要取决于人口的变化,而投资需求的变化则更多取决于对资产配置的需求,以及对购买时机的决策。对很多家庭而言,如果他们在正确的时机进出房地产市场,那么住房自有是储蓄之外积累财富的一个重要过程(Forrest 和 Lee,2004)。从对住房市场的影响看,住房由于投资功能放大,成为许多家庭资产配置的对象,甚至成为"炒"的对象,使住房市场投资需求不断增加,住房价格上升,使更多的家庭住房支付出现困难。特别是一些国家将住房需求作为促进经济增长的一个重要工具后,住房市场的不稳定性进一步增加。

三、是否在住房保障中鼓励自有产权的讨论

在住房保障领域,许多国家的政府开始从以低租金公共住房与租赁补贴支持为主,转向支持中低收入家庭拥有产权住房。如 1966 年英国政府就开始实施将公共住房出售给租户的政策,并在 20 世纪 80 年代大规模促进租户可以通过低于市场价格购买租赁的公共住房(Rohe 和 Stegman,1992)。美国在 20 世纪 80 年代,出台了可负担住房法案和相应的帮助低收入家庭买房的计划项目(Stegman 和 Holden,1987)。而新加坡也实施"组屋建设",使大多数中低收入家庭可以购买住房,并通过社会保

障制度与住房制度的对接帮助大多数新加坡公民通过购买住房积累终身财富（李健正，2010）。

政府通过促进低收入家庭拥有产权住房，可以对家庭产生正向的激励作用，并起到稳定社会的作用。一方面低收入家庭拥有住房后，将会有强烈的工作动机和增加收入的愿望（住房支出不再受收入影响），所以拥有住房给了低收入家庭新的工作和储蓄动机（U.S.HUD，1984）。而租赁住房支持常常会产生福利陷阱效应，Brian A. Jacob 和 Jens Ludwig（2012）研究了芝加哥住房保障轮候系统的数据，发现接受住房保障的家庭平均减少了 11% 的就业和 15% 的收入，并增加了 21% 的申请其他社会保障的可能。另一方面，产权住房的支持可以使低收入家庭在经济社会生活安排中更加积极、主动，自有住房可以增加保障对象的自我控制感，他们可以完全自主地使用和处置住房，也增加了其对人生中其他事件的自主性（Peter，1978）。William Rohe 和 Michael Stegman（1992）在对美国购入公共住房的家庭追踪调查数据分析后，发现中低收入家庭拥有住房后会产生有益的社会影响，包括对自信心、财务安全、生活自主感和融入社区以及对整个生活的影响。

当然对低收入家庭是否要进行产权住房支持，国内外仍存在着不同的观点，如通过增加中低收入家庭的借款能力支持其购房并不理想，Rachel Bogardus Drew（2013）运用政策设计理论分析，认为从 20 世纪 90 年代早期实施的促进低收入家庭住房自有的政策，其效果并不理想，通过金融信贷政策支持低收入家庭购房，对低收入家庭长期保持住房所有权并没有帮助。他从社会构建的视角，认为帮助低收入家庭购房是将其放到复杂的信贷市场中，而信贷机构从自身利益出发，这些政策其实更多优惠了信贷机构，对低收入家庭保持自有住房并没有可持续的帮助。针对低收入家庭提高住房自有率的政策之所以失败源于两方面假设，一是对住房自有带来益处的假设，二是在政策设计之外没有考虑低收入家庭如何保持住房自有。即使可以用一个较明显低于市场的价格购买住房，许多低收入家庭仍然没有能力购房或者日后支付维修的费用（Meehan，1988）。从公共资源使用的角度，一些学者认为公共住房出售减少了可以出租的存量，而排队等候的低收入家庭还有很多（Wise，1985）。

我国针对是否通过产权支持实施住房保障的争论更大，其中一个重要的原因来自于以前经济适用住房分配中出现的问题，并有三个方面的质疑。一是政府是否应该使用财政资金,支持住房困难家庭获得产权,产权支持是否有财富的再分配作用。二是住房保障的本质是支持家庭解决住房,帮助其解决财富积累问题已不属于住房保障的范畴。三是产权住房这么大的财产,如何保证分配中的公平性,如何确保不被寻租。吴立群(2009)对当时江苏省姜堰、如皋、淮安等城市共有产权住房试点进行了分析,认为这在产权理论上是可以探讨的,在现行法制下是可行的,在实践中是可操作的。陈淑云(2012)从家庭财富积累的视角探讨了构建我国共有产权住房、改革原有产权式住房保障制度的问题。共有产权住房作为一种住房保障制度创新,相对公共租赁住房等保障手段,有助于中低收入家庭的财富积累,在解决住房消费问题的同时解决由住房财富分配不均所引发的问题,并指出组织和建立非营利性住房保障机构参与保障住房管理,引导多种社会资本进入住房保障领域等是共有产权住房发展的外部条件。吕萍等(2013)认为保障性住房共有产权模式的建立和运行,对于优化保障性住房的配置效果,加强保障性住房建设的资本化能力,提高住房保障的效率,给予受保障人群改善福利和增加财富的机会平等具有积极效果。黎明月等(2014)从家庭和政府两个角度进行了测算,认为共有产权住房有利于减轻支持对象家庭的支付压力和逐步获得完整产权,有利于提高政府有限财政资金的运行效率,有利于吸引民间资本参与保障房建设。金细簪、虞晓芬(2014)提出了利用共有产权住房来统领现在的经济适用房、拆迁安置房和限价商品房,明确政府与保障对象之间的责权利,从而建立新的住房保障体系,构建合理衔接的住房体系的观点。张娟锋、虞晓芬(2017)认为共有产权住房解决了经济适用房与限价商品房的寻租问题,明晰了政府与个人的产权份额,既维护了政府的权益,又实现了住房保障功能。朱亚鹏(2018)认为首先共有产权房扩大了我国住房保障的覆盖群体,回应了被市场排斥又无法获得政府保障的夹心阶层的住房需求。其次,共有产权房丰富了中国住房保障的方式和路径,是我国住房产权方面的重要发展与创新。共有产权住房介于公共租赁和可负担住房之间,是一种过渡性的、高度灵活的产权占有模式,它可以满足中低收入家庭差异化的住房需求,有助于实现住房保障供给与保障对象支付能力之间的匹配和协调,是一种更加"精准"的住房保障模式。再次,共有产权房丰富了中国的住房供应模式,弥补了住房消费阶梯中缺失的环节,形成租赁保障、共有产权、市场租赁和市场购买之间的多层次住房供应和消费梯度。与此同时,这种政策模式也建立起一种住房保障与住房市场对接、转化机制,化解了以前住房保障与住房市场完全割裂的弊端。

第三节　住房保障中的福利陷阱与经济自力

一、住房保障也要防止福利陷阱

住房保障既要使住房真正困难的中低收入家庭得到基本居住保障，又要防止部分有能力就业自助的家庭长期依赖住房保障。如果部分有能力自助的家庭产生了住房保障依赖，主动减少工作时间，不仅不利于家庭社会化，也不利于扩大社会就业，并直接关系到住房保障资源的使用效率和分配的公平性，形成"福利陷阱"（也称"福利依赖"）问题。

住房保障的"福利陷阱"，具体表现为两种典型情况，一是"挤入"现象，如本来不符合住房保障准入条件的家庭或可以通过自身努力解决住房困难的家庭，故意减少或放弃工作，以减少收入水平、达到住房保障准入条件的要求。二是"滞留"现象，一些住房保障家庭在子女成年后或自身条件改善后可以通过工作增长收入，由于不愿放弃已享受的住房保障而"拒绝"或减少工作。特别是当有些家庭同时享受最低收入保障等多种社会保障时，更表现出不愿工作的情况。

有关福利陷阱的相关研究，以往主要集中在城市社会保障领域，关于住房保障方面的研究近年开始引起人们关注，重点是关注住房保障资源是否被合理使用、是否会被"滥用"，是否存在福利陷阱。如邓宏乾等（2012）认为我国以收入水平和住房状况为分配标准的经济适用住房、公共租赁住房、廉租住房，其标准划分是一种跳跃的断层式的住房保障体系，不同保障福利的水平差异大，无疑会促使部分保障对象为享受某阶层的住房保障福利而不工作，造成住房保障"福利陷阱"。卢珂、李国敏（2012）认为北京、西安、太原三个城市经济适用房自用率平均只达到70.29%，这种现实结果与住房保障政策目标严重背离，造成住房保障陷入了"福利陷阱"，进而加剧了住房的不公平。住房保障的福利陷阱还表现在其与其他社会保障的关系上，Moffitt（1992）发现在美国89%的享受子女抚养计划的家庭同时还享受食品补贴和医疗福利，而且还有42%的家庭享受住房等其他第四项补助。

如以上海廉租住房为例，该政策已实施了近20年，保障覆盖面不断扩大，其对解决广大低收入家庭住房困难起到了不可或缺的作用，但也产生了一些"福利陷阱"现象，特别是随着准入条件中收入标准的不断提高，一些家庭通过放弃工作、改变家庭结构等多种手段，力图"挤入"住房保障体系。享受廉租住房后，一些家庭不主动配合复核工作，不努力寻找工作，长期滞留在保障领域。根据我们对2000—2012年12年间的上海廉租住房保障家庭调查，享受住房保障时间超过5年仍未退出的比例为66.9%，超过10年仍未退出的比例为38.7%，所有家庭享受住房保障时间的中位数为8.48年。在这些家庭中，确实存在一部分家庭，家庭成员有工作能力，但没有积极去寻找工作的情况。虽然不排除部分家庭存在其他的生活困难或就业困难情况，但也可能存在一部分家庭主观不去工作的依赖住房保障情况。而且我们发现廉租住房家庭享受的保障补贴越高，退出的可能性越小，说明更高的保障水平不利于提高保障家庭的工作积极性。

住房保障"福利陷阱"社会负面效应很大。一是社会"示范"效应，住房保障家庭相互"攀比"，可能形成一个价值观相对一致的社会群体，群体中形成"好逸恶劳"的观念，并以能得到"免费"保障为"能力"。二是代际传递效应，由于住房保障家庭形成了享受"免费午餐"的价值观，这种观念、生活方式会对下一代产生"潜移默化"的影响，使一些家庭的子女从小便习得这种生活方式和想法，不利于其成人后形成生活自立的习惯。三是整体社会福利下降，从经济学的角度看，由于社会生产劳动减少，社会财富会减少，同时需要更多的财政转移给住房保障家庭，会带来人均社会财富的总体减少。

二、住房保障福利陷阱的理论模型

住房保障与家庭就业的关系是福利陷阱研究的重点内容，国际上已开展了大量的实证研究，并主要集中于公共住房与租赁补贴方式对保障家庭影响的实证研究。目前多数研究倾向于租赁补贴形式的住房保障会减少就业，Moffitt（1992）认为住房保障对就业的负面影响主要来自于收入替代效应，住房保障家庭将政府的补贴作为一项收入，在预算中，他们就会将其作为其他收入的替代，并可能减少通过其他渠道取得收入的动机。Olsen等（2005）认为传统的住房保障形式显著地影响了家庭的工作收入，据估算，因住房保障带来的年均收入下降，住房租赁补贴项目家庭为

4011美元，公共住房项目家庭为3894美元，住房券项目家庭为3584美元。Susin（2005）发现住房保障家庭确实显示出收入低增长的特征，公共住房家庭低约19%，租赁补贴项目家庭低约13%，而住房券家庭也低于对照组。Jacob和Ludwig（2006）研究了芝加哥住房保障轮候系统的数据，发现接受住房保障的家庭平均减少了11%的就业和15%的收入，并增加了21%的申请其他社会保障的可能。

（一）住房保障家庭退出行为的决策机制

住房保障家庭是否退出住房保障，有一个决策的过程，分为两个阶段：一是是否愿意增加就业并提高收入，如果收入增加则可能不再符合保障资格；二是如果收入增加后，是否主动退出廉租住房。

1. 决策一：是否增加就业收入

理论上，住房保障家庭作为理性的经济人，是否会主动增加就业提高收入，主要看增加就业收入带来的总效应变化。一般来说，廉租住房保障资助存在收入效应，对住房保障家庭的住房补贴相当于增加收入，保障对象在增加住房消费的同时，将会消费更多的"闲暇"，其劳动的意愿将会减少。

根据古典经济学假设，理性的经济人会根据住房保障带来的效应变化决定工作时间的多少，由于住房保障带来的补贴增加，在其他条件不变的情况下，会增加家庭的总效应，这样住房消费增加的同时，工作时间会减少，如图1-1所示，由A点减少到B点，对于极端的情况，当住房保障家庭的保障水平过高时，如果家庭不工

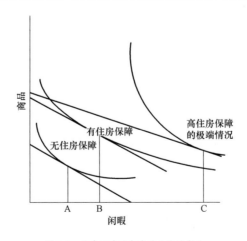

图1-1 住房保障对家庭总效应的影响

作也能获得较好的住房,特别是可以同时享受其他社会资助的情况下,不参加劳动也可以有较好的生活水平,则可能出现"角解",如 C 点,家庭将完全不提供劳动。

2. 决策二:收入增加后,是否主动退出住房保障

住房保障家庭收入提高后,是否会主动退出住房保障,关键看如果不主动退出的后果是什么,如果不主动退出会面临较重的处罚,可能这些家庭会主动申报并退出,或者在决策一情况中减少工作并维持廉租住房准入资格。

而如果收入增加不主动退出,没有处罚,甚至不会被要求退出,则住房保障家庭不会主动退出,这是目前我国住房保障家庭面临的主要政策环境,进而也可能改变决策一中的策略,努力工作,增加收入,但不用担心退出住房保障。

(二)住房保障福利陷阱

以上两种决策情况反映了住房保障家庭对退出及就业的态度,也可以判断住房保障家庭是否有福利陷阱倾向。

住房保障福利陷阱可理解为本可以通过自身努力提高收入,以市场方式解决住房问题的家庭"挤入"或"滞留"在住房保障政策体系中。

我们可将住房保障家庭的初始状态分为有能力退出家庭和无能力退出家庭,其中无能力退出家庭是由于家庭成员年龄等原因,无法通过就业增加收入退出住房;有能力退出家庭,是指由于家庭成员有就业能力,并有能力通过工作增加收入退出保障。如果有能力退出家庭的家庭成员自己不积极寻找工作,或收入增加后,应退出而不主动退出,则可界定为福利陷阱现象,如图 1-2 中阴影所示。

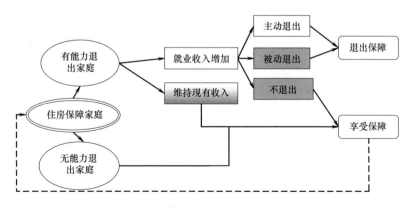

图 1-2　住房保障家庭享受保障政策状态变化过程

三、"家庭自助"也应成为住房保障工作的目标之一

在讨论住房保障目标时，经常用"应保尽保"表述，但"应保尽保"是一个静态的概念，仅注意到了住房保障享受家庭申请时的状态，而没有考虑到家庭情况的动态变化问题，更没有考虑到住房保障享受家庭的主观能动性问题。

住房保障必须为没有支付能力的住房困难家庭提供基本的住房支持，这是政府社会职能的重要内容，特别是对没有劳动能力且住房困难的中低收入家庭提供政策"托底"保障，这也是对人民"生存权"的保障。但对有能力提高收入水平的住房保障家庭，住房保障应是在解决其当前住房困难的基础上，促使其能更努力地工作，并通过提高家庭收入改善生活水平。所以，一个理想的住房保障制度必须是住房保障家庭愿意工作，并努力寻找工作。

保障基本与就业自助是对立统一的，两者的目标应该是一致的，都应该是为保障人民更好地生活，社会总体福利水平提高。从两者的统一性看，住房保障为中低收入家庭提供了基本住房保障，可以使这些家庭在短期内摆脱住房困难的困扰，更好地融入社会，参加社会工作，同时也为这部分家庭提供更好的生活环境，对子女教育等都有帮助，这将有利于提高其工作积极性，改善生活水平。

但两者在现实中仍存在着一定的矛盾，影响就业自助的原因主要有：

一是"逆向所得税"问题。目前我国许多地区对住房保障家庭采用的保障方式是补差式补贴，即根据住房保障家庭住房支付能力与基本住房支出的差额进行补贴，这样的结果是，在相同住房保障政策下，收入越高的家庭补贴越少，如果严格按照差额进行补贴，就意味着家庭收入每增长一元，保障补贴就会减少一元，相当于对住房保障家庭征收100%的"收入所得税"，这显然会使住房保障享受家庭失去努力工作的动机。同样，如果实施按比例的差额补贴政策，则只是这种"收入所得税"的"税率"会降低，但其对家庭就业的消极作用仍然存在。

二是"贫困陷阱"问题。当住房保障家庭不断通过工作增加收入的时候，如果该家庭收入增加或财产积累到一定程度，可能会被要求退出住房保障，这时他们的生活马上又会陷入困境，所以由于害怕这种悬崖式的落差，住房保障享受家庭可能会主动减少收入。

三是"保障过度"问题。住房保障应提供最基本的保障，而常常可能出现超过

基本保障的情况，在保障性住房建设和供应上，如果政府提供的保障性住房面积较大、居住舒适，保障家庭居住在该类住房中可能没有退出动机。如目前部分实物配租型廉租住房，其与经济适用住房相当，往往与经济适用住房家庭居住在一起，就形成了鲜明的对比，经济适用住房家庭是依靠自己的劳动收入购买的住房，每月还要依靠收入偿还贷款，而廉租住房家庭只付很少的租金，远低于住房按揭还贷，并且政府还会将该住房进行装修，也有较齐全的生活设施配置。如果这两个家庭都有相当的劳动能力，就会形成明显的反差。保障过度还表现在住房保障准入线中收入标准过高，住房保障准入标准过于宽松，那些可以通过努力进入市场的家庭，也可能会适当减少劳动收入而进入保障体系。

要鼓励有能力的住房保障家庭就业自助，首先是要形成良好的社会价值观，在对必须接受住房保障的家庭给予社会认可的基础上，对于有能力自助而不劳动的家庭要增加其社会"负罪感"。在全社会形成"劳动是美德"的伦理观，注重发挥住房保障对就业的正向激励作用，既有助于促进保障对象放弃福利陷阱观念，同时又可提升保障对象劳动者的自尊，这种观念的形成需要长期的社会舆论影响，更需要制度的约束与引导。

制度设计的关键是要处理好家庭收入增加与住房保障补贴、保障退出的关系，如果住房保障家庭的收入增长，对目前的保障利益影响不大，并且不会因收入的增加而退出住房保障，家庭将可能更愿意增长就业，如目前上海实施的共有产权保障住房制度，享受家庭工作所得不会使其减少保障，而这一制度本身又增加了保障家庭积累财富的可能，使其看到通过劳动改善住房或生活条件的可能，所以这一制度不会影响就业，而且由于要还贷款，反而会促进就业。

在保障性住房房源的提供上，要提供满足基本住房需求的住房，而不是"舒适"型的住房，这可能与让保障家庭拥有"体面"住房的想法相矛盾，但从社会资源合理配置的角度看，这样对社会总体是有益的。同时，在住房的申请审核、后期管理中要引入科学的管理方法，使住房保障的准入与退出条件更加有利于就业自助家庭。

在我国加大住房保障力度时期，解决好中低收入家庭的住房困难是一件具有历史意义的事情，但同时，要注意对政策不断进行完善，处理好住房保障和防止福利陷阱的关系，这是关系住房保障持续发展的问题。习近平总书记2013年在中共中央政治局第十次集体学习时提到要处理好的四个关系之一就是"住房保障和防止福利陷阱的关系"。

我国过去的住房保障政策设计过分强调"应保尽保",而没有注意到"过度"的保障可能会对部分有就业能力家庭产生的福利陷阱问题。所以住房保障不应局限于帮助家庭解决基本住房困难,同时还可以考虑其激励家庭就业、提升社会地位的作用。住房保障着重解决中低收入家庭的基本住房困难,但在解决居民住房困难的同时,要考虑到家庭收入增长,社会地位稳定及提高的可能。一方面政府要加大住房保障力度,形成针对不同收入群体、不同住房困难状况的家庭,实施相应的住房保障手段;另一方面住房保障要防止"福利陷阱",要形成正向的激励作用,使被保障家庭更愿意融入社会,提高家庭成员的工作能力,更好地通过就业增加家庭收入,成为更有社会责任的成员,并能更好地享受社会发展的红利。因此,应形成以政府托底的租赁住房为基础,对中低收入家庭进行租赁支持,对部分有支付能力的家庭进行产权支持,这样分层次的住房保障体系。

第四节　共有产权住房衔接保障与市场的作用

一、住房供应的两大体系

从住房供应的角度,一般可将住房供应的方式划分为市场化供应和保障性供应,其主要区别是在住房供应中有没有政府的资助。市场化供应的住房供应给谁,以什么价格供应,完全由市场机制决定,供应方可以是开发企业、家庭等,他们提供可以出售或出租的住房,居民根据自己的支付能力,到市场上购买或租赁合适的住房,这是我国住房制度改革以来的主要住房供应方式。

住房的保障性供应是指政府提供低价产权住房或租赁住房,这种住房的房屋来源可以是政府直接建设供应,也可以是政府补贴建设,或政府补贴家庭购买或租赁的住房。其主要特点,一是供应对象限定,一般限定为中低收入家庭,且这些家庭存在住房困难,无法通过自身的能力解决住房困难问题;二是住房的供应价格(售价或租金)都低于市场水平,以减少供应对象的住房支出。

所以从供应方式看,住房供应一般分为两大体系,即市场体系和保障体系,也就是常常说的住房供应体系"二分法"。

住房的保障性供应和市场化供应，这两者要有一个界面，其主要思路应是对住房消费能力不足的住房困难家庭，实施不同程度、不同方式的住房保障政策；对具有住房消费能力的住房困难家庭，政府加强房地产市场调控和管理，通过市场解决这部分家庭的住房问题。这两者虽是相互补充的关系，但不是相互替代的关系，现实中必须注意两者的协调。

一是要避免两大体系之间的冲突，即如果住房保障的范围过大，覆盖面过宽，就可能产生住房保障过度，使本来可以通过市场机制解决的住房问题由政府来承担，这样可能造成对现有住房市场的冲击。同样，如果过分重视发展市场化供应，而忽视一部分居民由于就业技能不足、家庭客观困难等造成的住房困难，则会使住房保障供应明显不足，产生社会矛盾。

二是两大体系虽然是相"分割"的，但这种分割又是相对的，对于住房保障中有能力提高自身收入的人群，必须有一个从保障到市场的上升通道。住房保障家庭因收入提高等退出住房保障时，必须能够顺利地进入市场，通过市场解决住房困难。对于租金补贴的家庭，其退出住房保障后，应有相应的市场化租赁住房能够使该类家庭承受；对于产权型保障住房的享受家庭，应该有相应的市场化住房可以衔接。

在我国房地产业发展的市场化机制已经确立的情况下，以市场渠道为主，解决多样化的、多层次的住房需求成为必然的选择，同时政策对无法通过市场解决住房问题的家庭必须进行住房保障。在具体的实践中，如何处理好这两个供应体系的关系非常重要。

二、共有产权住房使市场与保障体系相衔接

（一）共有产权住房在所有权上属于市场体系，有利于促进家庭社会地位提升

住房具有资产积累功能与居住功能两种基本属性。在资产积累功能方面，共有产权住房的供应可以遵循市场的机制，即家庭购买的产权部分按市场定价，未来获得自己购买产权部分的资产增值，并承担相应的市场风险。共有产权住房通过市场机制的实现有助于家庭社会地位的提升，在于住房作为家庭的主要资产和生活场所，承担着相应的社会功能，如城市公共服务相应的教育资源、社会福利资源等。同时，产权住房也是社会地位和身份的象征。在房价较高的大城市，共有产权住房为家庭

提供了一个居住产权住房的机会，并且提供了一个通过努力脱离保障，实现住房资产积累的路径。在实践中，多数家庭购买共有产权住房都要借贷，而这种借贷增加了家庭工作的动力，形成了"强制储蓄"的作用。购买产权保障住房的家庭需要按期偿还住房抵押贷款，他们会更加努力地工作以增加收入。这来源于两个效应，一是收入效应，因为住房保障家庭需要支付更大的住房成本，所以必须通过增加劳动来提高收入；二是财富积累的被动效应，家庭有一个获得完全产权商品住房的机会，一旦他们的储蓄积累到一定程度，就可以购买完全产权或将自己那部分产权上市转让，进而购买更大的住房以改善居住条件。共有产权住房的市场逻辑还表现在政府没有在"财产"上让利，家庭自己购买的产权份额，是通过市场机制实现的，与以往的其他产权型保障住房，如经济适用住房相比，没有投资获利空间。购房人从共有产权住房上的资产获利仅限于自己购买的产权部分，不能从政府产权份额中获利，更不能无偿取得自己未支付的产权份额。

（二）共有产权住房在使用权上属于保障机制，支持家庭住有所居

共有产权住房的保障机制体现在住房居住功能的实现上。首先，它可保证受保障家庭的基本住房权利，因为供应对象一般限定为无房户或住房困难家庭，可使这些家庭解决基本住房问题，并且实现不同于租赁支持的长期稳定居住。其次，这些家庭在后期的居住中仍享有政府的保障，对于自己未购买的产权份额，政府一般不收取租金或少收租金，可减轻家庭的住房负担，如上海的共有产权保障住房对家庭未购买的产权部分不收取租金，相对于英国的低租金政策，支持或保障的力度更大。再者，可使这些家庭获得与其他产权型商品住房相同的公共服务，也可获得未来购买商品住房的机会。许多大城市的户籍、公共服务资源等与产权住房挂钩，这些购买共有产权住房的家庭因此能更好地享受城市发展的红利。

（三）共有产权住房有利于实现"房子是用来住的，不是用来炒的"这一定位

共有产权住房市场机制与保障机制的统一，基本实现了"坚持房子是用来住的、不是用来炒的定位"。一是共有产权住房可以一次性解决长期居住问题，不同于租赁补贴、提供廉价租赁住房等手段，它为家庭提供了一个长期解决居住问题的手段。政府的财政支持是一次性的，但对于家庭而言基本可以"永久"安居，不再为住房

困难而困扰。而租赁补贴等都是阶段性的，家庭需要不断接受政府的补贴，一旦家庭不再符合保障资格或政府的财政支付能力不足，都可能使家庭再次陷入住房困境。二是共有产权住房主要提供居住功能，家庭购买共有产权住房后，一般用于解决居住问题，如英国和上海都要求共有产权住房只能自住，不能出租经营等。共有产权住房提供的资产积累是有限的，而且仅限于家庭自己购买的产权部分，这和家庭购买一个与自己产权份额相当的小房子的资产积累功能相同，政府在资产积累上没有提供任何帮助，所以家庭购买此类住房用于投资的动因不足。同时，共有产权住房一般会有上市年限要求、政府优先回购等限制性条件，使共有产权住房的投资属性进一步受限，如果仅从"炒"房的角度考虑，购买共有产权住房远不如购买一个同等价值的商品房更划算。所以，在一定程度上，共有产权住房更体现了"房子是用来住的，不是用来炒的"这一定位。

三、共有产权商品住房与共有产权保障住房

（一）共有产权住房一般具有住房保障的功能

住房保障可以有多种形式，通过共有产权住房供应，可以使本没有能力购买商品住房的中低收入家庭，尽自己所能出资购买住房的部分产权，从而获得对住房的完全占有权和使用权，这既可解决住房保障家庭近期的住房困难，也可提高住房保障家庭的长期住房支付能力，是一项长期与短期相结合的住房保障政策。所以，共有产权住房的基本做法都是为了解决城市居民住房支付不足、家庭住房困难等问题，由政府或社会力量参与，建设和供应居民可以负担的住房。从目前各地的实践来看，共有产权住房都有住房保障的功能，差别在于保障或支持的范围不同，如上海以中低收入住房困难家庭为主，而北京则以自住需求为主，深圳以人才为主等。

（二）共有产权住房可采用保障住房或商品住房等多种形式

共有产权住房目前不局限于单纯的保障性住房，它是一种住房供应产权制度安排，所以可以有共有产权经济适用住房、共有产权限价房、共有产权公共租赁住房、共有产权商品住房等多种形式。虽然在实践中，与不同的住房供应种类相结合，形成了不同类型的住房的共有产权形式，但从总体上来看，共有产权住房可以划分为

共有产权保障住房和共有产权商品住房两种形式。如果住房是由政府财政投入或提供政策优惠,并限定供应给城市住房困难家庭的,一般可理解为共有产权保障住房;如果住房是面向社会供应,并且没有政府投入的,一般可理解为共有产权商品住房,两者的共同点与区别如表1-2所示。但在实践中由于共有产权具体形态差异非常大,故不一定要明确为共有产权保障住房或共有产权商品住房,甚至也可以称为共有产权政策性住房等。

表1-2 共有产权保障住房与共有产权商品住房的共同点与区别

物权状况 共有产权类型	所有权		使用权	
	所有权分配	资产增值收益	使用权占用	使用权收益
共有产权商品住房	按各方出资份额设定	按产权份额	约定一方占有或第三方占有	按产权份额(或约定)收取租金
共有产权保障住房			购房家庭占用	政府产权不收或少收租金

在实践中,国家对共有产权住房是定位于商品住房还是保障住房并没有明确,其实这只是一种产权状态,各地可结合城市的实际情况探索。但共有产权住房之所以产生和发展,特别是政府或非营利机构与家庭共有的共有产权住房,其初衷都是为了解决中低收入家庭、住房支付能力不足家庭的购房问题,所以基本上都属于住房政策的范畴。因此,政府和非营利机构并没有与家庭"合伙买房投资"的动机,只是通过共有产权机制,实施住房政策,并减少家庭投资购房的动机,因而,共有产权住房无论如何定位,一定要有住房保障或住房支持功能。上海的共有产权保障住房政策是在所有权分配及增值收益上按各自出资所形成的份额确定,而在使用权上政府使用权的部分完全让渡给购房家庭,这是一种典型的住房保障政策。

第二章

上海共有产权保障住房制度的形成

第一节　共有产权保障住房产生的主要背景
第二节　上海为何要发展"共有产权"经济适用住房
第三节　政策制定与实施过程

第一节　共有产权保障住房产生的主要背景

一、深化住房制度改革的需要

上海曾经饱受住房拥挤的困扰，1949年新中国成立之初，全市人均居住面积为$3.9m^2$，许多市民都居住在旧式里弄、棚户简屋中。上海市委、市政府十分重视解决市民居住困难的问题，一方面大力进行棚户区改造，另一方面加快工人新村建设。在计划经济条件下，上海与全国其他城市一样实行无偿分配和低租金的福利分房制度，住宅投资不能收回，无法实现住宅投资的良性循环，加上城市人口增长较快等多种因素，1949—1979年30年间，新建住房2000万m^2左右，人均居住面积仅增加$0.4m^2$，加快和深化住房制度改革成为历史的必然选择。

邓小平同志1980年4月关于城镇住房制度的重要讲话发表后，上海率先将住房制度改革提上了议事日程，积极进行思想酝酿，转变观念，逐步明确住宅的商品属性，探索住房投资体制和供应体制改革，包括推行住房商品化试点等。到1991年，上海形成了较系统的住房制度改革方案，并建立了住房公积金制度，以提高居民的购房支付能力。通过推进公有住房出售、公有住房上市、二三级市场联动，上海形成了通过市场配置资源，扩大住房供应，解决居住问题的机制。

1998年7月国务院发布《关于进一步深化城镇住房制度改革加快住房建设的通知》，进一步确定了深化城镇住房制度改革的目标是：停止住房实物分配，逐步实行住房分配货币化；建立和完善以经济适用住房为主的多层次城镇住房供应体系，即最低收入家庭租赁由政府或单位提供的廉租住房，中低收入家庭购买经济适用住房，其他收入高的家庭购买、租赁市场价商品住房。

同年12月，上海市出台了《关于进一步深化本市城镇住房制度改革的若干意见》，从总体上对进一步深化住房制度改革的指导思想、目标、原则、内容等一系列重大问题作了规定，主要包括：停止住房实物分配，逐步实行住房分配货币化。停止住房实物分配后，新建住房和腾空的可售公有住房原则上只售不租。另外，还实行了多种形式的住房分配货币化，确定合理的住房补贴的发放原则和方式等。

这一阶段上海对购房支持主要是货币化补贴。上海住房分配货币化的基本做法是，住房货币补贴标准是根据职工的职级标准缺额面积按一定金额（含配偶方合计）

补贴货币。在具体执行过程中，不同单位根据实际情况对补贴标准、享受条件等有所微调。根据当时的市场情况，拿到住房补贴的职工在市场上购买相应的商品住房，基本没有大的困难。如2002年上海市出台了公务员住房制度改革政策，2001年前参加工作的公务员按标准一次性发放住房补贴，补贴标准根据职级标准缺额面积按2800元/m^2（含配偶方合计）补贴货币；事业单位参照本市公务员的标准执行，不同的事业单位根据自己的财力状况和单位特点，在货币化补贴的具体操作政策上略有差异；而从企业货币化分房的情况看，住房货币化补贴基本上已纳入工资体系。

从上海住房分配货币化的实施情况看，当初设计的政策是符合实际的，并且有助于市民通过市场购买商品住房。但2003年以后，房价上涨过快，职工的住房货币化分配部分与住房支出之间的差距越来越大。到2007年前后，虽然经过了房地产市场的调控，但房价相对于收入已经过快上涨，许多中低收入的普通家庭已无法通过市场化方式解决住房问题。这时，国家也要求加大住房保障力度，所以上海是否需要建设经济适用住房再次被提上议程。

从实践看，特别是到2010年后，许多事业单位陆续取消了原有住房货币化补贴政策，而房价过快上涨，许多未购房家庭想要依靠工资购买商品住房越来越困难。购买住房的支付能力不足问题越来越明显，必须有新的住房供应政策解决这一问题。

二、托底的住房保障制度已不能满足实际需求

上海在住房制度改革后，主要是通过市场化机制解决中低收入家庭住房问题，仅对最低收入家庭实施住房保障。2000年上海开始试点实行廉租住房制度。廉租住房制度在政策设计之初，就考虑更多地利用市场机制与政府补贴相结合的方式解决低收入家庭住房困难问题。廉租住房保障有租金配租和实物配租两种基本形式。当时上海的住房供需矛盾不大，所以对大部分廉租家庭实行租金配租，即保障对象自行到市场上租赁住房，住房保障机构提供租金补贴，并直接支付给房屋出租人。实物配租是由政府提供实物房源供廉租家庭租赁居住，主要供应给孤老病残、社会优抚等特殊家庭。

廉租住房制度在保障对象上实行收入和住房面积双重准入标准，最初收入标准与民政低保线挂钩，主要解决人均居住面积在$5m^2$以下的城镇低保户家庭住房困难

问题。其后，上海市根据经济社会发展情况和政府承受能力，不断适时放宽廉租住房准入标准，逐步扩大廉租住房受益面。2003 年，将面积准入标准从人均居住面积 $5m^2$ 以下放宽至 $7m^2$ 以下。2006 年，上海在全国率先试点将收入准入标准与民政低保标准脱钩，同时增加了财产准入标准，将廉租住房保障对象从住房困难的最低收入家庭扩大到低收入家庭。之后，根据本市的社会经济发展状况不断适时放宽收入和财产准入标准。到 2007 年 6 月底，全市累计 2.32 万户家庭享受了廉租住房政策，基本实现了符合条件的低保家庭应保尽保。

廉租住房政策虽然不断扩大覆盖面，但与全国其他大城市遇到的问题一样，仍有两个问题不能满足住房保障工作的需要。

一是随着廉租住房受益面不断扩大，市场上适合保障对象租赁的中小户型租赁住房短缺。有的廉租户按标准可领取补贴资金，但并不能找到合适的住房解决住房问题，甚至出现了少数家庭将住房补贴用于其他生活支出的现象。这一情况产生了两个负面社会效应，一是社会上对住房保障资金最终没有用于"住房"产生质疑，二是原建设部调研时称"廉租房制度是没有廉租房的廉租房制度"。为此，上海开始不断努力扩大实物配租比例，从 2008 年起，全面推行廉租实物配租新机制，即由住房保障机构组织提供租赁房源并按照市场租金的一定比例收取租金，配租家庭按其月收入的 5%~7% 支付自付段租金，其余租金由政府补贴，并直接支付给住房出租人。但实物配租的房源在后续运行过程中仍遇到了更多的问题，包括保障对象退出难、管理难、运营成本高等。

二是房价上涨过快，青年"夹心层"家庭住房困难现象出现。一方面许多青年大学生毕业后留在城市就业，面对不断上升的房价，住房支付能力越来越差，出现了新进城大学生、农民工住房困难现象。另一方面，部分原户籍家庭也开始出现无法享受廉租住房，同时不能通过市场解决住房困难的问题。

在 2006 年，上海市租赁市场还不发达，更多的家庭都是依靠产权住房解决住房问题。当时为了了解上海市居民的住房状况和需求，我们对全市常住人口家庭进行了百分之一抽样调查。当时本市城镇户籍家庭以自有产权形式居住的占 88.73%，非本市户籍的非户籍常住人口以自有产权房形式居住的家庭的比率为 47.9%。住房投资现象还不突出，多数家庭只拥有一套住房，仅 9% 的家庭拥有两套以上住房。当时上海居民的居住状况呈明显的偏态分布，多数人的住房面积较小与少数人的住房面积较大现象同时存在。对于住房改善需求，当时已有产权住房的家庭中仍有 23.3% 的家庭需要购房改善；仅有 2.9% 的家庭打算租房改善；而没有产权住房的家庭，打算通过购房改善的占 22.9%，打算通过租房改善的占 26.3%。如何发展租赁市场，提供更多有效的租赁住房供应，以及提高夹心层家庭的购房能力成为当时上海市需要解决的两大问题。

2007 年 8 月，国务院颁发了《关于解决城市低收入家庭住房困难的若干意见》，当年 12 月与 2008 年的 1 月，上海市政府制定了《上海市人民政府贯彻国务院关于解决低收入家庭住房困难若干实施意见》和《上海市解决城市低收入家庭住房困难发展规划（2008—2012 年）》，对本市住房保障体系基本框架作了进一步的深化完善，并重点推进研究两项住房保障政策。

一是共有产权保障住房（经济适用住房）制度。决定于 2007 年 10 月启动经济适用住房政策制定工作，经过广泛征求意见并多次完善后，《上海市经济适用住房管理试行办法》于 2009 年 6 月正式颁布实施，当年闵行、徐汇两区的试点工作正式启动。

二是推进公共租赁住房政策。2009 年底上海提出尽快建立本市公共租赁住房制度，在充分调研、广泛论证的基础上，于 2010 年 9 月实施《本市发展公共租赁住房的实施意见》。

三、上海经济适用住房的早期探索

上海早期有过经济适用住房的探索，起源于 20 世纪 90 年代住房解困中的安居房、平价房建设。1995 年上海市明确了全市安居工程目标，着重解决中低收入无房户、危房户和住房困难户的住房问题。当年 12 月成立了市平价房发展中心，为中低收入职工提供经济适用的平价房，供应给本市中低收入家庭住房困难户。上海市住宅局制定了三年（1995—1997 年）建成解困住宅和动迁用房不低于 60%、建成安居房 180 万 m^2 的目标。1998 年，国务院《关于进一步深化城镇住房制度改革加快住房建设的通知》公布后，原建设部对经济适用住房建设召开了相关工作会议，上海将经济适用住房作为平价房供应的主要内容，如 1997 年与 1998 年两年，经济适用住房施工面积达到 440 万 m^2，其中包括部分示范居住区的住房，如普陀区的万里示范区、长宁的虹康示范区等，其小区环境、绿化标准、文明小区物业管理及结构和建材标准等都超过了普通住宅。当时的经济适用住房建设，除部分大基地集中建设外，主要由各企业和事业单位利用自己的存量土地立项建设经济适用住房，部分开发企业将空置的商品住房申请转化为经济适用住房。其中，1998 年供应了 167 万 m^2 的经济适用住房，见表 2-1。

表 2-1　1998 年上海市经济适用住房价格水平及分布

住宅类型	价格（元/m^2）	面积（万 m^2）	分布区域
多层住宅	2200～2500	74.47	宝山区、闵行区、浦东新区
	2500～3000	28.84	闸北区、杨浦区、普陀区、徐汇区
	3000～3350	41.65	市、区二级示范小区
高层住宅	2850～3350	21.63	闵行区、浦东新区、普陀区

数据来源：上海市住宅局年报（1998 年）。

但在政策的实施过程中，从当时上海市房地产市场的实际供求情况考虑，一方面市场的商品住房供应充裕、价格不高；另一方面全国各地经济适用住房供应过程中遇到了许多不理想的情况，如收入核对难等，上海继续开展经济适用住房供应必要性已经不大。所以 1999 年，上海从统一房地产市场的考虑，将经济适用住房、普通内销商品住房、侨汇房、售后公房、动迁房、职工住宅以及其他划拨土地上的住房交易，统一归并为内销商品住房。1999 年 11 月，原市计委、市建委印发了《关于本市经济适用住房纳入商品住房计划管理渠道的通知》，全市停止了经济适用住房建设工作，将经济适用住房统一转化为内销商品住房，经济适用住房政策没有再进一步实施。

四、共有产权保障住房名称的确定

在制定新的产权型住房保障政策的过程中，当时面临的一个重要问题就是上海将出台的经济适用住房应如何定位，叫什么名称？

第一选择是仍使用"经济适用住房"名称。大家首先讨论下来认为这种以产权支持为主的保障性住房仍应该叫"经济适用住房"。一是当时国家有《经济适用住房管理办法》，在全国大多数地区都有实践，并有许多相关配套政策，如在土地供应、税费减免等方面有明确的规定，所以制度的制定有依据。二是此前上海有中低价商品住房政策的尝试，但实践中遇到困难，因此仍想回到经济适用住房。当时在《上海市配套商品房和中低价普通商品房管理试行办法》（沪府发〔2005〕36号）中，将"中低价普通商品房"确定为政府提供优惠政策，限定建设标准，供应本市中低收入家庭的政策性商品住房。当时这两类住房计划各供应1000万 m^2，并称为"两个1000万工程"。当时考虑的供应对象准入标准主要为：凡同时符合以下条件的家庭可以申请购买一套中低价普通商品住房，即：①户主取得本市城镇常住户口5年（含5年）以上；②年人均可支配收入低于市统计局每年年初公布的标准；③人均居住面积低于 $7m^2$（含 $7m^2$）；④没有购买过商品房、配套商品房或未享受过房改政策。但这一政策最终并没有实施，主要原因，一是2006年前后国家加大房地产市场调控的力度，房价过快上涨得到了抑制，市场上对中低价商品住房的需求明显下降；二是对准入环节还没有把握，如何核查家庭的收入，并做到供应过程的公平公正还没有形成有效的机制。

这时又遇到另一个问题。虽然经济适用住房制度设计之初是面向中低收入家庭的，但2007年国务院发布的《关于解决城市低收入家庭住房困难的若干意见》中，将经济适用住房供应对象确定为城市"低收入"家庭，不再包括"中收入"家庭。同时，在以往经济适用住房实践过程中，仍存在许多不理想的现象，使经济适用住房不断受到社会的质疑，经济适用住房在一定程度上被"恶名化"。所以此时如果上海的产权型保障住房仍直接延用经济适用住房的名称则容易被社会"误解"为原来的经济适用住房政策，社会接受度较低。

第二选择为"有限产权"经济适用住房。为区别以前的经济适用住房，减少经济适用住房的投资属性，考虑加上"有限产权"限制，表明该类住房不能用来投资，主要用于自住。这一名称与当时全国其他一些地区实施的"限价商品住房"、"双限双竞房"等既有相同之处，表示该住房的产权是有限的，同时，也保留了"经济适用住房"的基本属性，并定位于保障性住房。所以在2009年公布的管理办法中，明确为有限产权。《上海市经济适用住房管理试行办法》（沪府发〔2009〕29号）中第二十八条（有限产权）规定"经济适用住房的房地产权利人拥有有限产权，其产权份额为购买经济适用住房时购房价格占相同地段、质量的普通商品住房市场价格的一定比例"。但在实践中，这个有限产权如何确定，未来的权利与义务如何界定，当时还没完全想清楚。

第三选择为"共有产权经济适用住房"。共有产权并不是一个新的概念,共有产权住房在国际上也早有实践,但和我国的住房制度结合起来是一个全新的尝试。在如何破解经济适用住房制度实施中的问题,一些学者提出了"共有产权"的概念,如较早由南京市建委研究室的陆玉龙同志发表的《共有产权:经济适用房制度创新研究》[①]一文中认为"共有产权"可以作为保留经济适用房社保性的选择形式,这种形式可以在坚持经济适用房双重属性的同时,实现保障性与商品性两者的统一,符合市场经济条件的基本原则。他认为"共有产权"的基本含义是,"政府用于经济适用房建设的财政性支出(主要是减免土地出让收益和税费)转化为投资,政府按投资比例拥有房屋权和相应权利。共有产权的具体形式是,凡由政府提供补贴的住房,均为按份共有住房,由政府和受助购房人按出资比例共同拥有产权,政府和受助者按规定共同申请领取《房屋共有产权证》,标明房屋所有人为政府和受助购房人以及两者的比例,政府拥有的产权可以授权住房保障机构持有并行使相关权利。"期间,管理部门和学界都在对上海实施经济适用住房如何定位加大研究和讨论,并召开了多次研讨会和进行了调研。

最终,上海的产权型保障住房选择了"共有产权保障住房"的名称,并以"共有产权保障房(经济适用住房)"的形式出现。2010 年后的各批次供应中都采用这一名称,经过几年的实践后,2016 年原来的《上海市经济适用住房管理试行办法》(沪府发〔2009〕29 号),修订为《上海市共有产权保障住房管理办法》(沪府令 39 号),成为正式的法规文件,并明确:共有产权保障住房是指符合国家住房保障有关规定,由政府提供政策优惠,按照有关标准建设,限定套型面积和销售价格,限制使用范围和处分权利,实行政府与购房人按份共有产权,面向本市符合规定条件的城镇中低收入住房困难家庭供应的保障性住房。

从产权型住房保障来讲,过去出台过许多政策,如 20 世纪 80 年代的联建公助房,90 年代的经济适用房,21 世纪初的双限双竞房、限价房、有限产权房等。从住房政策的角度看,不同名称侧重点不同,如经济适用住房是从住房本身的特征来讲的;限价商品房仅从价格上说,是计划经济管理方式;有限产权房主要强调产权有

---

① 陆玉龙. 共有产权:经济适用房制度创新研究[N]. 中国建设报,2005-05-24.

限制，为什么限制、限制是否合理没有说清楚。

总体来看，"共有产权保障住房"这一名称较准确地表述了这一住房制度的核心内容，即重点表明了两个核心要素：第一，采用"共有产权"形式，在住房的产权方面，由家庭与政府共有，各方由出资额大小形成产权比例，政府不会无偿给予产权，这符合市场经济体制要求，体现保障不是给予，而是帮助，并按市场经济规律办事。第二，强调该政策属"保障"的范畴，着重解决中低收入家庭的住房困难问题，强化保障功能，减少投资、投机行为，不仅保障当前，也保障长期。

共有产权保障住房作为一种全新的制度安排，是保障供应与市场化供应衔接的基本通道，是一项制度创新，符合上海作为特大型城市的特点。其核心内容是将住房的产权与使用权分离，保障对象按出资额获得相应比例产权；政府部门将土地收益、配套费用等投入比例部分的住房使用权让渡给保障对象，今后保障对象条件改善上市转让住房时，双方再按约定的产权份额分配收益。政府提供的"住房保障"主要体现在政府出资部分住房使用权的让渡上，即政府产权部分不收租金，对政府而言，既体现对住房困难家庭的住房资助，又可避免直接提供产权损害公共财产利益和社会公平，将来住房转让时，还可以取得相应收益，是将政府即期的土地财政收入逐步转化为今后的中长期收入，为下届政府栽树。对保障对象而言，既解决了居住困难问题，又可以在出资额度内享受房产增值的收益，为今后家庭条件改善时进入住房市场提供了可能。

第二节　上海为何要发展"共有产权"经济适用住房

在上海试点共有产权保障住房过程中，社会上的质疑声音较多。一方面是大家对原有经济适用住房政策执行中出现的问题有担忧，特别是分配不公、寻租等问题。另一方面，一些专家认为向中低收入家庭提供产权住房可能产生政府的过多让渡，也是一种不公平。为此，我们梳理了上海共有产权保障住房的核心设计思想，并形成了一篇文章：《为何要发展"共有产权"经济适用住房》[①]，其中的主要观点是：

---

① 2011 年 5 月 14 日发表于《解放日报》。

（1）住房保障制度不同于生活、医疗等保障，不仅要解决眼前短期问题，更要解决长期支付能力问题，在一定程度上甚至要起到"二次分配"的作用。

（2）经济适用住房处于一个"半封闭"状态，不会简单变成市场化住房供应，因而可以长期作为保障性房源使用。这种思路符合上海的资源特点和实际，是一项可持续的制度设计。

（3）如果中低收入家庭购买的产权型保障住房不能获得增值回报，他们将没有购买的积极性。但如果对保障性住房的使用和收益分配没有限制，不能保证其用于最需要的家庭，不能保证公平、公正，也会产生过度的"利益输送"，影响社会接受度。

"共有产权"经济适用住房是上海住房保障的一项基本制度，完善了上海的住房供应体系，符合上海经济社会发展的特点，有利于促进上海可持续发展，在高房价的大背景下有利于促进社会与民生的和谐。

一、住房保障要兼顾提高保障对象的住房支付能力

住房保障制度的基本目标是帮助缺乏住房支付能力的家庭解决住房困难，满足其基本居住需求。住房保障对象首先是住房困难，其次是收入较低和住房支付能力不足，无法通过市场解决住房困难。

住房保障制度的综合目标是既要能解决保障对象眼前的住房困难，又要能帮助其提高住房支付能力，标本兼治，使保障对象在享受住房保障期间，逐步积累住房支付能力，在条件具备时能够进入市场，改善住房条件。只有这样的制度才是全面的、可持续的、有生命力的。

从国际上多数国家的实践来看，如果多数保障对象没有有效的"上升"通道退出住房保障体系，长期居住在保障性住房中，势必产生几个后果：一是进入保障性住房中的群体会越来越大，社会管理难度加大，保障住房的投资和运营压力将越来越大；二是随着时间的推移，越来越多的保障性住房（特别是租赁型住房）年久失修，居住质量会越来越差；三是由于住房财产的缺失，社会分化日益加重，中低收入家庭的心态会越来越差。这都不利于住房保障的可持续与社会的和谐。所以，世界上许多国家和地区都将促进"居者有其屋"作为追求的目标，并和住房保障目标结合起来，如新加坡实施的"居者有其屋计划"，英国于 20 世纪 70 年代开始致力于

住房的"私有化"，美国通过金融政策支持使住房自有率持续提高，我国香港地区几十年来采取的"鼓励居民自置居所"政策等。

可见，住房保障制度不同于生活、医疗等保障，不仅要解决眼前短期问题，更要解决长期支付能力问题，在一定程度上甚至要起到"二次分配"的作用。

二、有"产权"保障性住房有助于保障对象积累住房支付能力

解决住房困难有许多方法，如租金补贴，提供低价租赁住房，供应限价房、经济适用住房等。理论上，这几种方法都可以使保障对象在享受政策期间，积累财富，到一定年限可退出保障，但哪种政策更有效、更持续，保障对象更能接受，就必须和当地经济社会背景结合起来考虑。

先租住保障性住房，到条件好时再购买或租赁商品住房通常被认为是最理想的方式。但这种方式需要一个地区房价比较稳定，预期房价不会出现明显的上涨，房价收入比基本合理，居民收入提高后可以承受市场化商品住房价格，我国有不少地区和城市适合采用这种方式。相反，如果一个地区的房价上涨幅度高于收入增长幅度，房价收入比失衡，居民通过长期的积蓄积累实现的收入增长远远赶不上住房价格的上涨，甚至已积累的收入相对增长的房价还在不断缩水，那么仅仅依靠租赁型保障性住房还是难以提高住房困难家庭未来住房支付能力，即使是给予低租金的优惠，恐怕也无济于事。

现实中，贫富差距不仅来源于收入的差距，更来源于财富的保值增值。如果一个普通家庭只通过收入积累，没有更好的投资渠道，没有与房价相对应的财富积累，将很难买得起住房。"无恒产者则无恒心"，这样，更多有知识、有能力的年轻人将会选择离开。因此，通过提供有产权的保障性住房，使保障对象不仅通过收入的积累，同时通过住房财产的保值增值，提高日后改善住房条件的支付能力，是一个非常有效的手段。

三、"共有产权"及其收益分配符合经济规律

客观地说，如果中低收入家庭购买的产权型保障住房不能获得增值回报，他们

将没有购买的积极性。但如果对保障性住房的使用和收益分配没有限制，则不能保证其用于最需要的家庭，不能保证公平、公正，也会产生过度的"利益输送"，影响社会接受度。

经济适用住房实行"共有产权"，由购房人和政府按其"出资额"不同拥有相应的产权，体现"谁投资谁受益"的原则。经济适用住房低于市场化商品住房价格的部分不是简单"让渡"给购房人，而是政府拥有部分产权，当经济适用住房上市时，政府按其产权份额回收投资并获得相应的收益。比如，在试点区保障对象购买经济适用住房时，由于购房价格仅占住房准市场价格的 70%，则该购房人只能拥有 70% 的产权，其余 30% 是政府土地投入等价值形成的产权，由政府拥有。将来购房人出售房屋时，只能按其 70% 份额获得出售价款，其余的归政府所有。

为增强经济适用住房的保障功能，减少短期投资性，"共有产权"在多方面进行了限制。一是产权收益的限制，购房人得到的只是其投资的收益，这种投资和其他投资一样，将面对市场风险。二是年限的限制，即 5 年内不得上市，从而使经济适用住房不能用于短期投资，将面对时间风险。三是使用上的限制，购房人只能自住，不得将住房用于出租，将面对机会风险。这些限制保证和实现了经济适用住房用于解决住房困难的功能。

当然，经济适用住房如果不上市，保障对象长期居住，说明这部分家庭没有能力通过市场改善自己的住房条件。保障对象通过购房款取得的一部分住房产权，属于"自助"行为；政府将其名下产权的"使用权"部分让渡给保障对象，属于"帮助"行为。相对于建设租赁型保障住房而言，"共有产权"经济适用住房的政府投资和管理成本低，保障对象拥有产权住房后顾之忧少，更能安居乐业，所以是一个"双赢"的制度安排。

需要指出的是，政府的"利益输送"是有限的。相对于市场化商品住房而言，只是把本来由开发商获得的市场利润更多地让渡给购房人，是一种社会再分配手段、一种机会的给予。具体来分析，一是用行政手段将开发商的超额利润转移给中低收入家庭，是一种支持；二是这部分利润由于经济适用住房的多种限制，将来是否可以实现，仍面临不确定性；三是这种支持主要是一种机会"给予"，希望购房对象将来能退出保障，进入市场；四是这种机会"给予"是有限的，是一次性的，一个家庭只有一次机会。

四、"共有产权"经济适用住房符合上海实际情况

一方面，上海房价高、购房困难，因住房而引起的财富两极分化在加剧。通过"共有产权"经济适用住房兼顾到保障对象住房支付能力的积累，可以实现住房保障制度的综合目标。理由有三点：其一，上海作为"人才高地"，更多的青年"白领"要在上海定居，需要有解决长期稳定居住问题的渠道；其二，上海作为大城市，住房市场的资本化程度高，房价上涨压力较大，必须有一定比例的保障性产权房供应；其三，通过出售经济适用住房，保障对象获得即期的住房保障，政府部门将原先出让金的即期收入转化为中期收入。经济适用住房为无力在市场上购买住房的家庭提供拥有"产权"的机会，为他们积累财富提供机会，使他们将来可以有能力、有机会进入市场，通过市场改善住房条件，使更多的上海居民符合小康社会家庭财富要求，让社会更加和谐。

另一方面，上海土地资源紧缺，保障性住房循环使用的要求更加突出。"共有产权"经济适用住房可以形成循环使用的机制，提高保障性资源的配置效率。从法理上讲，由于经济适用住房是购房人与政府的共同财产，另一方有"优先受让权"，即当保障对象要出售经济适用住房时，政府有"优先回购"权，支付给保障对象的只是其产权份额的市场价格。政府回购经济适用住房后，可继续提供给符合条件的家庭作为经济适用住房或作为其他保障性住房居住。由于经济适用住房只能自住，不能擅自出售、出借、出租等，经济适用住房处于一个"半封闭"状态，不会简单变成市场化住房供应，因而可以长期作为保障性房源使用。这种思路符合上海的资源特点和实际，是一项可持续的制度设计，一定要做到持之以恒。

前期的试点证明这一制度是合理的。在走访徐汇、闵行两区试点的部分家庭过程中，大家一致反映经济适用住房使他们圆了"住房梦"，通过解决住房困难，同时解决了婚姻、就学、养老等许多实际困难和家庭矛盾。虽然有许多人因准入条件较高而未能享受到，但也表达了对这一制度的认可，认为该制度操作规范有序，经济适用住房给了最需要的家庭，使这些家庭对美好城市生活更有信心和动力。同时，在走访过程中，我们也了解到工作人员的辛苦、敬业和求实，他们以一种历史使命感投入工作，并在实践中更为坚信这一制度的有效性，认为相对于其他住房保障政策，这是一个最适合上海实际的政策。

第三节　政策制定与实施过程

一、政策制定过程

上海的共有产权保障住房政策自 2007 年 10 月开始启动制定工作，当时还没有形成"共有产权保障住房"这个名称，目标是制定《上海市经济适用住房管理试行办法》（简称《试行办法》）。在 2008 年底，《试行办法》（征求意见稿）在全市公开征求广大市民意见和建议，通过意见采纳，修改完善，于 2009 年 6 月正式颁布实施。政策从启动制定到颁布实施，经过了近 2 年的时间，期间同步考虑各项配套政策，主要配套政策文件也基本制定齐备。在制定政策的过程中，注重了以下几个方面。

（一）借鉴外地经验

经济适用住房的实践有一些城市做得比较好，政策制定人员到南京、杭州、厦门等地进行了学习考察，主要借鉴他们在经济适用住房立法和管理实践方面的主要经验。

同时，共有产权机制已在其他地区有探索和试点，如江苏一些地区将共有产权机制用于保障性住房，如如皋、姜堰等地，探索在原有经济适用住房、动迁安置住房中实施共有产权机制；淮安则直接提出共有产权住房概念，取代原有的经济适用住房，政策制定人员也专程赴淮安等地去学习经验。

（二）广泛征询意见

共有产权保障住房政策制定过程中，对上海是否需要实施经济适用住房制度，实施经济适用住房制度可能带来的问题，社会各界从不同的角度出发，观点不一。特别是针对过去一些地区经济适用住房实施过程中存在的弊端，质疑声不断。为了充分了解社会各界的看法，上海通过研讨会、课题研究、公开征求意见等多种形式征询意见，其中有两种方式收获显著。

一是研讨会。上海多次召开了管理部门、高校、研究机构的座谈会，大家分别从学术、实践的角度提出不同看法，观点充分碰撞。对通过经济适用住房解决部分家庭的住房困难问题的必要性基本达成共识，关键是政策如何细化设计，对如何避免政策实施过程中可能出现的问题提出了多种设想。

其中影响较大的是一次全国性研讨会。2008年7月29—31日上海市房屋土地资源管理局组织召开"上海住房保障创新发展研讨会"，全国政协常委、人口资源环境委员会副主任刘志峰，时任上海市政府副秘书长尹弘，住房和城乡建设部住房保障司司长侯淅珉以及全国各地十多位专家都参加了会议。研讨会上，刘志峰副主任围绕住房保障的范围对象、保障方式等问题有一个专题讲话，在关于住房保障方式问题的论述中，指出经济适用住房的实现方式仍应"以售为主"，认为这总体上符合实际情况，有利于建立退出机制，有利于充分利用现有住房资源，有利于方便居民就业、就医、就学，有利于保障资源公平分配。强调凡是政府补贴的都应该量化，经济适用住房在量化政府补贴（包括暗补）的基础上实行共有产权，按照政府补贴和运作机构（或开发商）投入的比例，确定政府和居民的产权比例。实行共有产权，以准市场价格作为全部产权，个人购买的价格占准市场价格的比例为个人产权，土地出让将收益减收和政府各项税费减免额量化为政府产权，可以准确界定每个地段经济适用住房的产权比例。提出量化后的好处，一是产权清晰，权利关系明确；二是容易形成退出机制；三是对经济租赁的优惠也可以量化。退出时，可以按届时同地段普通商品住房的价格进行比例分成。允许老百姓购买政府的产权份额，如果老百姓要转让，政府优先购买对方的产权份额。刘志峰副主任的专题讲话较系统地对在经济适用住房中实施共有产权机制关键问题进行了构架分析。此后这个专题讲话内容得到了时任上海市委书记俞正声、市长韩正、国家住房和城乡建设部部长姜伟新的重视，对上海制定共有产权保障住房政策起到了重要的推动作用。

二是公开征求意见。征求意见的过程，同时也是初步的政策宣传过程。当时上海市委、市政府领导高度重视《试行办法》的制定工作，要求把经济适用住房这项事关人民群众切身利益的公共政策制定得更科学合理、更符合上海实际、更符合人民群众的愿望，多次明确《试行办法》基本成稿后，需进行公示，广泛征求社会各阶层和市民群众的意见，待进一步修改完善后，再颁布实施。公示筹备期间，市委、市政府领导多次听取《试行办法》（征求意见稿）制定和公示筹备的情况汇报。时任市长韩正要求在政策说明的选题上，应主要从经济适用住房的供应机制和退出机制中选取与市民切身利益相关的重点问题征求市民意见。为顺利开展公示工作，住房保障管理部门落实了专门工作场地、配备了相应办公设备，从多个部门抽调 20 多名工作人员，并聘请上海零点指标信息咨询有限公司专业人员，成立"公开征求市民意见工作团队"。"工作团队"由市房管局分管副局长庞元任组长，并根据公示工作需要分设了政策解释组、对外联络组、技术支持组、信息汇总组、网络监测组和座谈会工作组 6 个专门工作组，分别负责准备公示材料与拟订政策问答、联络市政府新闻办和媒体、提供技术支持与系统维护、统计整理反馈意见、监控网络舆情和召开区县座谈会等工作。

为扩大公示的覆盖面，公示工作分层次利用报刊、电视、电台、网络等多种渠道发布信息。一是将《试行办法》（征求意见稿）、《政策问答》及《市民意见征询调查问卷》在中国上海门户网站、上海市住房保障和房屋管理局网站、东方网和《新民晚报》上全文刊登；二是在市政府新闻办的支持和配合下，组织人民日报社上海分社、新华社上海分社、中央人民广播电台、解放日报、文汇报、SMG 电视新闻中心、SMG 广播新闻中心、新闻晨报和东方早报等主要媒体开设专版和专题节目；三是发动人民网、新华网、解放网、上海热线、新浪网、搜狐网等重要网站进行摘要转载，并开设专栏进行网上调查。公示期间，各大媒体先后刊发了报道文章 40 余篇，电视台和电台制作节目 13 期。

2008 年 12 月 30 日至 2009 年 1 月 8 日，《试行办法》（征求意见稿）公开征求市民意见，得到市民的广泛关注。据统计，中国上海门户网站、东方网及上海市住房保障和房屋管理局网站的页面点击总数达 1800 多万人次；通过调查问卷、电子邮件、信函等方式共收到市民意见和建议 3400 多件，绝大多数市民对建立经济适用住房制度持肯定态度。根据对反馈意见的分析，大部分意见和建议集中在准入条件、购房意愿和轮候方面；绝大多数意见都是积极的、建设性的，基本没有消极的、颠覆性的意见。如对当时准入标准中人均收入 2300 元的设定，7.2% 的人认为太高了、应该降低，10.3% 的人认为有点高，40.7% 的人认为合理，17.5% 的人认为有点低，19% 的人认为太低了、应当适当提高。其中对符合条件的人群是否会购买，84% 的被调查对象明确表示愿意购买。

（三）反复斟酌修改

《试行办法》的制定通过多方面征求意见，并反复修改完善，修改稿达数十个版本。整个制定过程历时近两年，大致可为分四个阶段：

第一阶段为起草准备阶段。2007年10月起，收集整理了国内外公共住房政策资料，并组织了美国、香港、北京、广州、厦门、南京、杭州、淮安等实地考察活动，学习借鉴经济适用住房立法和实践管理的经验。

第二阶段为文件起草阶段，形成"讨论稿"。2007年12月，完成了《试行办法》（初稿）的起草工作。之后，听取市政府相关部门和部分区房地局的意见，并委托上海零点指标信息咨询有限公司对上海市19个区县的3100名居民开展了相关政策设计的咨询调查。在与相关部门专题研究并吸取咨询调查成果的基础上，2008年6月底，形成了《试行办法》（讨论稿）。

第三阶段为修改完善阶段，形成"征求意见稿"。2008年7、8月间，先后两轮书面征询市发展和改革委员会、建设和交通委员会、财政局等部门和各区县政府对《试行办法》（讨论稿）的修改意见；举办"上海住房保障创新发展研讨会"，听取全国各地有关专家意见。

2008年7月至9月间，市委、市政府多次召开常务会议、专题会议，集中研究和分析《试行办法》（讨论稿）。市长韩正要求，《试行办法》基本形成后，要广泛征求社会各阶层和市民群众的意见，进一步修改完善后，再颁布实施。

2008年9月至11月间，根据市委、市政府领导的要求，对经济适用住房的产权管理、退出机制等重点问题进行深入研究，邀请市政府研究室、市政府发展研究中心等相关领域专家学者召开座谈会；会同市政府相关部门专题研究；并结合学习实践科学发展观活动，将《试行办法》的修改完善作为活动主题，到浦东新区、嘉定区、杨浦区、徐汇区等区开展专项调研；同时，还听取了城投集团、中星集团等房地产开发企业在经济适用住房建设实践中的有关意见和建议。11月底，分别向市人大、政协专门委员会汇报《试行办法》的制定情况，认真听取意见和建议，并且第三轮书面征求各区政府和市政府有关部门的意见。12月23日，时任市长韩正、副市长沈骏又专门召开了19个区的区长和房地局局长座谈会，听取具体意见。

2008年底进一步完善后，形成《试行办法》（征求意见稿），向全社会征求意见。

第四阶段，再次完善，形成"送审稿"。根据公开征求的意见和建议，政策制定小组再次会同市政府法制办对《试行办法》多次修改后,于 2009 年 3 月 13 日第四轮书面征询 19 个区政府和市发改委、建交委等 16 个相关部门修改意见。根据市政府分管领导的要求,5 月 8 日有关负责同志专门赴京向住房和城乡建设部专题汇报,时任副部长齐骥、住房保障司司长侯淅珉充分肯定了《试行办法》的起草工作,认为考虑问题比较细致周到,支持上海结合本市实际建立健全经济适用住房制度,在实践中探索试行,不断完善住房保障体系。

市房管局对各方面的意见和建议进行了归纳汇总和消化吸收,经过近一年半的修改完善,数十次易稿,至此形成《试行办法》(送审稿)。

最终,在 2009 年 6 月,《试行办法》经上海市政府第 47 次常务会议审议通过,正式颁布实施。

(四)充分宣传解释

《试行办法》在制定过程中及正式颁布以后,特别注意社会宣传和政策解释,广泛征求意见本身就是一种宣传。同时,还组织了一些专题的政策宣传解释活动。

一是在市人大、政协两会期间,经济适用住房政策成为代表热议的话题,为了能让各位代表更准确地理解政策的要点,市住房保障和房屋管理局庞元副局长作为局的新闻发言人,专门组织准备了政策要点材料,供各位代表参考,并对提案进行答复。如关于经济适用住房"能买的买不起,买得起的不能买"的问题;关于"应当以出租而不是出售方式提供保障性住房,解决市民住房困难"的问题;关于"经济适用住房取得房地产权证 5 年内不能上市转让,确需转让的,应由政府按照销售价格加银行同期存款利息回购"的问题;关于经济适用住房的选地与布局问题;关于放宽经济适用住房准入标准问题;关于完善监督机制、加大对虚假申请者和违规使用者处罚的问题等。这些都是社会各界和代表们关心的问题,政策要点材料结合实际情况,对政策进行了解读。

二是通过电视、电话、网络等新闻媒体加强宣传与政策解读。如在政策正式发布后,2009 年 7 月 2 日,市住房保障和房屋管理局庞元副局长和住房保障处李东[①]处长通过"中国上海"门户网站,就解读《上海市经济适用住房管理试行办法》主题

---

① 本书作者之一。

与广大市民和网友进行在线访谈。访谈活动提前在"中国上海"门户网站开展预告和问题征集，得到了市民网友的积极参与。在线访谈的一个小时内，最高峰时在线人数达 2143 人；网友共提出各类问题 112 个，其中：预提问 65 个，现场提问 43 个，经过审核，有效问题总数为 76 个。网友提出的问题主要涉及经济适用住房申请审核、建设、租赁以及其他方面。有关领导就主持人、网友提出的 20 余个问题进行了现场解答。访谈活动结束后，市住房保障和房屋管理局对网友问题进行了归纳整理，并通过"中国上海"门户网站及时向广大网友进行了反馈。

三是加强基层政策解读与培训。政策出台后，除通过新闻媒体宣传外，住房保障管理部门还编制和印发了政策宣传手册，就市民群众关心的热点难点问题、政策制定背景和目的、政策重点内容等进行宣传解释。对房管系统，及时组织区县房管部门、街道（乡镇）等层面的政策培训。各区县也能够根据要求，及时组织区县层面的政策培训活动，使政策精神及时传达到基层一线。

（五）提前制定配套文件

经济适用住房的政策具体运作涉及建设、供应和后期管理等多个环节，《试行办法》中的许多规定是原则性的，但具体的操作细节基本上是事先考虑清楚的，一些后续的操作性文件，也基本上是提前或同时考虑，在《试行办法》颁布时已启动制定程序，而且配套的文件基本形成系统。当时由房管局会同市相关委办局，就经济适用住房的土地供应、住房建设、申请审核、供应分配、管理监督机制等安排了 20 余个配套政策文件，其中，《经济适用住房建设管理实施细则》、《经济适用住房价格管理规定》等重要文件，在《试行办法》颁布前基本定稿，为后期政策的顺利实施和解释提供了有力的支撑。

二、政策启动实施过程

（一）先建房后供应

上海为了加快经济适用住房供应试点，采取的是"先建设后供应"的方式，即在经济适用住房政策制定过程中，就开始住房建设，使政策一旦颁布，马上就可以形成供应的态势。从 2008 年开始，有条件的区就开始建设经济适用住房，并由市政府统一安排，在外环线周边，轨道交通沿线统筹建设了一批经济适用住房，主要分布在浦东三林、宝山顾村、南汇航头、闵行浦江、松江泗泾等大基地。这些项目中，一些启动早、配套条件好的项目，在2009年下半年就具备了供应条件。

（二）先试点再全面推开

2009年，在《试行办法》颁布的同时，考虑到此项工作的社会关注度高、操作复杂，作为一项重要的民生工作，必须取信于民，上海市委市政府决定采取"先试点，后推开"的步骤予以实施。通过试点，模拟政策运行，为在全市实施《试行办法》积累经验、完善运行管理机制。考虑到房源分布情况和区域工作条件等因素，经济适用住房申请审核、销售供应试点工作确定在徐汇、闵行两区先行开展。

为保证试点工作顺利启动，市领导多次听取前期准备工作情况汇报，多次到试点区开展实地调研，对重大事项和主要工作作出安排部署。市政府相关部门和试点区政府协力推进各项准备工作：一是制定出台配套政策文件。《试行办法》主要确定了经济适用住房工作的基本事项和基本原则，具体实施时还需要制定一系列具体政策、操作办法和运行规则。根据申请审核、轮候供应各工作环节的实践需要，"准入标准和供应标准"、"申请、供应和售后管理实施细则"等10余个配套文件颁布实施，保证在试点工作中的实施应用。二是建立工作协调机制。市房管局对试点开展以后的协调机制和工作指导预作安排，明确市区两级房管部门的具体分工、组织协调及运行方式，建立信息情况通报制度，并拟订突发事件应急预案；试点区分别结合区域实际，制订工作方案，确定工作步骤、保障措施等内容。三是积极配置人力物力。推动各街道（镇）建立健全住房保障工作实施机构；在街道（镇）社区事务受理服务中心设立经济适用住房受理窗口，落实专职人员、配备工作设施设备；对试点区、街道（镇）住房保障机构的工作人员集中进行政策业务培训。四是制订政策问答与舆论宣传方案。市房管局精心制订了《政策问答》，形成统一发布口径，突出重点释疑，周密策划新闻宣传方案，坚持舆论正面引导。

2009年12月11日，试点工作正式启动。为保障申请受理工作顺利开展，在正式受理申请前，于2009年12月11日至17日开展"政策咨询周"活动。经统计，"政策咨询周"期间，徐汇、闵行两区共接待咨询市民约1.54万人次，其中试点区外咨询市民约0.24万人次。现场咨询不仅提高了市民对经济适用住房政策的知晓度，也引导市民对照准入标准后自行分流，有效减轻了后续申请受理的工作压力。2009年12月18日，两试点区正式受理购房申请，领取申请材料的家庭合计4085户；经收件审核，正式受理申请的家庭为2566户。

申请受理结束后，试点工作进入审核程序。首先由街道（镇）住房保障机构负责初审，包括户籍年限、住房面积、家庭收入和财产等核查工作。到2010年2月，户籍年限核查工作全部完成，住房面积核查完成约2400户，其中有90余户申请家庭由于户籍条件不符、存在他处房产，或者实有住房面积与申报面积不符等情况，被终止审核。

在审核通过后，又进行了选房、签约等试点，最终选房购房的家庭近2000户。试点工作总体取得成功，为后期在全市推广积累了有效的经验。

试点实施过程中，虽然当时的市区两级房管部门已经提前做了大量工作，从申请受理，到摇号排序，再到选房，现场参与的工作人员心都提到了嗓子眼，生怕有半点疏漏，但是在推进中还是遇到了不少新的问题，比如，一位80多岁的高龄申请者，申请通过后，在等待供房的过程中去世了，这套共有产权房该如何处置？他的子女可否继承？购房者想要申请购房贷款，走什么样的流程？贷款后如果长期欠付，如何处理房产？购房入住后，后续管理怎么开展？这些都是横亘在工作部门面前的问题，有些尽管是少数个案，政府也必须及时做出回应。为了解决各种具体问题，在全市各相关部门的共同参与和大力支持下，市房管局先后制定了20多项配套政策文件，为制度的推广实施起到了系统支撑和保障作用。

在闵行和徐汇两区试点成功后，2010年下半年，经济适用住房（共有产权保障住房）在全市层面推开，更多的居民家庭成为受益对象。

（三）政策要求先紧后松

共有产权保障住房准入标准按照"先紧后松"的原则确定，根据市民收入、房地产市场、房源供应条件以及保障对象的意见和建议等因素，主要是市民家庭购买普通商品住房支付能力的变化情况，准入标准多次放宽，并计划根据市民群众的住房支付（消费）能力的变化等情况，建立共有产权保障住房准入标准的动态调整机制。

在整体政策框架基本稳定后，又根据共有产权保障住房申请供应工作开展情况以及市民群众的意见和要求,对部分政策操作口径进行优化调整,不断提高政策标准的针对性。如2013年,针对四类住房特别拥挤的复合家庭,允许在计算其家庭人均住房建筑面积前,先扣除一定的共用面积,其他政策维持不变,从而切实解决了部分市民家庭的结婚用房以及复合家庭的分户居住问题。

(四)开展政策后评估

为总结经验,完善政策,推动行政决策的科学化、民主化、制度化,在政策实施一段时间后,根据形势变化,市房管局通过委托高校科研院所、召开座谈会、论证会、问卷调查、实地走访等方式,对政策实施情况进行了实施效果论证和评估,并广泛听取社会各界包括管理和服务对象的意见与建议,然后根据评估情况,及时调整和完善了相关政策口径,先后制定、修订了各类政策40余项,涵盖了建设、配租配售和供后管理等方面,保障了共有产权保障住房分配供应工作的有序开展。

三、政策的修订

2009年6月施行的《上海市经济适用住房管理试行办法》,经过若干批次的试运行,基本建立健全了以"共有产权"为特征的经济适用住房制度,在规范上海市共有产权保障住房工作,切实改善全市城镇户籍中低收入家庭的住房困难状况等方面起到了重要作用。

但随着共有产权保障住房管理工作的深入开展,《试行办法》已不能很好地适应实际的工作需求,所以考虑从制度层面对《试行办法》加以完善和升级,当时主要考虑了三个方面:第一,随着申请供应工作的逐渐常态化,共有产权保障住房供后管理矛盾日益凸显,相关体制机制有待理顺,管理制度有待跟上,分配供应区和住房所在区的供后管理职责有待厘清;第二,共有产权保障住房申请审核、轮候供应等规定需要结合以往操作,进一步修改优化;第三,现有住房保障法律制度中对购房人违规行为的制约和处罚措施不够,相关制度性设计有待强化。由此,为适应上海市共有产权保障住房工作发展的实际需要,维护共有产权保障住房分配供应、供后管理等工作秩序,住房保障管理部门从2013年开始考虑在原规范性文件《试行办法》基础上作进一步修改完善，以形成相应的管理办法，并拟将之上升为政府规章。

2016年4月，经过2年多的研究和完善，上海市以人民政府令第39号，正式颁布了《上海市共有产权保障住房管理办法》（简称《管理办法》）。通过这次修订，解决了几个重要问题。

一是正式使用"共有产权保障住房"名称。在总结几年来申请供应工作经验，并经专家学者反复论证的基础上，《管理办法》对"共有产权保障住房"的内涵作出了更为明确的界定，除具备由政府提供政策优惠、按照有关标准建设、限定套型面积和销售价格、面向城镇中低收入住房困难家庭供应等国家层面"经济适用住房"基本属性外，更加鲜明地指出本市共有产权保障住房实行住房保障机构与购房人按份共有产权，在供后房屋使用上限制使用范围和处分权利。

二是进一步明确了管理部门的职责分工。在市、区、街镇分工方面，《管理办法》规定，市政府设立市住房保障领导小组，负责共有产权保障住房的制度、政策、规划和计划等重大事项的决策和协调；区政府负责组织实施本行政区域内共有产权保障住房的建设、供应、使用、监督管理、退出管理及执法监督等工作；街镇负责本行政区域内共有产权保障住房的申请受理、资格审核、使用监督、社区及社会化服务管理等工作。

三是强化相关管理的法律效力。鉴于《试行办法》属市政府规范性文件，无权限设定行政处罚，现阶段主要由住房保障实施机构根据共有产权保障住房预出售合同实施供后管理。此次《管理办法》结合实际管理需要，增加对违法行为的处罚条款以及相应的制约措施。譬如对违规使用住房的行为，采取责令其限期改正、警告、罚款、一定范围内通报、记录不良信用信息、禁止5年内再次申请各类保障性住房等管理措施。

四是完善了供后管理机制。加强和完善共有产权保障住房供后管理工作是此次《管理办法》的重点。明确住房配售以后，供后管理工作以住房所在区政府为主负责，分配供应区政府予以配合。在使用规定方面，《管理办法》明确，购房人应当合理使用住房，在取得完全产权前不得擅自转让、赠与、出租、出借共有产权保障住房，也不得设定除共有产权保障住房购房贷款担保以外的抵押权。在后期取得完全产权方面，原《试行办法》中规定不允许购房人在取得房地产权证满5年后，通过购买政府产权份额的方式取得完全产权,根据国家的立法趋势以及共有产权保障住房购房人反映的需求,《管理办法》规定购房人取得房地产权证满 5 年后可以上市转让住房,也可以购买住房保障实施机构的产权份额。购房人上市转让住房时,区住房保障实施机构在同等情况下有优先购买权。此外,《管理办法》还规定,购房人取得房地产权证满 5 年后发生购买商品住房等行为,住房不再困难的,应当在商品住房购买登记前,先行购买住房保障实施机构的产权份额或者上市转让共有产权保障住房。

第三章

上海共有产权保障住房的基本制度

第一节　共有产权保障住房的基本定位
第二节　共有产权保障住房运行中的核心机制
第三节　上海共有产权保障住房的几个特征
第四节　上海共有产权保障住房管理体系

第一节　共有产权保障住房的基本定位

一、共有产权保障住房是"住房保障体系"的重要组成部分

上海的共有产权保障住房是保障性住房供应体系的一个重要组成部分，它同廉租住房、公共租赁住房、征收安置住房和旧住房改造等一起构成上海的住房保障和支持体系。

在上海住房保障体系设计过程中，有一个理念非常明确，即住房保障是"雪中送炭"，而不是"锦上添花"，也就是说，住房保障是"保基本"，着重解决基本住房困难，而不是解决住房舒适的需求，从而界定了政府为主提供住房保障和市场为主满足多样性住房需求的差别。从上海"保基本"的角度来说，共有产权保障住房和廉租住房、公共租赁住房都属于基本住房保障体系。

（一）共有产权保障住房是作为"保障性住房"进行建设与供应的

共有产权保障住房的建设是按原有"经济适用住房"的相关规定实施，其房型面积要求以小户型为主。在建设环节享受的相关政策优惠也完全参照经济适用住房，如土地按"划拨出让"方式供应，在建设供应环节享受相关税收和行政事业费的减免。

共有产权保障住房的供应是由政府所属的住房保障机构操作，有严格的申请、审核、公示等流程。

（二）共有产权保障住房供应对象为"住房保障家庭"

共有产权保障住房供应对象按2007年国务院发布的《关于解决城市低收入家庭住房困难的若干意见》基本要求，结合上海的实际情况，确定为中低收入住房困难家庭。这部分家庭无法通过市场化供应体系解决住房困难问题，需要政府的帮助。

（三）共有产权保障住房的使用管理按保障性住房的要求

共有产权保障住房主要解决家庭自住问题，虽然对家庭自有产权部分有财富积累的作用，但政府主要是支持其解决住房困难问题。对于政府的产权部分相应的使

用权,家庭只能用来自住,不能用于出租、经营等营利性行为。这也限制了住房的使用除自用之外不能用作他用,和廉租住房、公共租赁住房、经济适用住房等严格的供后管理相同。

(四)共有产权保障住房的保障功能主要体现在"免收租金"方面

共有产权保障住房的"保障"功能主要体现在政府将自己的产权对应的使用权完全让渡给保障对象,并且不收取租金。只要该家庭没有改善住房的能力,不购买新的商品住房,住在共有产权保障住房中就不收取租金。这实际上相当于给予家庭"实物租赁补贴",但又不同于廉租住房,只是部分的租赁补贴。

二、政府与个人的产权份额依"共有产权机制"

上海的共有产权保障住房所有权份额的确定按市场化机制,即住房的市场价格中购房家庭与政府产权份额分别来源于双方的"出资额"占比。

(一)购房家庭的产权份额

购房家庭的产权份额来自于其购房的出资额,即支付的购房款。家庭产权比例为家庭支付的全部购房款(首付+贷款额)与该住房的市场价格比例。

家庭的具体出资额为共有产权保障住房面向保障家庭的销售价格,定价方式按经济适用住房定价,主要依据共有产权住房建设成本,同时参考周边商品住房价格来确定出售价格,称为销售基准价格。

(二)政府的产权份额

政府的产权份额理论上来源于政府直接或间接的各种投入,其中划拨用地减免的土地出让金是最主要的部分,另外还包括投入的市政、公用等配套资金,减免的行政事业性收费及其他税费,以及政府在共有产权住房建设供应过程中的成本支出等。

考虑住房的市场价格是参考周边商品住房的价格,而商品住房的价格中会有开发企业的利润等,这部分价格组成理论上包含政府的管理费等支出,但不能全部覆盖,所以在实践操作中可考虑将政府的产权部分对家庭适当让渡,即在购房人产权份额确定时参考市场价格有适当的折扣。

具体的产权比例按不同地段与商品住房价格的关系确定,计算公式为:购房人产权份额 = 销售基准价格 /（周边房价 ×90%）,这里按周边房价的 90% 计算主要是考虑周边房价有开发商的利润部分,政府进行了相应的折让。具体到不同项目,政府与个人的产权比例有 3∶7、4∶6 等多种情况,这一比例在合同中约定,主要用于后期共有产权住房上市时的收益分成。

三、共有产权保障住房供应以新建住房为主

共有产权保障住房以大型居住社区建设中的新增住房为主,在住房建设规划中有明确的供应规模,并在年度供应计划中优先供应。在具体建设过程中有两种建设方式,一是集中建设,充分利用市场机制,通过项目招投标,确定由具有良好资质和信誉的房地产开发企业进行建设,建好后直接由开发企业按政府定价销售给通过政府审核的保障对象。二是配建,凡新出让土地开发建设的商品住宅项目,按照不低于该项目住宅建设总面积 5% 的比例配建保障房,住房建成后无偿移交政府用于住房保障。所有共有产权保障住房由全市统一建设供应,根据各区的住房保障申请对象数量,分配给各区使用。

四、后期使用权利与义务以"约定"形式实施

《物权法》中第九十六条规定"共有人按照约定管理共有的不动产或者动产;没有约定或者约定不明确的,各共有人都有管理的权利和义务";第九十八条规定"对共有物的管理费用以及其他负担,有约定的,按照约定;没有约定或者约定不明确的,按份共有人按照其份额负担,共同共有人共同负担"。

理论上共有产权保障住房后期管理、使用中的权利与义务可有两种基本的形式,一是严格按产权份额确定权利与义务;二是根据约定。究竟按哪种方式确定合适,是在共有产权保障住房实施之初争论较多的问题之一。如果共有产权住房是按产权份额确定权利义务,则购房家庭和政府作为住房的共有产权人,必须按产权份

额来承担后续住房使用过程中的住房维修保养（维修资金）、日常管理（物业费）、房屋安全等责任。而政府如果承担了这些责任，则可能难以操作，这意味着共有产权住房政策可能无法持续执行。由于共有产权保障住房的共有产权仅体现在所有权及未来的资产增值收益（包贬值损失）上，可不涉及日常的使用，因此共有产权住房作为保障性住房，不宜按产权份额约束下的共有产权确定主体的权利与义务。最终，对于共有产权保障住房后期使用中的权利与义务，上海以合同或行政规定"约定"的形式实施。政府在住房取得上给予了支持，而在住房使用上，完全让渡使用权，则后期的相关房屋维护及管理成本由保障家庭负担为主，即政府作为共有产权人"让渡"了其产权对应的使用权，不对居住人收取租金，但居住人相应要承担所有住房维护保养责任，并承担所有物业管理费等。

在共有产权所有权份额确定的方法上，上海是以合同方式约定共有产权住房中政府与购房人的各自份额，由各区住房保障中心代理行使政府的产权份额。

五、激励家庭退出保障走向市场

上海的住房保障体系是由廉租住房、公共租赁住房和共有产权保障住房形成的基本住房保障体系，受益家庭已经有数十万户。但有一点需要说明，政府在设计住房保障体系时就已经注意到：住房保障体系不是把越来越多的人"关在里面"就是成功，保障规模不是越大越好；当居民有住房困难时能够"进得来"，在他们有发展能力时可以"流出去"，这才是成就。合理的体系应当有"通道"、有"出口"，可以让保障对象在收入提高后，到更大更丰富的市场中去进一步提高居住水平，这才符合社会发展的需要。

共有产权保障住房制度就体现了"流出机制"。在经济适用住房推出的时候，很多人问，保障性住房为什么可以销售？其实，这个政策出于多方面考量，其中一个重要方面就是希望这些支付能力不足的家庭，通过自身努力和政府帮助，逐步积累住房资产，在收入提高后，能够退出住房保障体系，进入商品房市场，进一步改善居住条件。

所以，共有产权保障住房的一个基本设计是希望购买保障住房的家庭最终走向市场，对于收入提高有条件走向市场的家庭，使他们不愿意长期享受住房保障，具体通过以下几个手段得以实现。

一是在房型设计上，采用小户型的设计，只解决基本居住问题，不能满足改善性居住要求。

二是共有产权保障住房不能作为资产使用，不能设置除购房贷款之外的抵押等。

三是共有产权保障住房不能出租、出借，只能自住，购买人不能通过住房获得其他收益。

四是未来家庭如果要另外购买商品住房，则必须退出原来的共有产权保障住房。

五是共有产权保障住房不能继承，原共有产权保障住房的居住人去世后，则保障住房只能上市交易或由政府回购后作为财产继承，而不能再免费使用政府产权份额对应的使用权。

所以从长期看，共有产权保障住房还是有许多产权方面的限制，对于有能力走向市场的家庭，一定会想办法走向市场，退出住房保障体系。

第二节 共有产权保障住房运行中的核心机制

上海共有产权保障住房制度，有若干核心机制，既体现了制度运行的核心特征，也保障了制度的顺利实施。

一、供应对象的精准性

上海共有产权保障住房供应范围确定为"具有城镇户籍的中低收入住房困难家庭"，总体看是符合上海实际的。2000 年，上海在全国率先实施廉租住房制度，逐步建立起廉租住房供给体系，有效解决了低收入家庭的住房困难问题。但随着房价进一步上升，许多高于廉租住房收入标准，但又无力通过市场解决住房困难的"夹心层"家庭开始出现。老市民中，子女成年后的分房居住、结婚用房等矛盾突出，新市民中安居乐业的要求不断，这些刚性需求的呼声日益强烈，如何通过政府的帮助，解决这些家庭的住房困难成为迫切的问题。为此，上海报经国务院领导同意，明确上海共有产权保障住房的供应对象，着重是这些中等收入、具有一定支付能力，但仍然难以在市场购房解决基本住房问题的困难家庭。以 2016 年数据为例，上海共有产权保障住房准入标准中的收入线为家庭人均年可支配收入低于 7.2 万元（月均 6000 元），这个标准相当于 2016 年全市职工平均收入的 0.9 倍，城镇居民人均收入的 1.3 倍，基本覆盖到新就业大学生、年轻白领、普通公务员等群体。

（一）如何确保供应对象为中低收入住房困难家庭

确保住房保障资源运用于中低收入住房困难家庭，是住房保障有效性和公平性的关键。如果住房保障资源被滥用，不能公平、公正地分配供应，那么再好的政策设计也不能被社会接受，不能持续发展。

政策在设计上，应保证能精准地找到住房保障对象。确定住房保障对象有两个基本的原则。

一是住房困难。在住房困难的标准上，和原来的廉租住房、公共租赁住房接轨，采用相同的标准。这一点就是为了明确住房困难的统一标准，住房困难标准是客观的，不因政策的变化而变化。目前上海的住房困难标准是人均居住面积在 $7m^2$ 以下，或人均住房建筑面积在 $15m^2$ 以下。

二是收入水平低，住房支付能力不足，无法通过市场手段解决住房问题。中低收入家庭如何确定？家庭收入水平和资产水平的确定，上海采用的基本办法是从低到高逐步放开。如收入标准在 2009 年开始试点时为人均月收入 2300 元，到 2014 年已放宽到人均月收入 6000 元。目前的准入条件基本覆盖了大多数机关和企事业单位的青年职工，这部分人员有一定的购房能力，但购买商品住房的能力不足。通过共有产权保障住房，可解决包括"夹心层"家庭在内的中低收入家庭的住房困难问题，使城市多数居民"有恒产而有恒心"。

在住房困难和住房支付能力不足两个标准基础上，加上家庭财产、户籍年限要求等，共同构成了准入条件，使共有产权保障住房有较强的针对性，可有效解决"本市户籍中低收入住房困难家庭"的住房困难问题。

（二）如何准确审核家庭的收入与资产

在共有产权保障住房的准入过程中，实施严格的审核机制是保障制度规范执行的基础。上海形成了集户籍、婚姻、经济、住房状况四方面为主的申请条件审核系统，并以信息化手段取代了纸质信息审核办法，借助互联网形成了不同部门间的信息比对机制。其中，户籍申请信息与公安部门的户籍信息库相比对；婚姻状况申请信息与民政部门的婚姻登记信息相比对；住房状况信息通过全市房地产交易登记系统和公有住房数据库系统进行核查，并建成了上海市房屋状况信息中心；经济状况信息核查最难，上海市在市级层面成立了居民经济状况核对平台，涵盖社保、税务、公积金、银行、证券、车辆管理等14个部门的信息化比对专线，可及时准确地审核申请家庭的收入、财产状况。

二、分配供应的公平性

针对以往个别地区经济适用住房实践中出现过一些不规范的现象，上海共有产权保障住房在供应环节重点形成规范的制度和操作程序，没有针对公务员等特殊人群、特殊对象的特殊政策，在准入标准、审核、供应上完全统一，没有任何加分、特殊照顾对象，在统一的受理、公示平台上运行，每一项操作都有记录，因而从制度上保证了供应的公平、公开和公正。当然，如何将好制度执行好也是对政府管理能力的一个考验。

共有产权保障住房严格按保障性住房的供应标准，建设面积控制在 50～90m^2。单身或2人家庭，可申购一居室，3人家庭可申购两居室，4人及以上家庭可申购三居室。

共有产权保障住房每年分批次集中供应，基本一年一批次，集中申请审核，通过审核的家庭都有机会进行选房，选房按区分项目进行，选房顺序完全按"抽签"或"摇号"的方式实施，并由公证部门全程公证，所有排序工作通过媒体直播，保证了公开、公平和公正。

三、供后管理的有效性

（一）如何确认共有产权保障住房用于自住

共有产权保障住房主要用于解决家庭的居住问题，规定共有产权保障住房的房地产权利人、同住人不得将住房擅自转让、出租、出借、赠与或者改变房屋使用性质，不得设定除该住房购房贷款担保以外的抵押权。区住房保障机构可以通过家访等方式，了解房地产权利人、同住人居住和使用该住房的情况。在试点阶段主要由导出区（原住房保障对象所在区）住房保障部门异地管理，通过建立工作站或委托物业企业开展日常巡查。

在 2016 年新的共有产权保障住房管理办法实施后，后期管理由房屋所在地区保障部门负责供后使用管理，即"属地化"管理。

具体实践过程中，上海市结合全市加强社会治理的工作，通过"党建引领"，以党建联建为纽带，探索共有产权保障住房的后期管理机制，将共有产权保障住房的后期管理融入社区治理之中，通过市住房保障中心与社区共建机制、在社区设立工作站机制等，加强对房屋使用的政策宣传、违规使用情况的发现和及时处理。同时，通过志愿者活动、政府购买社会服务的方式加强后期管理。

（二）如何按"共有产权"机制实施后期产权管理

共有产权保障住房取得产权证 5 年内不得上市，特殊情况可由政府回购。5 年以后可以有上市出售、购买政府产权、政府优先回购三种形式。上市出售时原购房家庭按产权份额获得出售价款，转化为商品住房，上市的收益分成在购房合同和产权证附注中注明，如购房时共有产权保障住房的价格仅占同类商品住房价格的 70%，则该购房家庭只能拥有 70% 的产权，将来其将房屋出售时，只能按 70% 份额获得出售价款，其余的归政府所有。如果保障家庭购买政府产权，则也按市场价格购买政府的产权份额，成为完全的商品住房。同样，政府对共有产权保障住房有"优先回购"权，回购共有产权保障房时，同样按市场价格，购买原保障住房的产权份额，然后继续提供给符合条件的家庭作为共有产权保障房或作为其他保障住房。

四、共有产权机制的完整性

上海共有产权保障住房实行政府与购房人"共有产权"的运作方式，具体由一套完整的机制构成，主要包括：定价机制、产权分配机制以及产权转让机制。相关规定均在共有产权保障住房销售合同与使用协议中明文记载，政府与购房人共同遵守。

（一）定价机制

上海对新建共有产权保障住房建成销售阶段的定价包括三种价格，即项目结算价格、销售基准价格、单套销售价格。首先，采用成本加成法确定建设项目结算价。其次，在当期项目结算价格的基础上，参考前一时期已供应的共有产权保障住房销售价格，并结合政策覆盖家庭的住房支付能力等因素予以适当调节，形成销售基准价格。最后，单套共有产权保障住房的销售价格要按照销售基准价格，结合房屋楼层、朝向、位置等因素确定浮动幅度。

（二）产权分配机制

上海共有产权保障住房采用的是产权按份共有的模式，购房人产权份额按照共有产权保障住房销售价格占相邻地段、相近品质商品住房价格的比例，予以合理折让后确定。

对于购房人的产权份额有一个不低于 50% 的基本原则，即设定购房人必须持有不低于 50% 的产权份额。这一原则的设定除了推动购房人能够积极履行产权人和实际使用人的责权之外，也为了避免政府负担过重难以持续的风险。所以，在具体实践中，购房人的产权份额根据共有产权保障住房各个项目的销售价格、相邻商品住房价格等不同情况，会有按照 70%、65%、60% 和 55% 等持有比例的不同划分，但没有低于 50% 的设定。

（三）产权转让机制

上海共有产权保障住房允许购房人购房满 5 年后参照市场价格上市转让，或购买政府产权后转为商品住房，一方面是着眼于构架一个有助于购房人合理、合法积累住房资产，在收入等条件具备时退出住房保障体系，到商品住房市场上进一步改善住房状况的适当通道；另一方面也为政府形成一个合理、合法回收住房投入和获取收益，再用于后续住房保障投入的渠道。确立参照市场价格转让住房的政策，既是考虑调动保障对象购买共有产权住房的积极性，也是为了体现政府与购房人作为产权共有人的利益共享、风险共担的原则。此外，设立同等条件下政府优先购买权，有利于政府在适当条件下收回住房资源，达到再利用的目的。

第三节 上海共有产权保障住房的几个特征

一、明晰了政府与市场的关系

（一）政府主导与市场运作相结合的机制

政府在共有产权保障住房的政策制定、政策实施，住房建设规划、计划的制定和实施等方面发挥主导作用。上海在全市成立了住房保障领导小组，市住房保障管理部门下设住房保障事务中心和住宅建设中心，分别管理保障住房的审核供应和建设；各区设有住房保障中心和住宅建设中心。

在住房建设环节，更多使用市场化的机制，对纳入建设计划的项目，通过项目招投标的方式，确定房地产开发企业进行开发建设，并按合同约定的成本价格进行结算。

在后期管理中，也引入市场化管理机制。有些区通过购买第三方服务的方式，加强保障性住房的后期管理。

（二）共有产权份额及收益分配关系清晰明确

"共有产权"及其收益分配方式，既体现了政府的阶段性住房支持，也符合市场经济规律的基本要求。如果中低收入家庭购买产权型保障住房不能获得增值回报，则将没有购买的积极性。但如果对保障性住房的使用和收益分配没有限制，不能保证其用于最需要的家庭，则不能保证公平、公正，还会产生过度的"利益输送"，影响社会接受度。

共有产权保障住房由购房人和政府按其"出资额"不同拥有相应的产权，体现了"谁投资谁受益"的市场经济原则。共有产权保障住房低于商品住房价格的部分不是简单"让渡"给购房人，而是政府拥有产权，当共有产权保障住房上市时，政府按其产权份额回收投资并获得相应的收益。在住房的使用阶段，政府将住房的使用权"让渡"给购房人，以支持其解决住房困难问题。

二、衔接了住房保障供应与市场化供应

（一）保障家庭从保障到市场的衔接

从国际上多数国家的实践看，如果多数的保障对象没有有效的"上升"通道退出住房保障体系，而长期居住在保障性住房中，则有可能产生几个后果：一是进入保障性住房体系中的群体会越来越大，社会管理难度加大；二是越来越多的保障性住房（特别是租赁型住房）年久失修，居住质量会越来越差；三是由于住房财产的缺失，社会分化会日益加重。这都不利于住房保障的可持续性和社会的和谐稳定。所以政府在提供住房保障的同时，应考虑使有能力的家庭提高收入，最终离开保障体系进入市场。

但大城市的房价上涨速度快于收入增长速度，房价收入比失衡，居民的收入通过长期的积蓄还远远赶不上上涨的住房价格，甚至，已积累的收入相对增长的房价还在不断缩水，保障对象将很难离开住房保障体系进入市场。因此，共有产权保障住房既可解决保障对象眼前的住房困难，又可使保障对象在享受住房保障期间逐步积累住房支付能力，通过自身的努力离开住房保障体系，进入市场改善住房条件。

（二）保障性住房与市场化商品住房衔接

共有产权保障住房购入满 5 年上市交易后，可以成为完全的商品住房，在一定程度上可增加市场化中小套型普通商品住房的供应，有效改善市场上普通商品住房比例偏小的现状。在 5 年上市管理中，政府有优先购买权，政府在一定程度上可以根据商品住房市场的供应情况，保障住房供求关系，来确定 5 年后的共有产权保障住房是继续用于保障性住房还是用于商品住房。

三、平衡了政府帮助与家庭自助的关系

住房保障政策在帮助那些永久失去生产和劳动能力的人体面地生存下去的基础上，更应注重帮助那些由于在经济、教育、生活和工作技能上存在劣势而暂时处于贫困状态的人们获得居住、工作和学习的机会，使受益者慢慢不再依赖社会福利，逐步成为负责任的和富有成效的社会成员（郑思齐，2009）。保障对象通过购房款取得的一部分住房产权，属于"自助"行为；政府将其名下产权的"使用权"部分让渡给保

障对象，属于"帮助"行为。由于许多家庭在购买共有产权保障住房时通过银行或公积金贷款支付购房款，这种住房的自助行为体现在整个住房的使用期间，一方面他们要通过自己的努力来增加收入，归还信贷；另一方面，购房人要取得完全产权，也必须努力工作，增加资金积累。如果共有产权保障住房未来上市或被保障家庭取得了完全产权，政府的帮助也将结束，但如果保障对象长期居住，说明这部分家庭没有能力通过市场改善自己的住房条件，政府仍通过使用权的"让渡"继续提供帮助。

四、统筹了政府的当期与远期土地财政收入

共有产权保障住房的建设中，政府以土地划拨的形式，减少了当期的土地出让金收入，并转化为保障住房的产权份额。5 年后共有产权保障住房上市或被保障家庭购买为完全产权商品住房时，政府可以将产权对应的资金转化为财政收入，或作为专项的住房保障资金使用，即将政府即期的土地财政收入逐步转化为今后的中长期收入，在一定程度上有利于减少城市土地财政中"寅吃卯粮"的现象。同时，相对于建设租赁型保障住房给这些家庭长期居住而言，政府投资和管理的成本较低，而且保障家庭拥有产权住房后顾之忧少，所以是一个"双赢"的制度安排。2008 年 7 月至 9 月间，在共有产权保障住房政策制定过程中，时任市委书记俞正声同志特别指出，不要认为经济适用住房供地是减少土地等收入、消耗土地资源，实际上是将即期收入转变为以后的长远收入，是发展节能省地的住宅。

第四节 上海共有产权保障住房管理体系

上海市共有产权保障住房与廉租住房、公共租赁住房、征收安置住房等共同构成了上海的住房保障体系，在住房保障的行政管理体系基础上形成了市、区两级管理的工作体系。

一、较完备的政策体系

共有产权保障住房由于制度的复杂性，需要大量的配套法律、法规和政策文件，

从共有产权整体的制度框架，到建设、申请审核、供应和后期管理，都需要政策支持。上海的共有产权保障住房政策从2007年开始制定，并形成一系列的政策文件，此后一些文件在实施过程中，经过实践，又不断修订完善，目前基本形成了较完备的法规、政策文件体系，主要包括1个政府规章：《上海市共有产权保障住房管理办法》，2个实施细则（申请供应和供后管理），以及数十个配套政策文件（表3-1）。

表3-1 上海市共有产权保障住房主要法规、政策一览表

类别	名称	颁布时间	修订情况
总体政策	《上海市人民政府贯彻国务院关于解决城市低收入家庭住房困难若干意见的实施意见》（沪府发〔2007〕45号）	2007年12月	
	《上海市共有产权保障住房管理办法》（沪府令第39号）	2016年4月	2009年6月的《上海市经济适用住房管理试行办法》（沪府发〔2009〕29号）
	《关于进一步完善本市共有产权保障住房工作的实施意见》（沪府办规〔2018〕27号）	2018年9月	
实施细则	《上海市共有产权保障住房申请、供应实施细则》（沪建保障联〔2016〕815号）	2016年9月	《上海市共有产权保障房（经济适用住房）申请、供应和售后管理实施细则》（沪房管规范保〔2012〕7号）
	《上海市共有产权保障住房供后管理实施细则》（沪府办〔2016〕78号）	2016年9月	
申请审核	《上海市居民经济状况核对办法》（沪府令第14号）	2009年7月	
	《上海市共有产权保障住房（经济适用住房）准入标准和供应标准》（沪府发〔2014〕53号）	2014年8月	多次修订
	《上海市共有产权保障住房（经济适用住房）和廉租住房申请家庭经济状况核对实施细则》（沪民救发〔2014〕75号）	2014年12月	
	《上海市共有产权保障房（经济适用住房）申请对象住房面积核查办法》（沪房管规范保〔2012〕8号）	2012年4月	
	《关于对部分共有产权保障住房（经济适用住房）申请对象调整住房面积核算方式的意见》（沪房管规范保〔2014〕4号）	2014年9月	
	《关于加强共有产权保障住房申请审核、严肃查处隐瞒虚报行为的通知》（沪房管保〔2012〕254号）	2012年8月	《关于加强经济适用住房申请审核、严肃查处隐瞒虚报行为的通知》（沪房管保〔2010〕212号）
	《关于经济适用住房申请家庭成员死亡后相关事宜的处理意见》（沪房办发〔2011〕15号）	2011年4月	
	《关于上海市经济适用住房申请审核实行由社区事务受理服务系统统一受理的通知》（沪房管保〔2011〕256号）	2011年8月	

续表

类别	名 称	颁布时间	修订情况
房源建设筹集	《上海市经济适用住房建设土地供应管理实施办法（试行）》（沪房地资用〔2008〕504号）	2008年8月	
	《上海市经济适用房、商品房配建经济适用房等四类建设项目有关规划和供地操作细则（试行）》（沪规土资地〔2009〕599号）	2009年6月	2014年12月失效
	《上海市保障性住房建设导则（试行）》（沪建交联〔2010〕1239号）	2010年12月	
	《上海市保障性住房建设导则（经济适用房）》（沪建交联〔2011〕118号）	2011年1月	
	《关于本市保障性住房配建的实施意见》（沪府办发〔2018〕72号）	2018年11月	
	《关于保障性住房房源管理的若干规定》（沪府发〔2014〕36号）	2014年5月	《关于保障性住房房源管理的若干规定（试行）》（沪府发〔2012〕55号）
	《关于保障性住房房源调整的房地产登记有关问题的规定》（沪房管规范权〔2013〕5号）	2013年4月	
	《关于免收经济适用住房城市基础设施配套费的通知》（沪房管财〔2010〕234号）	2010年7月	
住房供应	《上海市共有产权保障住房价格管理办法》（沪发改价督〔2016〕4号）	2016年7月	《上海市经济适用住房价格管理试行办法》（沪发改价督〔2011〕002号）
	《上海市共有产权保障住房申请户排序工作规则》（沪房规范〔2018〕2号）	2018年2月	《上海市共有产权保障住房（经济适用住房）申请户摇号排序工作规则》（沪房管规范保〔2013〕8号）
	《上海市共有产权保障住房申请户选房工作规则》（沪房规范〔2018〕3号）	2018年2月	《上海市经济适用住房申请户选房工作规则》（沪房管规范保〔2011〕6号）
	《关于推行使用＜上海市共有产权保障住房预（出）售、买卖合同示范文本（2018版）的通知＞》（沪房保障〔2018〕28号）	2018年2月	分批次修订
	《关于商品住房项目中配建共有产权保障住房（经济适用住房）预（销）售有关事项的通知》（沪建保障〔2016〕69号）	2016年1月	
	《关于经济适用住房预出（售）合同网上备案和登记的实施办法（试行）》（沪房管保〔2010〕232号）	2010年7月	

续表

类别	名称	颁布时间	修订情况
后期管理	《上海市共有产权保障住房供后房屋使用管理协议示范文本（2018版）》（沪房保〔2018〕23号）	2018年2月	分批次修订
	关于推广使用《本市共有产权保障住房违规出租、出借行政处罚工作的规范（试行）》的通知	2016年9月	
	关于明确共有产权保障住房5年后上市转让相关操作要求的通知	2017年12月	
	《关于购买共有产权保障住房（经济适用住房）满5年后续相关不动产登记技术规定》（沪规土资规〔2018〕1号）	2018年1月	
金融财税	《关于支持市公积金管理中心、商业银行提供经济适用住房购房贷款指导意见（试行）》（沪房管保〔2010〕260号）	2010年7月	
	《上海市住房公积金个人购买共有产权保障住房贷款实施细则》（沪公积金管委会〔2016〕15号）	2016年10月	
	《关于购买经济适用住房适用税费贷款政策的通知》（沪房管保〔2010〕242号）	2010年7月	
	《关于廉租住房、经济适用住房税收减免管理有关问题的通知》（沪地财税行〔2009〕51号）	2009年10月	
	《关于廉租住房、经济适用住房契税减免管理有关问题的通知》（沪财税〔2009〕98号）	2009年12月	

二、市、区两级管理体系

上海共有产权保障住房的管理是所有保障性住房管理中最为复杂的，通过建立"市区联手、以区为主、管办分离"的管理体系来实现（图3-1）。

市政府负责共有产权保障住房的政策制定、资源调配、规划和计划编制等管理工作，并设立市住房保障领导小组，对共有产权保障住房工作重大事项进行决策协调。区政府是落实共有产权保障住房工作任务的责任主体，负责本行政区域内共有产权保障住房的建设、供应、使用等管理工作。在管理运行上，市房管局和区房屋管理部门是市和区共有产权保障住房工作的行政管理部门。市、区发展改革、城乡

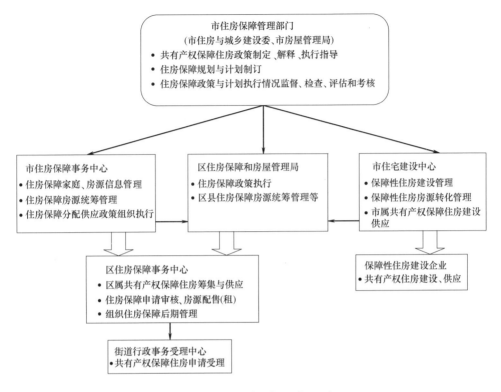

图 3-1　上海市住房保障行政管理体系

建设、规划国土、财政、民政等部门根据职责分工，负责相关管理工作。在具体工作上，市房管局、区房屋管理部门和街道办事处（乡、镇政府）设立三级住房保障实施机构，承担事务性工作。"市区联手、以区为主、管办分离"的管理体制适应上海市行政管理的基础条件，有利于共有产权保障住房工作的全局调控和具体落实。

目前上海市辖有浦东新区、黄浦、徐汇、长宁、静安、普陀、虹口、杨浦、闵行、宝山、嘉定、金山、松江、青浦、奉贤、崇明16个区，共105个街道、107个镇、2个乡。上海市的住房保障工作已经覆盖到所有区，基本形成了市、区、街道"三级管理网络"。

2007年9月，市政府成立了市住房保障领导小组，由市政府分管副市长任组长，领导小组办公室设在市房管局。经过机构调整后，目前由市住房与城乡建设委、市房屋管理局主要负责全市的住房保障工作。

同时，在全市层面，2011年1月成立了上海市住房保障事务中心，其职责主要是执行市住房保障政策，包括负责全市保障性住房（廉租住房、公共租赁住房和共有产权保障住房）的申请供应和房源的筹措、调配与使用管理工作，管理住房保障相关专项资金，指导、监管审核工作和房源的售后（租后）工作，并对区住房保障机构进行业务指导和管理等工作。在住房建设方面，由 2003 年成立的上海市住宅中心负责保障性住房建设推进，相关市政公建配套建设的组织协调工作等。

在区层面，所有区分别成立了由分管领导担任组长的区住房保障领导小组。区住房保障和房屋管理局具体负责本区的住房保障工作。同时，成立区住房保障事务中心，具体承担实施各项住房保障行政事务管理工作。

在街道（镇）层面，上海市所有街道、镇都设立了住房保障工作办公室，另有一些有条件的乡、园区也设立了住房保障工作办公室，负责本街道（镇等）住房保障事务性工作，包括住房保障对象的申请受理、初审、公示等事务；实施受理窗口服务、政策咨询和宣传等工作；落实住房保障基层统计分析和信息网络的维护与管理；开展本街道（镇）居民住房保障的情况调查、来信来访、查询服务等有关工作。目前，在形式上各区住房保障对象的申请受理、政策咨询等相关业务都纳入社区事务受理服务中心。

三、相关部门的住房保障管理协调机制

在共有产权保障住房的建设、供应和后期管理等过程中，许多行政审批和事务管理都分别与民政、公安、土地、发改、财税、建设、交通、水务等相关部门相关，如住房保障规划的编制、保障性住房项目土地供应等要与土地、发改委等部门协调，特别是共有产权保障住房建设推进的过程，是需要土地、规划、公共事业单位等多部门协调的过程，为此上海成立了专门的工作组，负责推进。

在税收方面，共有产权保障住房建设环节、销售环节以及后期 5 年内回购、5 年后上市等，都需要有具体的税收政策，市税务与房管等部门联合调研，制定了相关政策。

在保障性住房建设融资方面，财政、金融、土地等部门共同研究，形成了国库现金存款与投放保障性住房贷款的联动制度等，强化了对房屋建设环节的信贷支持。

在住房保障家庭的申请审核工作方面，住房保障管理部门与市公安、民政、社

保、税务、公积金等十多个部门合作,就住房保障对象的申请审核过程形成了集户籍、婚姻、经济、住房状况四方面为主的申请条件审核系统。

在共有产权保障住房的销售、回购、上市等交易价格方面,住房保障管理部门也与市发改委价格管理部门分别制订了相关价格管理办法、价格评估办法等。

在共有产权保障住房的供后使用管理上,市、区住房保障管理部门与相关街道、公安、物业公司等部门探索了多部门的协调配合机制。

第四章

上海共有产权保障住房的保障对象

第一节　共有产权保障住房准入标准
第二节　共有产权保障住房申请审核过程
第三节　共有产权保障住房的轮候与购房
第四节　共有产权保障住房家庭特征

第一节 共有产权保障住房准入标准

上海共有产权保障住房的准入条件坚持"双困标准",即:一是住房困难标准,二是住房支付能力不足标准。具体的供应对象为本市户籍中低收入住房困难家庭,其申请准入条件由收入、财产、住房和户籍等构成。准入条件经历了一个"先严后宽"的过程,近年准入条件不断放宽并趋于稳定。

一、户籍条件要求

共有产权保障住房的户籍标准是以本市常住户籍家庭为主,由于共有产权保障住房是分区供应、分区审核的,所以最初是要求"户籍"在申请区必须有一定时间,这一规定的主要目的在于防止申请家庭通过户籍的变动转换申请区,因为不同区的房源供应区域不同,供求关系不同。

其中,2009 年试点批次和 2011 年第一批次对户籍的要求为,申请人需具有本市城镇常住户口连续满 7 年、在提出申请所在区连续满 5 年、在户籍所在地住房满 3 年。

2012 年起取消在提出申请所在区的年限要求,本市城镇常住户口放宽为 3 年、在户籍所在地住房放宽为 2 年,此外,按照本市公安户籍管理部门规定的户口投靠政策,取得本市城镇常住户口的申请对象的户口年限规定,由本区满 2 年调整为本处满 1 年即可。

同时,对于大学生在校期间的集体户口等不纳入年限的计算。

二、收入与财产标准

收入与财产是决定住房可支付能力的重要因素,其中财产线是考虑现有财产积累不能支付商品住房的首付,而收入线是根据无法支付购买商品住房的按揭贷款确定。收入标准从 2009 年开始试点时为人均月收入 2300 元,财产标准为人均 7 万元。准入标准中的收入线与财产线在前四个批次供应过程中不断放宽,到 2014 年第五批次后执行的标准为:3 人及以上家庭人均年可支配收入低于 7.2 万元(含 7.2 万元)、人均财产低于 18 万元(含 18 万元);2 人及以下家庭人均年可支配收入和人均财产标准按前述标准上浮20%，即人均年可支配收入低于8.64万元（含8.64万元）、人均财产低于21.6万元（含21.6万元）。上述标准自2014年发布后至2018年批次未有变动。如表4-1所示。

表4-1　上海共有产权保障住房准入条件

批次	户口年限	人均收入与财产条件	住房困难条件	单身申请年龄
2009年试点批	本市7年 本区5年 本处3年	人均年收入≤2.76万元 人均财产≤7万元	人均≤15m²	年满30周岁
2011年第一批	本市7年 本区5年 本处3年	3人以上：人均年收入≤3.48万元 人均财产≤9万元； 2人及以下：上浮10%	人均≤15m²	年满30周岁
2011年第二批	本市7年 本区5年 本处3年	3人以上：人均年收入≤3.96万元 人均财产≤12万元； 2人及以下：上浮10%	人均≤15m²	年满30周岁
2012年第三批	本市3年 本处2年	3人以上：人均年收入≤6万元 人均财产≤15万元； 2人及以下：上浮20%	人均≤15m²，增加住房面积扣减政策	男年满30周岁， 女年满28周岁
2013年第四批	本市3年 本处2年	3人以上：人均年收入≤6万元 人均财产≤15万元； 2人及以下：上浮20%	人均≤15m²，增加住房面积扣减政策	男年满28周岁， 女年满25周岁
2014年第五批 2016年第六批 2018年第七批	本市3年 本处2年	3人以上：人均年收入≤7.2万元 人均财产≤18万元； 2人及以下：上浮20%	人均≤15m²，增加住房面积扣减政策	男年满28周岁， 女年满25周岁

资料来源：根据历次准入标准整理。

三、住房困难标准

上海共有产权保障住房申请的住房困难标准与廉租住房、公共租赁住房相同，申请家庭人均住房建筑面积准入标准一直维持低于15m²（含）的规定。

其中，为了避免为申请共有产权保障住房而出售已有住房的现象，规定申请时5年内未有房产交易的情况。

在具体操作中，对于大家庭等特殊情况给予了适当的微调，住房面积核定办法有所调整。第四批中新增住房面积扣减政策，对符合规定条件的共有产权保障住房申请对象，采取"先确定核定面积家庭成员人数，计算申请对象住房建筑面积并扣减一定的住房面积后，再核算申请对象人均住房建筑面积"的方式，扩大共有产权保障住房保障面。第五批增加适用扣减政策对象类型，放宽对70周岁以上老人适用扣减政策的规定。此外，2012年修改的《上海市共有产权保障房（经济适用住房）申请对象住房面积核查办法》调整内容包括：一是增加可以计入核定面积人数的人员类型；二是增加户口所在地住房建筑面积可不作计算的类型；三是对核定面积家庭成员在申请对象提出申请时5年内出售或者赠与原有住房并购入住房的情况作出规定；2014年对其中按政策入沪人员户籍地住房面积计算口径作调整。

四、其他具体细化标准

（一）单身申请年龄

共有产权保障住房允许大龄单身家庭申请，但对年龄有规定。2011年及此前的试点批规定：具有完全民事行为能力的单身人士，年满30周岁可以单独申请购买共有产权保障住房。

2012年，对男女单身申请年龄作出区分，男性须年满30周岁，女性放宽至28周岁。2013年再次放宽，男性须年满28周岁，女性须年满25周岁。

（二）申请家庭界定

在共有产权保障住房准入标准制定过程中，面临的一个难题就是如何定义"家庭"。考虑到多数申请对象是以家庭为单位来申请，但家庭这一概念虽然在经济社会生活中被广泛使用，但并没有严格的法律规定。这就面临哪些申请人可以作为"家庭"共同申请共有产权保障住房的问题。虽然家庭这一概称在法律上并没有定义，但对家庭成员的关系在相关法律中有一定的表述。参考相关内容，上海在申请条件中规定：共同申请人应当共同生活，并具有法定赡养、抚养或者扶养关系，主要包括具有下列关系的人员：①配偶；②父母、子女与祖父母、外祖父母，祖父母、外祖父母与父母双亡的孙子女、外孙子女；③兄、姐与父母双亡的未成年弟、妹。

（三）几个特殊规定

一是70岁以上老人不能单独申请。考虑到老年家庭主要是解决居住问题，将来退出保障进入市场的可能性较小，所以不鼓励老年人单独购买共有产权住房。规定年满70周岁的老人（孤老除外）应当与对其承担法定赡养义务的家庭成员一同申请。

二是对婚姻关系年限的规定。为了避免通过婚姻关系变动，以达到购买共有产权保障住房标准的行为，规定：以配偶关系申请的，结婚需满 1 年，以离婚状态申请的，离婚需满 3 年，方可申请共有产权保障住房。

第二节　共有产权保障住房申请审核过程

一、共有产权保障住房申请审核流程

申请受理期内，申请人向户口所在地的街道（乡镇）社区事务受理服务中心提出申请。街道（乡镇）住房保障实施机构受理申请后，集中开展初审核查工作，包括户口年限、婚姻状况、住房面积和住房出售等状况的核查和家庭经济状况核对。其中，户口年限一般以户口簿记载为准；婚姻状况通过婚姻登记部门比对专线核查；住房面积和住房出售等状况核查由街道（乡镇）房管办事处（所）结合电子信息比对结果开展；家庭经济状况由房管局委托民政部门的居民经济状况核对中心进行核查。

在审核机制方面，严格执行"两级审核、两次公示、市级抽查"的审核制度，确保申请对象符合申请条件。

根据《上海市共有产权保障住房申请、供应实施细则》（沪建保障联〔2016〕815 号），申请审核工作主要包括以下流程：

（一）申请受理

街道（乡镇）住房保障实施机构收到申请材料后应当出具收件收据，并在 5 个工作日内作出是否受理的书面决定。

（二）初审核查

街道（乡镇）住房保障实施机构受理申请后，集中开展初审核查工作，其中户口年限、婚姻状况、住房面积和住房出售等状况的核查同时开展。

经核查，认定户口年限、婚姻状况、住房面积和住房出售等状况符合准入标准的，街道（乡镇）住房保障实施机构委托居民经济状况核对机构开展家庭经济状况核对。

核查期间，街道（乡镇）住房保障实施机构可以向申请人户口所在地或者实际居住地居委会征询申请人的基本情况。居委会应当在收到征询通知书之日起 5 个工作日内组织听取居民群众意见，并书面告知街道（乡镇）住房保障实施机构。

（三）初审公示

街道（乡镇）住房保障实施机构经初审核查认为符合准入标准的，应当将申请人姓名、户口所在地、住房状况、家庭收入、家庭财产等情况在申请人户口所在地社区进行为期 7 日的初审公示。

（四）复审核查与公示

区住房保障实施机构应当自收到街道（乡镇）住房保障实施机构上报的申请材料和审核意见之日起 15 个工作日内完成复审核查工作。经复审核查，认定符合准入标准的，及时通过区指定网站或者其他媒体进行为期 5 日的复审公示。

区住房保障实施机构经复审核查与公示，认定符合准入标准的，应当以户为单位进行登录，并及时通过区指定网站或者其他媒体发布登录公告，向申请人出具登录证明，书面告知街道（乡镇）房管办事处（所）和居民经济状况核对机构（以下合称核对机构），并报市住房保障实施机构备案。

申请审核的具体流程见图 4-1。

二、通过现代化信息技术手段，提高申请审核效率和精准性

为了全面、精准地核查申请家庭的收入、财产和住房等情况，上海创设了住房和收入状况核查新机制，先后成立了"市房屋状况信息中心"和"市和区居民经济状况核对中心"。申请家庭的住房状况，主要可通过全市房地产交易登记系统和公有住房数据库系统进行核查。申请家庭的经济状况，主要可通过民政、人保、税务、公安、交通等十多个管理部门信息综合比对的方式进行核查。其中，银行存款核查已覆盖上海市 51 家中资银行及外资银行，证券信息查询已实现沪、深两个证券交易所的信息全覆盖。依靠信息化的核查比对手段，结合诚信制度建设，住房和经济状况不符合条件的申请家庭检出率有了大幅度提高。

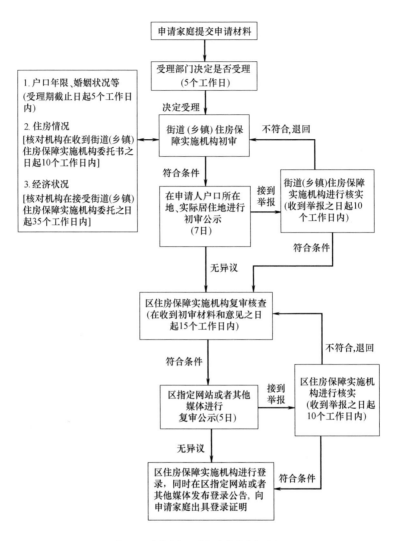

图 4-1　共有产权保障住房申请审核流程

（一）住房状况核查方式

家庭住房面积的核查方式根据家庭住房的类型分别采用不同的核查方式：

（1）委托市住房保障事务中心通过本市房地产登记信息系统和公房租用信息系统进行住房电子信息比对核查；

（2）无法通过电子信息比对核查的，通过住房所在区住房保障管理部门及街道（乡镇）房管办事处（所）调取《租用居住公房凭证》、房管档案、权属资料、房屋测绘报告等住房资料进行核查；

（3）无法通过电子信息比对核查，也没有住房资料或者住房资料不完整的（如老式私房、宅基地住房等），派专人入户核查；

（4）原住房征收（拆迁）采用货币补偿的，家庭或者家庭成员的原住房和货币补偿后的住房情况，可以通过原住房所在区住房保障管理部门及房屋征收（拆迁）部门进行核查；

（5）家庭或者家庭成员的他处住房，由申请地所在区住房保障管理部门及街道（乡镇）房管办事处（所）负责核查；住房所在区住房保障管理部门及街道（乡镇）房管办事处（所）应当予以帮助和配合，并提供住房资料。

住房面积核查的范围包括申请对象户口所在地住房和他处住房。他处住房是指核定面积家庭成员在申请对象户口所在地以外拥有的产权住房、实行公有住房租金标准计租的承租住房、已落实私房政策发回产权由业主自管的住房、宅基地住房等。

（二）收入财产核查方式

申请家庭的收入和财产状况，由街道（乡、镇）住房保障机构委托上海市居民经济状况核对中心组织实施，通过电子比对相应的工商、税务、民政等部门的政务信息和银行、证券等机构的有关信息等方式，进行核对。具体核对规定如下：

（1）可支配收入包括工资性收入、经营性净收入、财产性收入、转移性收入和其他有关的收入。

（2）财产包括货币财产和实物财产等下列具体内容：

① 现金、人民币和外币存款以及有价证券；

② 机动车辆（含牌照）；

③ 房屋，包括在本市拥有的非居住类房屋，以及在外省市拥有的居住类房屋和非居住类房屋；

④ 债权；

⑤ 商业保险；

⑥ 其他价值较大的财产。

核对金额根据申请家庭的年可支配收入和财产除以委托核对的家庭成员数，得出人均年可支配收入和人均财产的实际金额。

（三）户籍和婚姻核查方式

户籍状况与公安部门的户籍信息库相比对，确定户籍状况及迁入年限。

婚姻状况与民政部门的婚姻信息相比对，确定婚姻状况及相关年限。

从上海市的实际审核情况看，提交申请的家庭多数是符合相关标准的。据统计，2010 年审核后，完全符合条件的家庭占申请家庭的比例为 80% 左右；而到 2014 年后，完全符合条件的家庭占比达到 88% 左右。

三、建立监督机制，确保政策公平、公正

为保证公开、公平、公正地分配社会资源，市住房保障机构对所有保障对象执行严格的审核公示制度，即"两次公示、市级抽查"。初审核查合格后，进行首次公示。复审核查合格后，进行第二次公示。经复审核查与公示，认定符合准入标准的，以户为单位进行登录，并及时发布登录公告。正式选房前，还将对已登录的申请户进行抽查审核。

同时，当前政策明确了申请人弄虚作假的法律责任。《上海市共有产权保障住房管理办法》（沪府令39号）第四十九条规定了申请人不如实填报申请文书，故意隐瞒或者虚报身份、住房、收入和财产等状况，或者伪造相关证明材料申请共有产权保障住房的法律责任。

市级抽查监督机制在街镇、区两级审核的基础上，落实了共有产权保障住房公平、公正的原则。一经查实申请人有故意隐瞒或者虚报身份、住房、收入和财产等状况，乃至伪造相关证明材料申请共有产权保障住房的，由分配供应地区住房保障行政管理部门按照《上海市共有产权保障住房管理办法》规定予以处理，并禁止其5年内再次申请本市各类保障性住房。

第三节　共有产权保障住房的轮候与购房

一、共有产权保障住房购房总流程

在申请户取得登录资格之后，区住房保障实施机构应当对申请家庭进行选房排

序，待每个申请家庭取得轮候序号后，再按轮候顺序组织申请家庭选房。

区住房保障实施机构结合共有产权保障住房的房源供应情况，采用公开摇号等方式对已登记的申请人进行选房排序，并建立和及时更新轮候名册。申请人有权查询轮候名册。

区住房保障实施机构在排序后、选房前将书面征询申请人是否参加当期选房。申请人表示不参加或者未在规定时限内确认参加当期选房的，其取得的轮候序号作废，但可以参加下一期申请人的摇号排序，再次取得轮候序号。在下一期房源供应时，仍表示不参加或者未在规定时限内确认参加当期选房的，其再次取得的轮候序号作废，区住房保障实施机构应当注销其登记证明，申请人自注销登记证明之日起3年内，不得再次提出申请。

区住房保障实施机构通过公开方式组织申请人选房。申请人确认参加选房并选定共有产权保障住房的，应当签订选房确认书，并在后续签约阶段与开发建设单位签订购房合同，与房屋所在地区住房保障实施机构签订供后房屋使用管理协议。

二、轮候排序

对于已经通过审核的家庭，由区住房保障实施机构对规定时限内提出申请、经过资格审核取得登记证明的申请户，通过计算机摇号软件随机排序或抽签排序的方式，产生轮候序号，以建立轮候名册。

摇号排序有三种方式，分别是单一会场抽签排序、单一会场摇号排序、网络视频演播室摇号排序。第三种方式主要适用场地有限，不能满足全体申请户进入现场，无法在单一会场满足的情况。

单一会场抽签排序：参加当场排序的申请户少于100户的，区住房保障实施机构可以采取单一会场抽签排序的方式。区住房保障实施机构应当通知参加抽签排序的全体申请户到现场进行抽签排序，每户申请户可以有1~2名家庭成员进入现场，并按照区住房保障实施机构制定的抽签排序规则参加抽签活动。

单一会场摇号排序：区住房保障实施机构可以采取单一会场计算机摇号排序的方式。区住房保障实施机构应当通知全体申请户到现场观看计算机摇号排序，每户申请户可以有 1～2 名家庭成员进入现场观看。区住房保障实施机构可以对计算机摇号排序进行视频直播或者全程录像。

网络视频演播室摇号排序：区住房保障实施机构可以组织申请户代表在网络视频演播室观看计算机摇号排序。区住房保障实施机构可以根据各街道（乡镇）申请户在全区申请户中的比例，确定各街道（乡镇）前往现场观看计算机摇号排序的户数；采取申请户报名、抽签、社区推选等方式确定前往现场观看计算机摇号排序的申请户代表，并事先通知申请户代表到场观看。不到现场观看的申请户可以通过网络自行观看。

通过历批次的摇号排序操作实践来看，摇号排序逐步从单一会场模式向视频演播室直播模式转变，摇号视频直播模式越来越成熟，中心城区已实现全部在东方网视频演播室进行摇号直播。

摇号视频直播有以下特点：

（1）具有手机观看直播功能：申请户除了可以在电脑端观看现场摇号排序视频直播外，还可以通过手机端观看，非常方便。

（2）具有摇号直播回看功能：摇号结束当天，直播视频将上传至直播地址，便于未观看到摇号直播的申请户观看视频回放。视频直播的专题页面清晰，当前批次和往年批次之间、区与区之间有明显的分割线和提醒，便于申请户查询自己需要观看的摇号视频。

（3）摇号结果在视频直播网站公布：摇号结果除了区住房保障实施机构书面通知申请人，以及在摇号结束 7 日内由政府指定网站公示外，同时也发布在视频直播的网站上，便于申请户第一时间查询摇号排序结果。

三、选房

（一）选房意愿表达

申请家庭取得轮候序号后，需要向区住房保障机构书面表达是否参加选房和购买何种房型的意愿。区住房保障机构在看房后、选房前书面征询申请户是否参加当期选房。申请户确认不参加或者未在规定时限内确认参加当期选房的，其取得的轮候序号作废，但可以参加下一期申请户的摇号排序，再次取得轮候序号。

区住房保障机构依据申请家庭的选房意愿、房源供应数量以及户型比例,确定参加选房的申请家庭户数。

(二)确定选房顺序

住房保障机构按照前一批次暂缓选房户、当前批次优先组选房户、当前批次普通组选房户的顺序依次安排选房户参加选房。如果确认参加选房的申请家庭户数小于房源供应量,全部申请家庭都能取得当次选房资格;如果确认参加选房申请家庭户数大于房源供应量,则轮候序号排在前面的申请家庭取得当次选房资格。

在实践中,区住房保障实施机构可以根据选房户数、选房现场条件、房源供应、选购户型等因素,按申请户类别、轮候序号先后顺序分场次安排选房户参加选房。

(三)揭牌选房模式

揭牌选房模式适用于选房户较少的情况,选房户参与感好,容易获得满足感。

准购家庭选择购买的房型应与登记证明上载明的准购房型相同,或者可以选择小于准购标准的房型。

选房操作以揭牌方式进行。选房户将所选房源从展板上撕下,并在展板上签名确认,视为选房操作结束,不得再作更改。选房超时的申请家庭,可以在当场次其他选房户完成选房后补选;选房迟到的申请家庭,可以在当场次全部结束后进行补选。选房缺席的申请家庭,可以在全部场次结束后的缺席专场进行补选。

选房户选购房源,当准购房型套数少于规定套数时,选房户可以表示暂缓选房。暂缓选房的选房户,可以按原轮候序号参加下批次选房。

揭牌选房流程如图 4-2 所示。

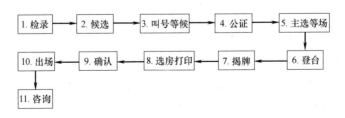

图 4-2 揭牌选房流程图

（四）电脑选房模式

电脑选房模式效率高，适用于选房户数多的情况，流程规范清晰。中心城区全部采用电脑选房模式。

准购家庭选择购买的房型应与登录证明上载明的准购房型相同，或者可以选择小于准购标准的房型。

选房操作通过选房操作设备进行。选房户在设备上选中房源并点击确认，点击确认后视为选房操作结束，不得再作更改。选房超时的申请家庭，可以在当场次其他选房户完成选房后补选，2户或者2户以上选房户有上述情况的，选房户之间排列按原顺序排列。再次超时的，视为放弃选房权利。

选房迟到的申请家庭，可以在当场次全部结束后进行补选。选房缺席的申请家庭，可以在全部场次结束后的缺席专场进行补选。

选房户选购房源，当批次准购房型套数少于规定套数的，选房户可以表示暂缓选房。暂缓选房的选房户，可以按原轮候序号参加下批次选房。

电脑选房流程如图4-3所示。

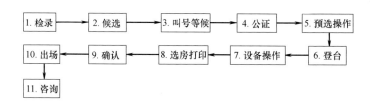

图4-3　电脑选房流程图

四、签约

购房家庭应当在签订选房确认书后的两个月内，与售房单位签订共有产权保障住房购房合同或定金合同，如逾期未完成签约的，登录证明和轮候序号作废，且3年内不得再次提出本市共有产权保障住房申请；签订选房确认书之日，选定的房源尚未取得预售许可证的，以该房源取得预售许可证的日期作为起始日计算。

目前，本市共有产权保障住房的签约模式有以下三种。

（1）"三方合同"，即由售房单位、购房家庭以及区住房保障实施机构三方作为合同签约主体，共同签订本市共有产权保障住房购房合同。合同中由售房单位与购房家庭双方对房屋的基础属性、交付时间等的交易事项进行协商约定，由区住房保障实施机构与购房家庭对房屋的后续使用、管理事项进行约定。三方购房合同是产权归属的重要依据，也是办理不动产登记的必备要件之一。"三方合同"的签约方式适用于本市试点批（2009年）至第五批（2014年）选定共有产权保障住房后的签约。

（2）"两两合同"，即由售房单位与购房家庭作为合同签约主体，就不动产交易等事项协商一致后签订本市共有产权保障住房购房合同；由区住房保障实施机构与购房家庭作为合同签约主体，就房屋供后使用事项予以约定并签订供后使用管理协议。购房合同作为产权归属的重要依据，与供后使用管理协议一并作为办理不动产登记的必备要件。"两两合同"的签约方式适用于自第六批（2016年）起选定共有产权保障住房后的签约。

（3）定金合同，即对于选定交房日期距签约截止日超过一年的项目的购房家庭，根据家庭自身情况，可以选择先行与售房单位签订定金合同，并支付房屋总价款的15%作为定金预订住房。定金合同签订完毕后，购房家庭还应适时与售房单位、区住房保障实施机构正式签订购房合同及供后使用管理协议，购房合同及使用协议的签约起始日为房屋交付时间前推一年，签约期限为一个月。定金合同仅适用于预订住房使用，不作为办理不动产登记的必备要件。

签订定金合同预订住房的签约方式自本市第三批（2012年）共有产权保障住房签约起启用，仅适用于交房日期距签约截止日超过一年的房源项目。

五、购买共有产权保障住房的税收与信贷支持

为了进一步支持保障对象购买共有产权保障住房，减少购房成本，提高支付能力，在购房环节，上海从税收和信贷方面进一步提供了支持。

（一）税收支持

税收支持措施包括：

（1）在本市现行3%契税税率基础上减半征收。其中，首次购买90m^{2}及以下住房的，凭本市房地产交易中心出具的首次购房证明，契税税率暂按1%征收。

（2）免征购买共有产权保障住房的印花税。

（3）免收共有产权保障住房的交易手续费。

（4）共有产权保障住房房屋登记费减半收取。

（二）以公积金为主的信贷支持

共有产权保障住房享受家庭由于收入较低，且部分家庭工作不稳定，所以在取得银行贷款方面难度较大，按商业银行住房信贷管理的要求，有许多家庭可能不符合信贷审核的条件。同时，在公积金信贷方面，相当一部分家庭没有缴纳公积金，不能享受公积金贷款；或者缴纳额度比较少，不能享受全部的公积金贷款。

在2009年试点批次中，我们对保障家庭的购房款筹集情况进行了跟踪调查，发现享受家庭中多数家庭在购买共有产权保障住房时都要借款。

从筹资的具体渠道看，试点的两区的情况略有差异，其中闵行区的一次付款的家庭数较多（卖掉原有住房的比例大），闵行区超过三分之一，徐汇区约为四分之一，两区公积金信贷与商业信贷（包括组合贷款）的比例基本相等。我们分别专访了7户典型经济适用住房享受家庭，他们的融资情况具有一定的代表性。

1. 以公积金支持为主

这是一种最理想的融资方式，最适合于在职职工的家庭，公积金利率较低，每月缴纳的公积金可以支付按揭贷款。如徐家汇街道某经济适用住房享受家庭，为五口之家，年轻夫妇两人都是在职职工，收入比较稳定，女儿正在读中学，两位老人已退休。他们申请到三室一厅，主要依靠公积金贷款，初步计算每月还款额在2500元左右，还款压力不算太大。

另一种公积金支持方式为一次提取公积金账户余额。同样为徐家汇街道某家庭，三口之家，父母已退休，因十余年前动迁，一直没有购房，没有住房。两位老人申请到一室一厅，直接提取儿子住房公积金余额近20万元，一次性付款。

2. 以商业银行信贷为主

这种方式比较适合未来有稳定工作和收入的家庭。如某三口之家，母亲下岗，父亲在职，女儿刚刚大学毕业，有了一份稳定的工作。他们申请了两室一厅的经济适用住房，总价为30余万元，采取商业贷款形式，贷了20万元，贷款期限为10年，每月还款额在2000元左右。

还有一种情况是虽然没有稳定的工作，但有退休金等稳定的收入，以老住房为抵押，申请商业银行信贷，从而达到一次性支付房款的目的。如某三口之家，老夫妻和儿子住在一起，两位老人已退休（61岁），儿子为在职工人。这个家庭以两位老人的名义申请了一室一厅的住房，总价为25万元，首付通过亲戚朋友借款凑足了5万元，其他用老住房为抵押，申请商业银行贷款（银行在政策上适当放宽），每月从退休金中拿出2500元支付贷款，预计9年还清贷款。

3. 卖掉老房子筹集资金

这种方式比较适合以改善居住条件为主，对地段要求不高的家庭，一般卖掉老房子的钱足够支付经济适用住房购房款。如天平街道某居民为四口之家，老夫妻和女儿、外孙女住在一起，女儿离婚，有稳定的工作收入。他们申请到一套三室一厅的住房，总价为45万元左右，卖掉中心区40m^2左右的原住房、支付购房款后，还有较多结余，不仅居住条件从40多m^2改善到90m^2，生活水平也有了明显改善。

4. 以亲戚朋友借款为主

这种情况是有些家庭由于工作、收入等限制，既无法取得银行和公积金信贷，又不想卖掉老住房。如某四口之家，老夫妻是退休工人，儿子30多岁、由于住房问题未婚，一个女儿常年在外地打工，家里的收入远远不能申请贷款，连支付首付也非常困难。他们申请了一室一厅，总价为24万元，从女儿处借得12万元，其他从亲戚处借得。

但在这一过程中也出现了一些情况，如由于政策规定经济适用住房家庭申请贷款可享受首付20%的规定，许多家庭误解为"所有经济适用住房家庭可以首付20%，其余都可以通过贷款支付"，实际上商业银行信贷和公积金贷款都有一定的条件，往往多数家庭由于月收入低等原因不能得到房价80%的银行信贷，甚至有一部分家庭由于属于廉租住房对象或以前收入本身不高，家庭积蓄更少，所以出现了一部分家庭没有足够的资金支付经济适用住房首付款的情况。

同时，我们为了了解后期申请家庭融资需要，也对未来准备购买共有产权保障住房的家庭进行了调查，发现在准备购买共有产权保障住房的家庭中，58%的家庭资金筹集拟以借款为主，以自有资金为主的家庭占总数的42%。潜在申请家庭希望通过公积金贷款方式筹措资金的占到52.2%，其次是商业银行贷款占到28.7%，最后才是亲友借款。45%的家庭预计借款比例在30%~50%之间，还有32.6%的家庭预计借款比例在 30% 以下。

在第一批次供应过程中，结合试点批次的情况，为了支持符合准入条件的申请家庭购房，鼓励贷款机构向申请家庭提供贷款，市住房保障管理等部门专门出台了《关于支持市公积金管理中心、商业银行向申请家庭提供购房贷款的指导意见》。在公积金贷款方面，市公积金管理中心出台了《上海市住房公积金个人购买经济适用住房贷款实施细则》。在商业性贷款方面，试点批次中只有建设银行一家参加，后来交通银行也开始参与为住房保障家庭提供信贷，两家银行分别根据共有产权保障住房借款人的特点制定了一系列的贷款优惠政策，较有效地帮助了购房家庭购房。

现在参加的银行有建设银行、交通银行、上海银行、浦发银行、中国银行等，并随着收入标准的提高，购房家庭的信贷问题基本得到了解决。

为了有利于保障家庭提前了解自己的支付能力，获得融资支持，共有产权保障住房申请过程增加了贷款咨询环节。2012 年，在摇号后、选房前新增贷款咨询专场会，为申请家庭提供贷款咨询服务，使申请家庭在选房前就能了解贷款额度和年限，在后续的选房和签约中可以选择合适的房源并合理使用贷款购房。

随着收入、财产准入标准放宽，购房家庭选择公积金贷款比例提高。据初步统计，截至 2018 年底，上海市共有产权保障住房购房家庭中，共计约 63% 的家庭选择通过贷款方式购买了共有产权保障住房，其中选择纯公积金贷款方式购房的家庭约占贷款家庭总数的 89%；选择纯商业贷款方式购房的家庭约占贷款家庭总数的 7%；选择组合贷款方式购房的家庭约占贷款家庭总数的 4%。可见，在上海共有产权保障住房信贷支持中，公积金起到了非常重要的作用。

第四节　共有产权保障住房家庭特征

一、总体规模

到 2018 年 12 月底，上海共有产权保障住房已完成 6 个批次的申请和审核，加上试点批次，累计受理申请家庭约 15.793 万户，经过审核，取得共有产权保障住房资格的家庭近 13.961 万户。各批次申请家庭及取得保障资格家庭情况如表 4-2 所示。

表 4-2　共有产权保障住房各批次申请及取得保障资格家庭情况　　　（万户）

批次	申请家庭	取得保障资格家庭
2009 年试点批次	0.257	0.242
2011 年第一批次	3.305	2.848
2011 年第二批次	1.131	0.984
2012 年批次	1.196	1.114
2013 年批次	2.946	2.663
2014 年批次	3.041	2.726
2016 年批次	3.917	3.384
合计	15.793	13.961

总体上看，每批次申请家庭在 3 万户左右，经过此前 6 个批次的受理，原有符合条件的户籍家庭的申请基本得到解决。预计未来新的申请家庭将以青年户籍家庭、新市民家庭为主。

二、基本家庭特征

（一）家庭规模

申请对象家庭规模不断趋于小型化，并以核心家庭为主，占比 60% 左右。其中，随着青年家庭增加，单身大龄青年申请的比例也在增加，接近 20%，而大家庭占比在不断减少。如表 4-3 所示。

表 4-3　共有产权保障住房申请家庭规模

批次	户均申请人数（人/户）	单身家庭（1人）占比	核心家庭（2~3人）占比	大家庭（4人及以上）占比
2011 年第一批次	2.9	12.9%	66.4%	20.7%
2011 年第二批次	2.9	16.2%	62.9%	20.9%
2012 年批次	2.8	18.5%	61.8%	19.7%
2013 年批次	2.6	19.6%	64.0%	16.4%
2014 年批次	2.6	19.1%	63.5%	17.5%
2016 年批次	2.4	24.3%	59.7%	16.0%

（二）户籍状况

我们可将共有产权保障对象的户籍情况分为"原市民"和"新市民","原市民"

即原来出生地为上海的市民,为上海的老市民;"新市民"是指出生地不在上海,后来迁入为上海户籍的市民,这里大部分是因大学毕业后留在上海工作的青年的家庭。共有产权保障住房各批次含新市民家庭情况如表4-4所示。

表4-4 共有产权保障住房各批次含新市民家庭情况

批次	含"新市民"家庭占比
2011年第一批次	18.9%
2011年第二批次	20.7%
2012年批次	31.6%
2013年批次	26.2%
2014年批次	26.7%
2016年批次	28.5%

取得共有产权保障住房的资格家庭中,总体上有超过四分之一的家庭含有"新市民",而且这一比例有增加的趋势,一方面说明老市民的住房问题在前些批次中不断地得到解决,另一方面说明新市民住房保障需求开始增加。

(三)年龄特征

从取得保障资格的家庭成员看,中年家庭成员在明显减少,青年家庭成员占比基本稳定,而未成年人和老年人在增加,如表4-5所示。

表4-5 共有产权保障住房保障对象按年龄段分布

批次	18岁以下人数占比	18(含)~45岁占比	45(含)~60岁占比	60岁以上占比
2011年第一批次	7%	33%	42%	17%
2011年第二批次	7%	32%	43%	19%
2012年批次	8%	34%	40%	18%
2013年批次	9%	35%	35%	20%
2014年批次	10%	34%	32%	23%
2016年批次	13%	31%	27%	29%

(四)家庭收入与财产分布

随着收入和财产准入标准不断放宽,签约家庭的人均年可支配收入和人均财产水平有所提高,但提高的幅度不大。特别是2016年批次,人均财产反而比上一批次有所减少。如表4-6所示。

表 4-6 共有产权保障取得资格家庭人均财产和收入

批次	人均年收入（万元）	人均财产（万元）
2011 年第一批次	2.31	4.55
2011 年第二批次	2.63	6.59
2012 年批次	3.18	6.67
2013 年批次	3.55	6.52
2014 年批次	3.90	7.92
2016 年批次	4.01	7.13

（五）申请家庭的原住房情况

共有产权保障住房申请对象中 80% 左右的家庭原来都有住房，只是住房困难，人均住房建筑面积在 $10m^2$ 左右。近年的保障对象中，无房户所占的比例总体有增加的趋势。如表 4-7 所示。

表 4-7 共有产权保障住房保障对象原住房情况

批次	人均住房面积（m^2）	无房户占比
2011 年第一批次	11.0	12.2%
2011 年第二批次	10.9	17.6%
2012 年批次	10.6	20.8%
2013 年批次	11.0	14.4%
2014 年批次	11.0	15.6%
2016 年批次	10.5	20.5%

三、共有产权保障住房典型家庭

（一）解决了真正的困难

通过先紧后松的试点，将共有产权保障住房供应给"最需要"的人群，是政策制定和实施过程中的一个重要考量。

在和群众交流过程中，一谈到房子，家家都有本难念的经。尤其是那些既不属于廉租住房"托底保障"家庭，又无力从市场上买房的中低收入家庭，改善居住条件更是他们心中的痛。当他们的合理要求得到满足时，他们的激动和欢欣之情能感染周边每一个人。有两个场面令人印象特别深刻。一个是在 2009 年，有一批回沪老知青,住房有困难,因为种种原因无法申请到廉租住房,希望通过经济适用住房方式解决住房问题。当时我到区里和他们的代表开了两次座谈会,有一次从上午9点一直讨论到下午近1点。结束后我走出会议室,发现从几层楼道到大门外挤满了老知青。当他们听代表说座谈会开得很成功,取得了不少共识时,立即群情振奋,掌声如潮,一直到我离去。另一个是在徐汇区试点经济适用住房选房、购房现场,一个很大的剧场内座无虚席,连走道上都挤满了人。我看到几百人的现场气氛热烈但秩序井然。在办理购房手续时,一些长年"蜗居"在亭子间里,终于能拿到一套房子的人,开心得不得了,连说"总算是盼出头了"。这些场面让我深深体会到,住房保障工作真是一个民心工程,做好了民众就拥护。只有不怕困难,勇于创新,敢于负责,才能对得起人民群众。①

(二) 从 $25m^2$ 到 $89m^2$ 的徐汇区 1 号家庭

徐汇区南昌路处于历史风貌保护区,从那里的老房子出来,往北是商业繁华的淮海路,往南则是富有文化氛围的复兴路,现在,那里仍是上海最"寸土寸金"的地方之一。申请人家庭,原先就居住在徐汇区湖南街道南昌路,原房屋为旧式里弄房,居住面积为 $24.9m^2$,虽说是两间房,但是申请人和她父母、儿子 4 口人居住还是非常拥挤的。父亲身体不好,腰上的风湿病发病多年,走路也困难,一般都蜗居在 $8m^2$ 的小屋内;儿子即将小升初,学习生活都是让人操心的时候,而楼下的拉面馆开了多年,油味与烟气齐飞,碗筷和吆喝共响,实在无法给孩子营造一个安静的学习环境。可是想当初,这间房子是申请人的祖父在 1949 年前花了 10 根金条才换来的。申请人的父亲在这间 $25m^2$ 的房子里成长、成家、生儿育女,而申请人也已在这里住了 37 年,与她的年纪相同。居住在城市的心脏地带,生活起居都比较方便,她在上海老克勒的圣地"红房子"西餐馆已经工作了 10 年,从家里到单位步行只要 10 分钟,孩子上学、老人看病都容易。但是,申请人没有想到,共有产权保障住房政策改变了她原来的生活轨迹。

2009 年 12 月,共有产权保障住房在徐汇、闵行两区试点。面临着房价节节攀升、全家老小只能蜗居在狭小陈旧的老房子里的窘况,申请人一家经过慎重考虑之

---

① 李东.叶茂成荫庇寒门:我参与建设住房保障体系的七年纪实[M]//上海改革开放40周年——那些年,我们的故事.上海:上海人民出版社,2018.

后，决定申请共有产权保障住房（经济适用住房）。但她没有想到，这个决定让她幸运地成为徐汇区试点批次共有产权保障住房的"1号家庭"。

2010年7月12日上午9点，徐汇区首批经济适用住房摇号现场会，经过"两级审核、两次公示"，1674户符合条件的经济适用住房申请家庭将根据摇号结果决定选房顺序，而该家庭在摇号中拔得头筹，幸运地得到了"1"号。之后，全家人一起去现场看房，前前后后跑了5次，仔细观察楼层、房型、朝向等，回家再反复推敲，精心做了几套方案，最终将目标锁定。2010年7月31日的选房现场会上，他们挑选到了称心如意的新房，闵行区浦江基地博雅苑小区的一套三居室房源，建筑面积为89.82m^2，房屋总价为48.85万元，首付9.85万元，贷款39万元，每个月将承担2600元左右的月供。不过，他们并不担心这一点，"南昌路的房子租出去有一笔收入，这笔钱可以抵掉一点月供，剩下的钱再想办法解决。"

以前老房子楼道狭窄，吱嘎作响的楼梯又窄又陡，上下不便，如今乘电梯可轻松到家。原来老房子的厨房位于楼梯旁，只有2m^2，如今的厨房足足7m^2，宽敞又明亮。儿子已经在浦江一中学就读，学校离新家不远，步行10分钟左右。这里空气清新，母亲也已在新小区结识了新朋友，每天跳舞、做操忙得不亦乐乎。他们舒心地说，"看着崭新的房屋，人的心情也变得越来越愉悦，真的非常感谢政府的民心工程，否则我们不知道什么时候才能住上新房呢！"

（三）有了希望，生活越来越好

共有产权保障住房的供应，不仅解决了一家人的基本居住问题，同时还可以解决两代人的发展问题，使一个本来困难的家庭，通过住房稳定，将来能更好地融入社会。

H女士是黄浦区淮海中路街道的居民，原先住在顺昌路一间建筑面积仅15.25m^2的旧式里弄的三层阁楼内。丈夫身患残疾、儿子尚在上学，房间顶棚是倾斜的，最低处身子都不能站直，而且一家三口吃喝拉撒都在一间房内，仅靠夫妻俩微薄的工资根本无法解决住房问题。廉租住房政策为他们带来了福音，从2002年起，住房和收入"双困"的一家享受到了廉租住房租金补贴。于是，他们用廉租住房租金补贴加上原先住房出租后的租金，在离家不远处的徐家汇路租了一间房居住，建筑面积为36.96m^2，虽说不大，但经过隔断，有了两间房，儿子可以安心做功课，屋内也有了抽水马桶。到 2011 年，他们在租住的房子里已经住了 10 年了。而后，他们一家又将有新的变化。

2007 年，儿子考上了大学，成为一名机电自动化专业的本科生，大学毕业后，进入一家著名的互联网上市公司。由于儿子学业有成，有收入稳定的工作，他们的家庭月收入超出了廉租住房政策规定的收入标准，于是她主动提出退出廉租住房。她说："廉租住房政策是用来保障最低收入住房困难家庭的，我们家的收入状况改善了，理应退出，让更困难的家庭享受政策优惠。"与此同时，全新的共有产权保障住房制度又给她带来了福音。

为解决中低收入居民家庭的住房困难问题，上海又启动了共有产权保障住房政策。2011 年 2 月黄浦区第一批共有产权保障住房（经济适用住房）开始受理申请，他们一家提出申请，经户籍、婚姻、住房、收入和财产的审核，均符合共有产权保障住房的准入条件，再经过公示、摇号、选房等环节，他们最终购买了三林基地一套二居室住房，建筑面积为 $70.16m^2$，房屋总价为 56 万元，首付 18 万元。知道她选购了共有产权保障住房，亲戚朋友慷慨解囊，帮助他们支付了 18 万元首付，其余房款由儿子申请公积金贷款。她说："真是做梦也没有想到，我们一家也能住进崭新的住宅小区了！"

"上海四位一体的住房保障政策，我们家已经享受到了两项。"申请人说，多亏了住房保障政策，圆了她多年的住房梦。"上海住房保障体系建设，让我们的好日子有盼头！"

第五章

上海共有产权保障住房建设与供应

第一节 共有产权保障住房的供地与选址
第二节 共有产权保障住房的建设方式
第三节 共有产权保障住房的建设标准与配套
第四节 共有产权保障住房的供应与定价

第一节　共有产权保障住房的供地与选址

上海共有产权保障住房与其他保障性住房建设,共同依托大型居住社区建设,统一规划、选址和供应。

一、以划拨方式供应建设用地

上海共有产权保障住房因定位于经济适用住房,依照国家的相关规定,土地供应以划拨的方式实施。

我国对保障性住房土地实行划拨供应是一项长期实施的政策。早在1998年《国务院关于进一步深化城镇住房制度改革加快住房建设的通知》(国发〔1998〕23号)中就规定"经济适用住房建设用地应在建设用地年度计划中统筹安排,并采取行政划拨方式供应"。后来国家《经济适用住房管理办法》第七条也明确,经济适用住房建设用地以划拨方式供应。经济适用住房建设用地应纳入当地年度土地供应计划,在申报年度用地指标时单独列出,确保优先供应。

国家土地管理部门也在相关文件中明确了这一政策,如《关于认真贯彻〈国务院关于解决城市低收入家庭住房困难的若干意见〉进一步加强土地供应调控的通知》(国土资发〔2007〕236号)中明确"廉租住房、经济适用住房建设用地实行行政划拨方式供应"。《国土资源部关于切实落实保障性安居工程用地的通知》(国土资发〔2009〕58号)也强调,保障性住房中的廉租房和经济适用房用地实行划拨供应,并按规定减免相关费用。对在城镇规划区外单独选址建设的保障性安居工程用地,不得征收新增建设用地有偿使用费。

土地使用权的取得可以是有偿的,也可以是无偿的。根据《中华人民共和国城市房地产管理法》的规定,土地使用权的取得分为出让与划拨两种基本方式。其中,土地使用权出让是指国家将国有土地使用权在一定年限内出让给土地使用者,由土地使用者向国家支付土地使用权出让金的行为,具体的出让方式可以采取拍卖、招标或者双方协议的方式。但商业、旅游、娱乐和豪华住宅用地,有条件的,必须采取拍卖、招标方式。

土地使用权划拨是指县级以上人民政府依法批准,在土地使用者缴纳补偿、安置等费用后将该幅土地交付其使用，或者将土地使用权无偿交付给土地使用者使用的行为。以划拨方式取得土地使用权的，除法律、行政法规另有规定外，没有使用期限的限制。

划拨和出让的重要区别在于：出让是由土地使用者向国家支付土地出让金，而且有使用年限限制；而土地划拨，土地使用者除缴纳补偿安置费用外，不需向国家支付土地收益且没有使用期限限制。对于政府而言，土地划拨属一种无偿的行政配置方式。保障性住房建设项目采用划拨方式，相对作为商品性质的住房建设项目，在地价成本上有很大的政策优惠，最终落实给低收入住房困难家庭，使得土地对低收入群体的住房保障性质和功能得以体现。保障性住房用地采用划拨方式，体现了国家在民生问题上的政策导向。可以说，从公共利益角度，划拨方式的供地政策对完善住房保障体系建设，平抑住房价格，改善住房供应结构，解决中低收入家庭住房困难问题是十分有效的政策工具[①]。

所以，上海在共有产权保障住房土地供应政策中也明确"单独选址、集中建设的共有产权保障住房建设项目，建设用地供应采取行政划拨方式"，同时，免收建设中的行政事业性收费和城市基础设施配套费等政府性基金，以降低住房建设成本。

二、确保有效土地供应数量

（一）提前储备，制订规划、计划，保证保障性住房建设用地持续供应

上海在"十二五"、"十三五"住房发展规划中，都明确了包括共有产权保障住房在内的保障性住房建设用地供应规模。如在"十二五"住房发展规划中提出：优先确保保障性住房建设用地供应。一是根据"十二五"保障性住房的建设目标，在城市总体规划和土地利用总体规划的城市建设用地范围内，依托轨道交通和比较完善的市政与商业服务设施，加快落实规划选址工作，抓紧制订保障性住房用地供应规划和年度计划，并明确各类保障性住房的土地供应比例，确保土地的优先供应。二是根据大型居住社区开发建设需要，在政策许可的范围内，适当调整土地供给方式，参照土地"预审批"的办法，将"十二五"期间大型居住社区建设所需的土地，

---

① 上海市房地产科学研究院. 上海住房保障体系研究与探索[M]. 北京：人民出版社，2012：271.

提前安排落实到位，加快土地储备和前期开发。

（二）规范与简化供地流程，提高供地效率

共有产权保障住房建设用地纳入本市土地利用年度计划管理。市和区规划国土行政管理部门应当在安排年度用地指标时，单独列出共有产权保障住房建设用地指标，并予以优先供应。

根据《上海市经济适用房、商品房配建经济适用房等四类建设项目有关规划和供地操作细则》，经济适用房项目规划和供地操作细则为：

（1）认定地块。按照年度建设计划，市属项目由市住宅中心负责上报，区属项目由区住房保障部门负责上报。在此基础上，由市经济适用房管理部门牵头，会同市相关部门共同认定地块，并作为初步选址的依据。

（2）规划选址、确定规划参数。由市、区规土局负责编制、核发建设项目规划选址意见书，确定规划参数，并出具相应意见。如果项目建设涉及农用地转用、征收审批的，应按程序办理相关手续。经济适用房管理部门同步确定建设单位。

（3）土地供应。由市、区规土局负责，以划拨方式供地，并按照程序核发建设用地批文、划拨决定书。

（4）领取相关证书。建设单位依据规划选址意见、建设用地批文和划拨决定书，在向区发改委办理项目核准后，到市、区规土部门领取建设用地规划许可证和建设用地批准书。

三、大型居住社区建设的由来

大型居住社区是由"大型居住基地"转变而来的，突出了城市社区的整体发展理念。大型居住社区是加大推进普通商品住房、征收安置房（曾称配套商品房、动迁安置房）和经济适用住房（共有产权保障住房）建设的重要措施。

大型居住社区建设的设想起源于上海历史上有在城市周边建设新村的经验，在20世纪五六十年代的时候，为了解决产业工人的住房困难问题，上海在当时的城市周边建设了工人新村，如曹杨新村、彭浦新村，以及后来七八十年代的田林新村、曲阳新村等。到20世纪90年代，又建设过古美新村、真新新村等。

进入新世纪，特别是 2003 年以后，上海的住房价格上涨较快，房地产开发建设数量不断增加，中心城区可用于建设商品住房的土地越来越少。上海在 2003—2005 年间，就已经开始探索在城市周边建设居住社区，当时主要是以服务于城市更新改造的动迁安置房为主，在宝山顾村、嘉定江桥等地进行建设。

到 2008 年，上海市制定了《上海市解决城市低收入家庭住房困难发展规划（2008—2012 年）》，提出通过建设经济适用住房，加大对中低收入家庭住房保障的措施，并明确了廉租住房与经济适用住房的建设年度计划。但当时中心城区已没有成片的土地可用于建设大量的保障性住房，如果要加大保障性供应，必须有新的建设模式，这样就有了在城市的周边进一步推进建设大型居住社区的设想。

所以，在 2009 年前后，上海市委和市政府将大型居住社区建设作为重要的工作任务推进，并于 2009 年 4 月成立了"市大型居住社区建设推进办公室"，要求相关的区成立"开发建设指挥部"和"区推进办公室"，协调落实项目核准、控规公示、土地供应、市政公建配套、动迁许可等前期工作。在项目的具体推进过程中，基本形成了条块结合的模式，由市级政府机关（条）与各区政府（块）联合推进，如由市建交委组织市政、水务、交通等相关部门及相关区、镇政府，推进大型居住社区的外围大市政配套，并会同市发改委研究配套倾斜政策，以及优质教育、卫生、商业等资源引入方案等。同时，市环保、水务、交通港口、绿化市容等部门也要提出具体的工作方案。

总体看，上海从 2003 年开始实施大型居住社区建设，共有 3 个阶段，总计推进了 46 个基地，总规划用地面积达 150 多平方公里，规划新增住宅约 1 亿 m^2。

1. 第一阶段：市住宅建设中心为主的"原选址基地"模式

原市房管局于 2003 年成立了市住宅建设发展中心，从事保障性住房建设管理工作。这一阶段共推进了 13 个基地，分布在 5 个区，分别为宝山、浦东、闵行、嘉定和青浦。相关基地由市住宅建设中心进行土地开发和实施公益性配套公建的建设，并通过公开招投标来确定建设单位。

2. 第二阶段：大型企业为主的"大集团对口"模式

在第一批大型居住社区建设中，为了加快建设进度，保证建设质量，发挥大型企业集团的经济实力和开发建设能力，采用大集团对口大基地的方式，由大集团负责开发建设，由市人民政府与相关区人民政府、企业集团三方联合推进落实具体的建设任务。第一批参与建设的企业主要是国有企业，如上海地产集团（宝山顾村和浦东曹路拓展基地）、上海城投公司（松江泗泾拓展基地）、上海建工集团（南汇周康航拓展基地）、上海城建集团（闵行浦江拓展基地）、上海绿地集团（嘉定江桥拓展基地）等。

3. 第三阶段：以区为主的模式

2009年底上海开始了新一轮大型居住社区的规划选址工作，主要采取以大型居住社区所在区负责开发建设的"以区为主"的模式。各区作为大型居住社区建设的责任主体，会同市规划部门组织编制控制性详细规划及拆迁腾地工作，并通过招投标确定开发建设单位，落实建设过程中的具体工作。第二批大型居住社区建设共规划选址23个基地，分布在9个区。

四、大型居住社区选址与规划

共有产权保障住房的土地供应一般都在大型居住社区之内，一般由住房发展规划确定所需的用地数量，再由土地管理部门形成相应的土地供应年度计划。但在实践中，一般由各区将可以用于共有产权保障住房建设的土地储备起来，供建设使用。

2009年初，第一批选址共8个大型居住社区，涉及6个郊区县，包括依托原配套商品房基地的宝山顾村等六大配套商品房拓展基地和嘉定云翔、青浦徐泾东站两个中低价普通商品房基地，建设用地面积约29km^2，其中住宅用地约12km^2，规划住宅建筑面积约1936万 m^2。

第二批大型居住社区确定于2009年下半年，包括浦东惠南民乐、宝山美罗家园等23个有一定规模的大社区，涉及9个郊区县，建设用地面积约105km^2，其中住宅用地约40km^2，预计可建住宅建筑面积约8000万 m^2。23个大型社区主要涉及宝山、嘉定等9个区县，分别为：宝山罗店、嘉定城北站、嘉定云翔拓展、嘉定黄渡、青浦华新拓展、青浦城一站、青浦城四站、松江佘山北、松江泗泾南拓展、松江南部站、松江叶榭、金山亭林、金山北站、奉贤南桥、闵行浦江拓展、闵行旗忠、闵行梅陇、浦东航头新选址、浦东川沙、浦东惠南民乐、浦东铁路惠南站、浦东南汇城（临港）、崇明长兴岛，如图5-1所示。

上海市以保障性住房为主的大型居住社区的选址主要考虑以下几点：一是中心

城以建设廉租房、公共租赁房为主,郊区以共有产权保障住房和动迁安置房为主;二是以保障性住房为主的大型居住社区在全市郊区相对均匀分布;三是与郊区新城镇建设相结合,第一批和第二批大社区中 9 个规模较大的基地分布于总体规划确定的 9 个郊区新城中的 8 个新城范围内(崇明城桥新城除外),如宝山顾村($8.3km^2$)、奉贤南桥($10.6km^2$)等,其余位于新市镇镇区或毗邻新市镇镇区,选址与城镇体系充分衔接。①

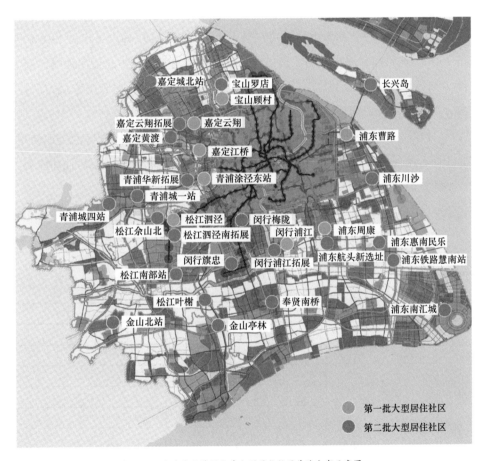

图 5-1　上海市保障性住房大型居住社区基地分布示意图

由于大型居住社区基地范围较大,规模相当于小城市,多位于新城、新市镇的未开发区域,因此规划首先优化功能布局,构建功能齐全的公共设施、多层次的住

---

① 熊健.上海大型居住社区规划的实践和思考[J].上海城市规划,2011(3):36-40.

房布局和多元化住宅结构，确保城市功能的完整性，形成多元融合的城市社区。

同时，大型居住社区虽然以保障性住房为主，但仍倡导住房类型多样性。普通商品房、动迁安置房、共有产权保障住房、廉租房以及农民动迁安置房等住房类型适度混合，并根据不同收入群体的生活需要，合理安排土地使用，形成居住、就业、交通、游憩等不同城市功能。根据规划，第二批的前12个大社区新增住宅中保障性住房占56%，普通商品房占27%，农民动迁安置房占17%，保障性住房与普通商品房比例约为2∶1。12个大社区城市建设用地中，住宅组团占42.3%，公共设施（含地区级及居住区级配套）占20.7%，道路广场占19.7%，绿化占13.8%，其余占3.4%。按照国家城市规划建设用地标准，城市主要用地占建设用地的比例为：居住20%～32%，工业15%～25%，道路广场8%～15%。按照国家城市居住区标准，居住区内各项用地所占比例为：住宅50%～60%，公建15%～25%，道路10%～18%，公共绿地7.5%～18%。从上述数据可以看出，大社区的土地使用构成介于两个国家标准之间，充分体现了城市社区的整体发展理念，以居住功能为主，城市功能相对完善，生活与就业适当平衡，有别于传统居住区。

第一、二批共有31个大型居住社区，规划可容纳人口约280万人。其中，20万人以上的基地2个，10万～20万人的基地8个，5万～10万人的基地15个，5万人以下的基地6个，如表5-1所示。

表5-1 大型居住社区容纳人口规模分类表

序号	分类	基地	容纳人口数量（万人）
1	20万人以上基地	奉贤南桥	23
2		松江南部站	21
3	10万～20万人基地	宝山顾村拓展	16.2
4		浦东惠南民乐路	16.2
5		浦东南汇城	15.0
6		金山亭林	13.0
7		松江佘山北	12.5
8		宝山罗店	12.5
9		嘉定城北站	10.6
10		青浦城一站	10.4
11	5万～10万人基地	松江泗泾南拓展	8.8
12		闵行旗忠	8.8

续表

序号	分类	基地	容纳人口数量（万人）
13	5万~10万人基地	嘉定云翔	8.7
14		嘉定黄渡	8
15		青浦城四站	8
16		浦东川沙	7.83
17		青浦徐泾东路站	7.8
18		闵行浦江拓展	6.6~7.6
19		闵行浦江（鲁汇、谈家港）	7.32
20		浦东铁路惠南站	7.05
21		金山北站	6.24
22		松江叶榭	6.1
23		嘉定云翔拓展	6
24		浦东曹路拓展	5.98
25		浦东周康航拓展	5.18
26	5万人以下基地	浦东航头新选址	4.92
27		崇明长兴岛	4.4
28		青浦华新拓展	4.2
29		松江泗泾拓展	3.3
30		闵行梅陇	2.3
31		嘉定江桥拓展	2.1

资料来源：《上海市大型居住社区外围配套建设"十三五"规划》。

从这些大型居住社区选址分布上看，均在中心城外围区位，并按照上海市域圈层分布。这些大型社区选址在离市中心（人民广场）的直线距离在15~50km之间，平均约为30km。其中，近郊区范围（外环线~25km，面积约1600km^2）内有16个大型社区，主要有宝山顾村拓展、嘉定江桥拓展、闵行浦江（鲁汇）、浦东周康航拓展、浦东曹路拓展等第一批大型居住社区以及第二批选址确定的11个大型社区。远郊区范围（25~50km，面积约4100km^2）内有15个大型社区，主要是第二批选址确定的远郊区县范围内的基地，包括嘉定城北站、青浦城一站等。

第二节 共有产权保障住房的建设方式

一、集中建设与分散配建两种方式为主

上海主要采取集中新建的方式,并配合配建、收储和回购等方式,多渠道筹措共有产权保障住房房源。集中新建的项目,行政划拨用地,由住房保障实施机构组织管理,通过项目法人招投标方式,确定具有良好资质和信誉的房地产开发企业开发建设,政府按照合同约定的价格予以结算。同时,根据上海建设用地紧缺的现状,规定凡新出让土地开发建设的商品住房项目,均要按照不低于该项目住宅建设总面积5%的比例配建以共有产权保障住房为主的保障房,住房建成后无偿移交政府用于住房保障。另外,还建立了各类保障房统筹管理、分类使用的管理平台,依照有关规定及时调整用途,提高使用效率。

二、"政府主导、市场运作"的集中建设

(一)成立"推进办",强化政府主导

上海市政府层面的"大型居住社区建设推进办公室"(简称"市推进办"),由市政府副秘书长担任主任,包括市住房城乡建设管理委、市发展改革委、市规划国土资源局、市财政局及各相关行业主管部门在内的多个职能部门作为成员单位,不断完善顶层设计和工作机制,统筹推进全市大型居住社区保障性住房及相关配套设施建设。此外,为进一步加快推进大型居住社区红线外围道路、供排水和公交枢纽建设,确保入住居民基本生活和出行需求,市政府还成立了市大型居住社区外围市政配套建设推进办公室(简称"市外推办"),包括市水务局、市交通委、原住房保障房屋管理局等多个职能部门作为成员单位,加强对大型居住社区外围市政配套建设的统筹协调。

(二)充分利用市场运作机制,企业"带资建设"

集中建设的共有产权保障住房按照"政府主导、市场运作"的原则,具体通过项目法人招投标方式确定房地产开发企业,实施共有产权保障住房项目开发建设。

在行政划拨的建设用地上单独选址，集中建设，主要由区政府通过住房保障机构采取项目法人招投标方式，确定具有相应资质和良好社会信誉的大型房地产开发企业实施开发建设。

开发企业建设共有产权保障住房与建设其他商品住房要求一样，并采用"自筹"资金的建设方式，即在开发企业取得建设项目后，由企业自己通过银行贷款等方式筹集建设资金，政府在建设资金上没有给予企业补贴。在共有产权保障住房建成达到预售标准后，统一销售给政府审核通过、已经选房的保障对象，实现资金回笼。

所以，上海共有产权保障住房与征收安置住房的建设方式都是充分运用市场机制、市场资源，通过企业建设的方式实现，这有效提高了建设效率，减轻了政府的财政负担，使大规模建设供应保障性住房成为可能。

在参与保障性住房建设的企业中，以上海本地大型企业为主，根据统计，上海本地国有房地产企业基本都是多年来积极参与保障性住房建设的企业。如根据数据分析，2015—2016年上海50强企业中有19家参与了保障房建设，共计投入保障性住房建设资金460.1亿元，新开工面积为605万 m^2，竣工面积为587万 m^2，其中，参与保障性住房建设的前十强企业为上海中建东孚投资发展有限公司、上海建工房产有限公司、上海地产住房保障有限公司、上海城投置地（集团）有限公司、上海城建置业发展有限公司、上海永业企业（集团）有限公司、上海浦东新区房地产（集团）有限公司、上海江海置业有限公司、上海铁路房地产开发经营有限公司、上海金外滩（集团）发展有限公司[①]。

（三）共有产权保障住房建设进展

上海市共有产权保障住房以市属项目为主，到2017年底，共竣工共有产权保障住房999.17万 m^2，14.89万套，如表5-2所示。

表5-2　2011—2017上海市共有产权保障住房建设情况

年份	开工		竣工	
	面积（万 m^2）	套数（万套）	面积（万 m^2）	套数（万套）
2011	541	8.03	200.63	2.98
2012	185.14	2.77	93.51	1.41

---

① 上海市房地产行业协会，《2015—2016年上海房地产开发企业50强研究报告》。

续表

年份	开工		竣工	
	面积（万 m²）	套数（万套）	面积（万 m²）	套数（万套）
2013			146.64	2.15
2014			97.73	1.48
2015	64.17	0.93	171.23	2.53
2016	73.25	1.05	169.34	2.44
2017			120.09	1.90
合计	863.56	12.78	999.17	14.89

资料来源：《上海市房地产业发展报告2018》。

三、共有产权保障住房的配建

共有产权保障住房的配建，是指在商品住宅建设项目中，配建共有产权保障住房。上海具体出台了《关于本市保障性住房配建的实施意见》（沪府办发〔2012〕61号），要求2012年文件实施后出让的商品房小区，都应当配建保障性住房。

凡新出让土地、用于开发建设商品住宅的建设项目，均应按照不低于该建设项目住宅建筑总面积5%的比例，配建保障性住房；郊区有条件的区域，应进一步提高建设项目的配建比例。配建的保障性住房应无偿移交政府用于住房保障，并在建设用地使用权出让条件中予以明确。各区政府可以根据实际条件和需要，按年度实施计划中的配建总量，选择配建项目和调节配建比例，统筹平衡设定。

对于配建的保障性住房，各区根据本地区住房保障工作实际，用作廉租住房、公共租赁住房和共有产权保障住房。其中，根据总体情况考虑，外环线以外商品住宅建设项目的配建房源用于共有产权保障住房。到2016年底，全市外环线以外配建共有产权保障住房共1.86万套，如表5-3所示。

表5-3 共有产权保障住房配建统计表

区域	套数（万套）
嘉定	0.27
青浦	0.3
浦东	0.31
松江	0.24

续表

区域	套数（万套）
宝山	0.15
奉贤	0.35
崇明	0.08
金山	0.09
闵行	0.07
总计	1.86

第三节　共有产权保障住房的建设标准与配套

一、编制共有产权保障住房设计导则

上海的保障性住房建设基本按照建设质量不低于普通商品住房的标准要求，在房型设计、功能等方面也基本按照商品住房的要求，通过注重建设水平，加强质量管理，努力建造"造价不高品质高、面积不大功能全、占地不多环境美"的住宅小区。

为了进一步明确上海市经济适用住房的设计要求，规范经济适用住房建设，2011年，上海房管部门牵头编制了《上海市保障性住房设计导则（经济适用住房篇）（试行）》。

（一）项目选址要求

项目选址应符合相关规划要求，尽可能位于交通便捷地区，应在地区交通规划制订和实施中优先保证公共交通设施的配套完善，并做到合理规划，同步建设，确保居民出行方便。

（二）住宅及套型设计

经济适用住房应为成套型住宅，标准应与上海的地域条件、经济水平和现代城市居住水平相适应，符合本市中低收入居民的家庭构成、生活习惯，满足家庭基本居住需求。

经济适用住房应按套型设计，每套应有卧室、起居室(厅)、厨房、卫生间、阳台(生活阳台、服务阳台)等基本空间，宜设壁柜。

套型设计应以上海家庭结构(家庭人口组成、家庭代际关系)特点和家庭生活的行为模式为基本因素，提供相适应的套型，在中心城区外有Ⅰ型、Ⅱ型、Ⅲ型三类套型，在中心城区内有Ⅰ型、Ⅱ型两类套型。各套型的可分居住空间数，不宜小于表5-4的规定。

表5-4 经济适用住房家庭结构与套型分类、套型模式

套型	可分居住空间数	套型模式	家庭结构				
			人数	单身家庭	夫妻家庭	核心家庭	主干家庭
Ⅰ型	1	单人卧室兼起居室、餐厅	1	○			
	2	双人卧室+起居室、餐厅	2		○		
		双人卧室+单人卧室兼起居室+餐厅				○	
		双人卧室兼起居室+餐厅（过道厅）				○	
Ⅱ型	3	双人卧室+单人卧室+起居室兼餐厅	3			○	○
		双人卧室+单人卧室兼起居室+餐厅（过道厅）				○	
		双人卧室兼起居室+单人卧室兼起居室+餐厅（过道厅）				○	
Ⅲ型	4	双人卧室+2×单人卧室+起居室兼餐厅	4				○
		双人卧室+单人卧室+单人卧室兼起居室+餐厅（过道厅）					○
		2×双人卧室+单人卧室+起居室+餐厅（过道厅）	5				○
		双人卧室+单人卧室+双人卧室兼起居室+餐厅（过道厅）					○

经济适用住房的面积标准应体现社会的公平性和可操作性。应采用按套型分类规定等同的套内建筑面积标准以及按不同住宅层数区分的套型建筑面积标准二者相结合的双重控制标准，如表5-5所示。

表5-5 中心城区外经济适用住房套内建筑面积和套型建筑面积标准 （m²）

住宅层数	楼电梯设置规定	套内建筑面积标准			套型建筑面积		
		Ⅰ型	Ⅱ型	Ⅲ型	Ⅰ型	Ⅱ型	Ⅲ型
多层	开敞楼梯间一座	40	50	63	45	60	70
7~11层	开敞楼梯间一座，客梯一台				47	64	75
12~18层	封闭楼梯间一座，消防电梯、客梯各一台				49	66	77
18层以上	封闭楼梯间两座（或剪刀楼梯间一座），消防电梯、客梯各一台				52	70	80

在后期的实践中,考虑到房源的适用性及与其他保障性住房房源的统筹需要,基本按照"579"建筑面积建设,即按一房 50m² 左右、两房 70m² 左右、三房 90m² 左右的标准实施。

套型内各居室空间的尺度,应根据空间的功能特性、居住功能所需的基本家具配置(表 5-6)及与家具关联的使用空间尺度等因素来确定。家具关联空间尺度由家具或设备占用的空间、人体尺度或人体操作所需的功能活动空间所组成。家具关联空间尺度应符合人体工程学要求。

表5-6 基本家具配置表

功能空间	双人床	单人床	婴儿床	床头柜	高柜	低柜	书桌	椅子	餐桌Ⅰ型	餐桌Ⅱ型	餐桌Ⅲ型	餐椅Ⅰ型	餐椅Ⅱ型	餐椅Ⅲ型	双人沙发	单人沙发	茶几
夫妻双人卧室	1			2	1	1	1	1									
老年夫妻或非夫妻双人卧室		2		2	1	1	1	1									
青年夫妻带婴儿双人卧室	1		1	2	1	1	1	1									
单人卧室		1		1	1	1											
餐厅									1	1	1	3	4	5			
起居室兼餐厅									1	1	1	3	4	5	1	1	1
双人卧室兼起居室	1			2	1	1	1	1							1	1	1
单人卧室兼起居室		1		1	1	1	1	1								1	1

(三)其他要求

上海地少人多,经济适用住房建设强调以高层为主,可提高容积率,节约用地。住宅类型要多样化,适应多元化需求。

经济适用住房的装修主要是满足居住的基本功能要求,装修应简约。推行住宅建设装修一体化,应将装修包括在住宅主体设计内,装修和土建统一施工和监理,杜绝二次设计、二次施工带来的费材、耗能和扰民之患。

二、努力增加优质公共配套资源

由于大型居住社区都在城市的外围,位置较为偏远,原有基础设施条件薄弱,上海在加快保障性住房建设的同时，通过明确基本配套要求、加大内外配套建设资金投入和行业补贴力度、引进中心城区优质资源等措施，完善银行、邮政、文体、商业等必备生活业态等措施，着力补齐公共服务短板，努力满足入住居民"开门七件事"等基本生活需要。

市政府于 2009 年 11 月出台了《关于推进本市大型居住社区市政公建配套设施建设和管理若干意见》，提出了推进工作的四点原则。

（一）坚持规划优先，同步配套

将建设基地市政公建配套设施作为规划优先考虑重点，按照"立足当前、兼顾长远"的规划原则和"同步规划、同步配套"的建设要求，统筹指导，有序推进，加快促进居住区的完善。

（二）坚持以人为本，确保基本需求

根据本市城市居住地区和居住区公共服务设施配置标准、相关设置规范和规划要求，建设市政公建配套设施，努力满足居民的出行、就医、就学、购物等基本生活需求，积极创造居民就业条件。根据不同社区入住居民人口总量、人口结构及实际需求，合理布局，因地制宜，不断完善配套设施配置标准，不断提高居住社区宜居水平。

（三）坚持以区为主，市区联手

充分发挥建设基地所在区政府积极性，在市政府统筹协调、指导监督和有关部门的支持配合下，建设基地所在区负责组织实施建设基地市政公建配套的建设和管理。

（四）坚持机制创新，政策聚焦

完善原有开发机制，积极探索政府主导、市场化运作、国有企业集团对口建设的新机制，加大政府投入力度，各项政策向建设基地聚焦，并适当倾斜。

大型居住社区的配套按照"四个同步"的要求推进，即"同步规划、同步设计、同步建设、同步交付"。在编制各个大型居住社区规划时，公交道路、供排水、燃

气、电力等专业规划同步跟进。住宅小区周边的市政道路、公交站点、菜场、学校、社区服务中心等一般也同步建设。但一般大型居住社区是先建设保障性住房再建设商品住房,所以共有产权保障住房建设中面临的配套问题比较突出。

上海在以保障性住房为主的大型居住社区建设中,采取了引进优质教育、医疗配套资源的方案,将市中心区的优质中小学教育资源、三甲医院资源引入到大型居住社区。如在教育方面,宝山顾村大型居住社区引入了华东师范大学附属新华初级中学,浦东曹路引入了打虎山路第一小学,嘉定南翔引入了上海大学附属南翔高级中学、上海师范大学附属嘉定小学等。在医疗方面,分别在宝山顾村、闵行浦江和浦东三林等地引入了华山医院、仁济医院、长征医院等三级医院资源。同时,在商业资源上,上海的一些大型国有商业企业如百联集团、农工商集团等也都积极参与到配套建设中。

在以保障性住房为主的大型居住社区建设过程中,配套建设总体看还是有些滞后,这有几个方面的原因,一是大型社区的成熟需要一个过程,许多居民仍想将子女留在中心市区读书,住房从建成到入住都有一个过程;二是从商业的考虑上,许多商业企业要考虑盈亏问题,在客流不多的情况下,进入也有一个过程。所以,配套不全、生活不便等仍是大家关心的重要问题。

为了了解大型居住社区居住的相关情况,上海市政府发展研究中心社会文化处与上海大学社会学院合作开展了"上海大型居住社区居民生活调查"[①]。调查发现,居住在大型居住社区中的就业居民,约一半的就业人群上班距离在10km以上,居民的主要交通方式是地铁和公交车。就职单位与所居住小区距离大于20km的比例是32.0%,11~20km占15.6%,1km以内占14.7%,6~10km占13.3%,2~5km占8.9%。大型居住社区最为欠缺的公建配套设施是医院、大型超市/商场、银行。如果将大型居住社区最缺少的3项选出并排序,得到的选择结果分别是(按比例从高到低):医院18.2%;大型超市/商场17.6%;银行13.2%;公交站点6.5%;菜市场6.5%;邮局4.6%;养老机构4.5%;老年活动场所4.2%;广场等公共空间4.1%;图书室/书报亭3.4%;社区文化活动中心2.9%;健身点2.7%;地铁站2.0%;社区卫生中心1.8%;行政事务受理中心1.8%;小商店/百货店1.7%;派出所1.5%;药

---

① 金桥. 上海五个大型居住社区调查报告[N]. 东方早报,2015-04-14.

店 1.0%；小学 0.9%；幼儿园 0.7%。大型居住社区的公建配套设施仍需进一步完善，各类服务机构欠缺，医院、交通仍不便捷。未建比例较高的机构设施包括：养老机构（79.3%）、图书室/书报亭（62.6%）、行政事务受理中心（52.3%）、大型超市/商场（50.6%）、邮局（48.4%）、医院（46.2%）、社区文化活动中心（40.3%）等。已建比例较高的机构设施主要是：公交站点（98.5%）、地铁站（95.8%）、菜市场（93.0%）、药店（90.9%）等。对于已建的机构设施，方便程度较低（不方便、非常不方便的比例之和）的主要有：医院（41.1%）、地铁站（33.7%）、公交站点（33.6%）、银行（32.5%）、邮局（31.8%）、派出所（30.8%）、大型超市/商场（28.6%）、行政事务受理中心（28.5%）。

第四节　共有产权保障住房的供应与定价

一、房源调配与公布

（一）房源的调配

市住房保障中心根据各区共有产权保障住房家庭的咨询、申请受理情况，初步预测各区所需共有产权住房需求量，根据本批次可供应的房源分布情况，按就近原则，分配给各区使用。

由于中心城区没有大型居住区，共有产权保障住房需要从郊区调配，一般是根据各区申请家庭数量，由市住房保障管理部门综合分配房源。各区共有产权保障住房遵循区位相对就近、高中低价位段房源兼顾、房型结构相匹配的原则，做好适配房源调配。对于郊区，本区有共有产权保障住房的，首先保障本区供应，然后再调配给就近的区。以 2011 年第一批次为例，保障对象最终选房情况如表 5-7 所示。

表 5-7　2011 年第一批次各区签约对象房源区位选择情况

房源供应区 原居住区	宝山	崇明	奉贤	嘉定	金山	闵行	南汇	浦东	青浦	松江
卢湾							23%	54%	10%	14%
黄浦							26%	62%	4%	8%
静安				25%		23%		44%	7%	

续表

原居住区 \ 房源供应区	宝山	崇明	奉贤	嘉定	金山	闵行	南汇	浦东	青浦	松江
徐汇						30%		15%	15%	40%
长宁				43%		14%		8%	35%	
普陀	34%			51%			4%	5%	6%	
闸北	53%						30%	17%		
杨浦	32%					19%	34%	15%		
虹口	46%						36%	18%		
宝山	89%						10%	1%		
崇明		100%								
奉贤			100%							
嘉定				100%						
金山					100%					
闵行						100%				
南汇							64%	36%		
浦东							44%	56%		
青浦									100%	
松江										100%

（二）房源的公布

为使申请家庭能够及时得到共有产权保障住房的房源供应信息，区住房保障机构根据房源建设和筹措情况，以及已登记的申请户数量等因素，分期在指定媒体、市住房保障管理部门网站和街道（乡、镇）社区事务受理服务中心公告栏等处，公布项目名称、地址、建设单位、交房日期、套数、房型、销售价格、购房人产权份额、选房日期等信息。申请家庭得到房源信息后，可在规定的期限内到现场看房。如图 5-2 所示。

到 2018 年底，前 7 个批次共筹集房源 15.7 万余套。目前上海市共有约 120 个共有产权保障住房小区（表 5-8），有效满足了取得共有产权保障住房资格家庭的住房需要，实现了"当批次申请、当批次供应"。

表 5-8　海市共有产权保障住房小区一览表

区域	小区名称	区域	小区名称	区域	小区名称
浦东新区	瑞浦嘉苑	闵行	浦江瑞和城	嘉定	南翔秀城铁建澜庭
	昱星家园		马桥景城保利雅苑		南翔秀城孚锦雅苑
	南馨佳苑		马桥景城和苑		南翔秀城瑞和云庭
	恒福家园	松江	松南城翠和苑	奉贤	景翔苑、嘉翔苑
	鹤沙航城瑞祥苑		松南城舒雅苑		泽贤苑
	汇仁馨苑		松南城嘉富苑		海德雅苑
	汇德茗苑		松南城裕德苑		贤德名苑
	士韵家园		松南城裕荣苑		贤青雅苑
	士韵家园二期		茶亭景苑		海尚惠苑
	城林美苑		茶亭馨苑		欣平苑
	盛世南苑		佘北家园士辰苑		贤浦名苑
	绿波家园		新凯家园		亚通汇雅苑
	东方康达家苑一期		丁香苑		聚贤雅苑
	德康苑		枫景苑		海尚盛苑
	依水园		仁育苑、泗滨苑		万丰民苑
	汇福家园		佘北家园荷盛苑		聚佳苑
	汇福家园华盛里		芊泽苑、咏泽苑		亚通聚秀苑
	金海华城韵秀佳苑		松和苑		汇仁苑
	民乐城鸿飞苑	青浦	春江三月公寓		馨慈佳苑
	民乐城春双苑		金瑞苑		馨尚佳苑
	民乐城惠桐苑		瑞和明庭		新顾城欣康苑
	民乐城惠桐苑		海棠馨苑		宝晟苑
	民乐城秋和苑		城投玉兰清苑		旭景苑
	民乐城兰丽苑		城投玉兰清苑二期		馨佳园
	民乐城秀园		昱秀欣苑	宝山	共康雅苑
	民乐城文竹苑	嘉定	绿地新江桥城		恒高家园
	民乐城汇雅苑		绿地新翔家园		宝祁雅苑
	民乐城荣春苑		南翔秀城翔和雅苑		汇枫景苑
	民乐城丽冬苑		南翔秀城海谊苑		罗店新村宝欣苑
闵行	博雅苑		黄渡春城江心月庐		佳欣苑
	中虹浦江苑		黄渡春城鸣蝉别居		罗兰佳苑
	晶采坊		黄渡春城美好嘉苑		美罗家园鼎苑
	马桥景城元景富文苑		南翔秀城翔丰雅苑		—

闵行区第六批(2016年)共有产权保障住房供应房源信息汇总表			
总套数	2353	一居室	569
两居室	1285	三居室	499
选房日期	2018年11月16日-11月23日		
项目名称1	亚通汇雅苑	地址	农民街418弄
建设单位	上海齐闵房地产开发有限公司	交付日期	预计2021年12月31日 具体以销售合同约定为准
销售基准价	10400元/平方米	购房人产权份额	65%
维修基金	38.85元/平方米	物业管理费	具体以销售合同约定为准
各房型套数：一居室180套 两居室451套 三居室69套 小计：700套			
项目名称2	松南城舒雅苑	地址	车阳路77弄
建设单位	上海华涛房地产开发有限公司	交付日期	预计2021年12月31日 具体以销售合同约定为准 60%
销售基准价	11000元/平方米	购房人产权份额	
维修基金	38.85元/平方米	物业管理费	具体以销售合同约定为准
各房型套数：一居室101套 两居室150套 三居室34套 小计：285套			

图 5-2 共有产权保障住房房源公布示例

二、住房结算价格与销售价格

由于共有产权保障住房属于保障性住房，价格属于价格管理部门的管辖范围，为此上海物价管理部门和住房保障管理部门联合制定了《上海市经济适用住房价格管理试行办法》(沪发改价督〔2011〕002号)，该办法明确了经济适用住房建设和供应的价格制定办法，包括项目结算价格、销售基准价格、单套销售价格。

（一）结算价格

项目结算价格是政府与建设单位之间，就项目建设资金进行结算的价格，以保本微利为原则，由住房保障机构通过招投标合同和建设项目协议书与房地产开发企业约定建设项目结算价格。

结算价格是经济适用住房价格体系的基础，为切实保护购房人利益，结算价格按照保本微利的原则，做到"两个严格"。一是严格控制结算价格构成。按照国家有关规定，结算价格由开发建设成本、利润和税金三部分构成，其中，利润控制在3%以内；税费按国家规定税目和税率及相关优惠政策计算（如政府免收土地出让金、行政事业性收费等）。《试行办法》还明确规定了六类费用不得计入开发建设成本，如住宅小区内经营性设施的建设费用，各种赔偿金、违约金、滞纳金和罚款等费用。二是严格规定结算价格的确定程序。如果项目建设单位以招投标方式确定，结算价格通过竞价中标确定后，除非遇到不可抗力等因素，否则一律不得调整；如果项目由政府指定机构直接组织实施开发建设，则由住房保障机构拟订结算价格方案，报房屋管理部门审定[①]。

结算价格的开发建设成本、利润和税金三部分具体为：

（1）开发建设成本，包括：

① 土地取得费用。划拨土地为毛地的，土地取得费用为按照法律、法规规定所支付的征地和拆迁安置补偿等费用；划拨土地为净地的，土地取得费用为向土地储备机构支付的费用。

② 开发项目前期发生的管线搬迁、工程勘察、规划及建筑设计、"三通一平"、灾害评价、环境评价、申请报告编制、工程监理、招标代理服务等前期费用。

③ 列入施工图预（决）算项目的主体房屋建筑安装工程费用，包括房屋主体部分的土建（含桩基、地下构筑物、结构、装饰等）工程费用、水电气安装工程费用、附属工程费用及其他工程费用。

④ 在小区用地规划红线范围以内，按照批准的规划要求与住房同步配套建设的住宅小区基础设施建设费用，按照批准的规划要求建设的不能有偿转让的非营业性公共配套设施建设费用，以及室外总体工程费用。

⑤ 管理费。划拨土地为毛地的，按不超过第（1）项第①、②、③、④、⑧目费用之和的2%计算；划拨土地为净地的，按不超过第（1）项第②、③、④、⑧目费用之和的2%计算。

---

① 引用自上海市物价局领导在2011年3月2日市政府专题新闻发布会上介绍的《上海市经济适用住房价格管理试行办法》制定颁布有关情况。

⑥ 贷款利息，按照房地产开发企业为经济适用住房建设项目筹措资金所发生的银行贷款利息计算。

⑦ 维修资金。

⑧ 其他符合国家有关部门和市政府有关规定的成本费用支出。

（2）利润，按不超过第（1）项第①、②、③、④、⑧目费用之和的3%计算。

（3）税金，按国家规定税目和税率及相关税收优惠政策的规定计算。

（二）销售价格

销售价格是向共有产权保障住房购房人供应的价格，并纳入政府的价格管理目录之中，实行指导价管理。其中，市级统筹项目的销售定价方案（包括销售基准价格、购房人产权份额等），由市住房保障机构会同相关区住房保障机构拟订，由市价格主管部门会同市房屋管理部门核准。区自筹项目的销售定价方案，由区住房保障机构拟订，由区价格主管部门会同房屋管理部门审核，报区政府批准，并向市价格主管部门和市房屋管理部门备案。经过核准的定价方案，自核准之日起一年内有效，逾期需重新核准。

1. 销售基准价格

销售基准价格是政府向购房人销售住房的基准价格，是确定单套销售价格的依据，销售基准价格依项目确定，具体为：销售基准价格＝周边房价 × 折扣系数。

周边房价：按共有产权保障住房周边一定时期、一定区域内，新建普通商品住房的市场平均成交价格或市场评估价格确定，具体由市房屋管理部门统计和提供。

折扣系数：以共有产权保障住房的开发建设成本为基础，综合考虑保障对象经济承受能力和周边普通商品住房市场成交价格等因素确定。这部分实质是政府在价格上的进一步优惠。

2. 单套销售价格

共有产权保障住房单套销售价格，是具体到每一户的销售价格，即购房人实际购买价格，具体按照销售基准价格和上下浮动幅度确定。单套房的上下浮动幅度，根据楼层、朝向、位置来确定，不超过 ±10%。

这一价格主要是用于不同户的价格平衡，对整个项目而言，最终以单套销售价格计算的项目住房销售总额，与以销售基准价格计算的项目住房销售总额相等。

上海各批次共有产权保障住房销售价格区间及其占比如表5-9所示。

表5-9 上海各批次共有产权保障住房销售价格区间及其占比

批次\所占比例\价格区间（元/m²）	5000～6000	6000～8000	8000～10000	10000～13000	13000～16000
第一批次	34%	37%	28%	—	—
第二批次	31%	28%	41%	—	—
第三批次	—	39%	61%	—	—
第四批次	—	50%	50%	—	—
第五批次	—	55%	45%	—	—
第六批次	—	—	—	80%	20%

三、产权份额确定

共有产权保障住房购房家庭产权份额是关键环节，也是共有产权保障住房政策的核心内容。在具体操作中，购房人产权份额按照销售基准价格与周边房价的比例关系确定。购房人的产权份额按项目确定，不同项目由于销售基准价格与周边房价的关系不同，则产权份额不同。

购房人产权份额按照销售基准价格与周边房价比例关系确定的计算公式为：购房人产权份额 = 销售基准价格 /（周边房价 × 90%）。其中，周边房价 × 90% 是政府对保障对象的进一步让利，提高了购房家庭的产权份额。

从几个批次供应的情况看，随着建设成本提高和周边市场化商品住房价格的提高，销售价格也在不断提高，同时家庭所占的产权份额也有所下降，如表5-10所示。

表5-10 共有产权保障住房典型项目价格及产权份额情况

批次	项目	销售价格（元）	个人产权份额
试点批	博雅苑	5000	70%
第一批	新凯家园	多层5200，高层5500	70%
	春江三月公寓	5800	70%
	绿地新江桥城	6850	65%
	馨佳园	多层6700，高层7000	65%
第二批	南馨佳苑	5600	70%
	士韵家园	8100	60%
	绿地新翔家园	7000	65%

续表

批次	项目	销售价格（元）	个人产权份额
第三批	城林美苑	8500	60%
	晶采坊	9000	55%
	南翔秀城翔和雅苑	7400	65%
	共康雅苑二期	9500	60%
第四批	南馨佳苑	6200	70%
	绿波家园	8500	60%
	枫景苑	6400	70%
	佳欣苑	7000	70%
第五批	汇福家园华盛里	8500	70%
	马桥景城和苑	7900	70%
	松和苑	9500	75%
	景翔苑、嘉翔苑	8100	70%
第六批	金海华城韵秀佳苑	15800	55%
	马桥景城元景富文苑	14000	55%
	茶亭馨苑	11000	60%
	南翔秀城孚锦雅苑	12500	60%
	馨尚佳苑	15800	55%

第六章

上海共有产权保障住房供后的使用管理

第一节　共有产权保障住房使用的基本要求
第二节　共有产权保障住房使用管理纳入社区管理的机制
第三节　共有产权保障住房后期管理的实践与案例
第四节　共有产权保障住房后期使用家庭问卷调查

第一节　共有产权保障住房使用的基本要求

一、共有产权保障住房是否只能自住的讨论

在共有产权保障住房的使用权方面，政府产权对应的使用权完全让渡给购房人使用，但这一使用权是否需要限制是一个有争议的问题。争议的焦点问题是除了自住以外，是否还可以用作他用，如出租、经营等。

在共有产权住房不能用于非居住使用上，这一点是有共识的。因为按相关规定，所有住房都不能"居改非"，即居住用房不能作为非居住用房，不能作开设店铺、经营棋牌室等商业性使用。这一点是所有住房都不行，与是否保障性住房没有关系。所以从管理上讲，其不仅是保障性住房管理的问题，而是所有住房管理或城市管理的问题。

但在居住使用上，是否可以他住，即租赁给其他人居住，或免费借给亲朋好友使用，就需要讨论了。

一种考虑是保障性住房只能自住不能他住，特别是不能租赁给其他人使用并收取租金。这是我国原来经济适用住房管理办法的规定，在《经济适用住房管理办法》（建住房〔2007〕258号）中规定"个人购买的经济适用住房在取得完全产权以前不得用于出租经营"，但这里主要强调了不能"出租经营"。虞晓芬等（2015）也认为共有产权住房的主要功能必然是基本住房保障功能，如果允许独占使用共有产权住房的个人共有人自己不住，出租给非共有人收取租金，或者以其他方式将共有产权住房提供给非共有人使用牟利，将导致共有产权住房制度的异化。应当禁止个人共有人出租共有产权住房收取租金，禁止个人共有人以其他方式将共有产权住房提供给非共有人使用而收取房屋占有使用费。对于是否可以"无偿借住"，《关于加强经济适用住房管理有关问题的通知》（建保〔2010〕59号）明确规定"在取得完全产权前，经济适用住房购房人只能用于自住，不得出售、出租、闲置、出借，也不得擅自改变住房用途"。目前从其他国家的情况看，多数国家和地区对保障性住房都强调只能自住，如英国的共有产权住房、美国的经济适用住房等。而在租赁型保障住房中要求更加严格，如廉租住房、公共租赁住房等，更是强调只能"自住"，如我国香港在租赁型公屋的使用过程中，明确将以下行为界定为滥用公屋资

源：长期空置公屋（最常见的滥用情况）；将公屋转租给他人；在公屋中进行不法活动（聚赌、藏毒、贩卖私烟、卖淫等）；将公屋作为非居住使用，如营商、用作货仓等。

二是产权型保障住房在一定条件下可以用于出租的观点。对于有些购买保障住房的家庭，因各种原因，短期内暂不自住，有观点认为应该允许出租，主要考虑两个原因：一是可促进住房资源的有效使用；二是可以减轻购房人的负担，如支付按揭贷款的负担，由于许多购房人都是贷款买房的，每月有一定的还贷压力，同时购房人的产权比例较大，可以考虑在一定条件下允许出租。从新加坡的组屋相关规定看，组屋也是产权型的保障住房，但允许在一定条件下出租，如新加坡公民购买的组屋，在购买满5年后可以出租，但实际出租的数量却非常少，如2018年只有2.37万套，占组屋总量的2%左右。同时，允许将组屋的一个房间出租，当组屋大于三房时，可将其中的一个房间出租给符合规定的对象，但在出租前必须征得管理部门的同意，并交纳一定的费用，目前每个房间申请一次需要交10新加坡元。

总体看，对于保障性住房，一般是不允许出租的。作为共有产权保障住房，是否允许出租争论的焦点是使用权是否有限制，如果使用权没有限制，个人出租后，可以将政府的使用权对应租金交给政府。但这在政策设计中是不合理的，因为共有产权保障住房基本政策目标是解决"住房困难"，购房者是为了解决自住问题而购房的。政策并不鼓励为了产权增值而购房，虽然在现实中会存在这种动机。所以，在政策设计上，不宜允许"出租"。

二、上海共有产权保障住房明确只能"自住"

上海的共有产权保障住房一开始就明确为只能自住，如在早期的文件《上海市共有产权保障房（经济适用住房）申请、供应和售后管理实施细则》（沪房管规范保〔2012〕7号）中明确："共有产权保障房的房地产权利人、同住人不得将共有产权保障房擅自转让、出租、出借、赠与或者改变房屋使用性质。"

可以看出，上海对共有产权保障住房后期使用的限制是非常严格的，主要出于保障性住房是为解决住房困难问题的考虑。在有限的住房资源下，购买人在购买共有产权保障住房时，就要考虑到后期使用的限制，必须考虑该住房若不自住又不能出租带来的住房空置损失。

从另一方面看，共有产权保障住房的"保障"属性也主要体现在"自住"上。购房人自住时，政府的产权部分对应的使用权收益是完全让渡的，政府产权部分不收租金，而且即使将来购房家庭的收入提高，只要不退出共有产权保障住房（唯一住房），就可以始终享受政府产权部分的使用权让渡。

三、上海共有产权保障住房使用管理中的重点

虽然上海对共有产权保障住房使用有严格的限制，但在实践中，仍会存在极少数家庭将住房用作他用的情况，通过调查发现，在共有产权保障住房使用过程中可能出现的违规行为主要包括两类：①购房家庭因各种原因出借、出租共有产权保障住房，这是最主要的形式；②购房家庭私自改变共有产权保障住房用途，将居住用房用于营业用途或其他非法用途。

导致共有产权住房违规使用的原因大致包括以下几个方面：①申请人在别处有住房，由于就业、子女就学等原因，仍居住在原有住房中，甚至在市中心区租赁居住，而将现有保障住房出租，以取得租金收入，减少还贷压力或另外租房压力；②由于共有产权保障住房地理位置、周边配套、房屋户型等与其实际需求不符，致使其购房后依然在别处租房或与家人居住，而将共有产权保障住房出租、出借或改变用途等；③申请人符合申购条件，但仅仅将购买共有产权保障住房视作一项政府福利以及一个投资渠道，尽管没有迫切的需要，却依然购买共有产权保障住房，希望等待房价上涨、5年产权共有期满后再上市出售获利。

在共有产权保障住房实施的最初几年，如何对住房使用进行管理是一个不断探索的过程，能够学习的经验很少。2016年前，考虑是以住房保障对象原来所在区管理为主，即"导出区"管理，虽然住房所在区的社区常常会通过定期走访等配合管理，但往往呈现出阶段性的工作，总体上还没有对共有产权保障住房使用中可能存在的违规现象建立有效的发现、查处机制。物业管理企业、居委会、派出所或者相关管理部门在调查共有产权保障住房使用过程中具体如何配合，发现以后如何进行取证，由谁来进行处罚，行政执法机关有无执法依据等都还需要形成明

确机制。

第二节　共有产权保障住房使用管理纳入社区管理的机制

一、共有产权保障住房供后使用管理的界定

共有产权保障住房供后使用管理，是为了保证共有产权保障住房的规范使用，由相关管理部门或委托其他机构、组织，对共有产权保障住房的居住和使用情况进行规范的行为。其主要依据为：根据2010年4月住房和城乡建设部《关于加强经济适用住房管理有关问题的通知》（建保〔2010〕59号），各省、市、自治区住房建设部门要在严格建设管理、规范准入审核、强化使用监督、加强交易管理以及完善监督机制等五个方面加强对经济适用住房的管理，其中与供后管理有关的要求包括强化使用监督和完善监督机制两个方面，要求"配备专门力量负责经济适用住房使用情况的监督检查，并对市、县经济适用住房管理情况进行定期检查"。2016年，上海市住房保障和房屋管理局的《上海市共有产权保障房管理办法》及后续出台的《实施细则》都对供后使用管理内容进行了较明确的界定。

《上海市共有产权保障住房管理办法》（2016年市政府第39号令），对共有保障住房的后期管理做了重新表述：

第三十二条（使用规定）

共有产权保障住房的购房人和同住人应当按照房屋管理有关规定和供后房屋使用管理协议的约定使用房屋，并且在取得完全产权前不得有下列行为：

（一）擅自转让、赠与共有产权保障住房；

（二）擅自出租、出借共有产权保障住房；

（三）设定除共有产权保障住房购房贷款担保以外的抵押权；

（四）违反其他法律、法规、规章的情形。

第四十二条（政府购买服务及配合管理）

房屋所在地区住房保障行政管理部门可以将共有产权保障住房使用管理的具体事务，委托物业服务企业或者其他社会组织实施，并支付相应费用。

分配供应地区住房保障等行政管理部门应当配合做好供后管理有关工作。

二、共有产权保障住房使用管理的主要内容及责任主体

共有产权保障住房供后管理包括的内容很多，既包括房屋本体的管理，也包括房屋使用的管理，还包括产权管理和社区服务管理等，这些管理应分别纳入不同的框架，而我们所研究的主要是供后使用管理，这部分管理是住房保障行政管理需要承担的内容。结合《关于深化拓展网格化管理提升城市综合管理效能的实施意见》和《共有产权保障住房管理办法》，"将网格化管理延伸拓展到城市住宅小区和农村地区"，可将共有产权保障住房后期管理的相关内容进一步明确，如表6-1所示。

表6-1 共有产权保障住房供后管理内容及责任部门

管理内容分类		责任部门	依据
房屋本体	损坏房屋承重结构等	城管部门、公安部门	《上海市住宅物业管理规定》
房屋产权	回购、上市等	住房保障中心	《上海市共有产权保障住房管理办法》
房屋使用	群租	区"群租"办	《关于加强本市住宅小区出租房屋综合管理工作的实施意见》
	转让、赠与	住房保障管理部门	《上海市共有产权保障住房管理办法》
	出租、出借		
	设定除共有产权保障住房购房贷款担保以外的抵押权		
	擅自改变房屋使用性质（居改非）	城管部门、市场监管局	《上海市住宅物业管理规定》、《上海市城乡规划条例》
	违规饲养动物	公安部门、城管执法部门	《上海市市容环境卫生管理条例》、《上海市动物防疫条例》、《中华人民共和国治安管理处罚法》、《上海市养犬管理条例》
公共设施公共部位	小区道路、公用设施等	物业管理企业	
	占用物业共用部分	房管部门、公安（消防）部门，属地管理	《上海市住宅物业管理规定》、《中华人民共和国消防法》
	占用消防通道违章停车	房管部门、公安（消防）部门，属地管理	
	违法搭建	属地管理	《上海市拆除违法建筑若干规定》
公共服务	教育、医疗、文化等	社区管理	

在保障性住房供后使用管理中，与社区管理相关的内容主要是共有产权保障住房的出租、出借、违规使用等行为。

三、供后使用管理纳入社区常态化管理的基本定位

（一）行政管理为主，社区管理为辅

共有产权保障住房的供后使用管理，其主要管理可分为行政管理（行业管理）和社区管理两个层面。从相关规定和实践看，仍应坚持以区层面的行政管理为主，共有产权保障住房管理无论是申请审核的前期管理还是使用情况的供后管理，其管理责任主体仍是住房保障行政管理部门，社区主要是不同程度、不同方式地参与共有产权保障住房管理，即"区人民政府负责组织实施本行政区域内共有产权保障住房的建设、供应、使用、退出以及监督管理等工作"。

（二）社区参与管理的目标和定位

推进共有产权保障住房供后使用情况纳入社区管理的主要目的是为了提高管理效率，对共有产权保障住房供后使用中的违规、违约现象及时发现、有效取证、合法处理。

共有产权保障住房供后使用纳入社区常态化管理，并不是将供后管理的职能完全由社区承担，而是根据不同区的管理特点，以及不同社区的特点，将共有产权保障住房后期管理的部分管理职能或管理内容（部分具体的事务性工作）委托或授权社区实施，起到协助和配合住房保障行政管理的作用。

从上海的实践看，无论通过"工作站"还是"联建"等模式，共有产权保障住房供后管理都离不开社区力量的支持，但共有产权保障住房的供后管理在很大程度上又是行政管理的内容，又不可能单纯交由社区来管理，一是社区没有行政管理职能，二是一些社区事务本来就过多，难以实施全面的管理。

（三）导出区对导入区社区管理的支持和配合

目前已明确共有产权保障住房的供后管理以"导入区"为主，但"导出区"并不能不配合管理。特别是共有产权保障住房家庭多数是"人户分离"，导入区社区缺乏必要的管理信息，需要导出区住房保障管理部门和保障对象原所在社区提供信息的支持；并且必须探索形成一套有效的信息整合机制，以克服目前保障房所在社区由来自不同区不同社区的家庭组成，而导出区同一社区的家庭也可能居住在不同导

入区不同社区的"多对多"情况。可进一步研究依托"实有人口"管理，实施人的信息共享机制。同时，在对违规使用情况的查处、原户籍所在的公共服务资源分配等方面，实现两个社区的协调。

从远期看，可研究"人户分离"家庭的最低收入保障、医疗保障、就业等其他社会保障也同步落到导入区，统筹社区管理，则更有利于共有产权保障住房后期管理。

四、共有产权保障住房供后管理纳入社区常态化管理的协调机制

（一）社区机构与行政管理部门的界面

共有产权保障住房供后管理的职责和内容根据实际需要，应分清住房保障行政管理部门与社区的界面。共有产权保障住房后期使用情况的管理内容可分为日常巡查、违规发现、取证、规劝、处置等，其中日常巡查、违规发现两个内容，可更多依赖社区力量，纳入社区日常管理，而取证、规劝和处置，必须以其他行政管理部门为主，而社区可以根据情况配合或参与，也可以不参与，如图6-1所示。

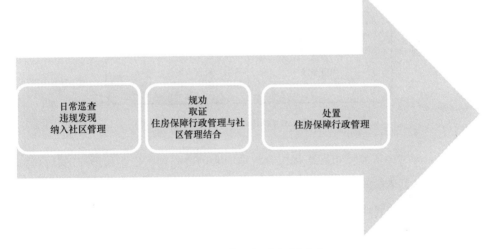

图6-1　后期管理的环节与参与主体

共有产权保障住房后期管理中的日常巡查和违规发现纳入社管理的具体形式，可以购买服务或委托的形式实施，具体可由社区管理部门、物业企业等承担。

（二）发现环节——利用社区的"自治"机制

在具体日常巡查、走访事务中，考虑到区住房保障管理部门及住房保障事务中心的人力有限，可确定一个基本的原则，日常的巡查以政府购买的形式，由区住房保障管理部门或城市综合执法部门委托小区居委会、物业管理企业参与，将巡查工作融合到日常的社区事务管理与小区物业管理中，其主要职能是发现疑似违规使用家庭。居委会和物业企业没有强制行使住房使用情况查询的权利，但在日常的居民居住管理、教育、卫生、就业等管理中，基本可以掌握不同家庭的住房使用情况，同样物业管理部门在日常的小区巡查、设施设备检查与维修等过程中，也有可能发现家庭居住人口的变化情况等。

社区管理中参与日常巡查的主体，根据不同社区管理的模式，可具体落实到物业管理企业、居委会下的楼组管理员、社区志愿者队伍等其中之一或之二，条件许可的社区可以三者共同参与治理。同时辅以居民的监督与举报，形成"四位一体"的日常发现模式（图6-2）。

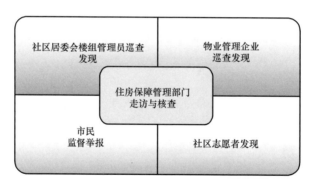

图6-2　共有产权保障住房使用状况日常监督机制

远期，可考虑依赖城市网格化综合管理中心的"联勤队伍"所形成的社区管理体系。目前，具体根据不同社区特征可重点纳入以下几个管理环节：

（1）居民自治管理环节（以居民小组长、楼组长、业委会等为主）；

（2）志愿者巡查环节；

（3）社会工作者参与；

（4）物业巡查环节；

（5）社区人口综合管理环节。

（三）取证和处理环节——发挥管理部门"共治"作用

对于共有产权保障住房违规使用的取证和处理，主要依靠行政力量，并根据不同社区的情况，发挥好"自治"和"共治"的作用。其中，"自治"的作用，主要是发挥社区志愿者队伍、楼组管理人员等的作用，进行"劝导"和"协调"；而"共治"的作用，主要是依靠住房、公安与社区管理综合执法，来实现有效的取证和处理。

近期管理目标，是形成以房屋所在区房管部门、街镇、社区综合治理部门牵头，申请对象户籍所在区配合，社区日常管理配合的机制。

远期管理目标，是形成城市综合执法部门牵头，日常管理纳入社区常态化管理的协作机制。

（四）市区分级管理，区级行政管理为主

在共有产权保障住房后期管理探索的初期，市住房保障中心主动联系保障住房所在社区，探索了有效的与社区"共建"管理模式。但随着保障性住房社区的数量不断增加，共有产权保障住房后期管理不断进入常态化，以市住房保障事务中心直接"参与"管理的模式不宜过多增加，相关管理工作宜以共有产权保障住房所在区住房保障事务（管理）中心为主。市级住房保障事务中心主要做好顶层设计、重点项目的监督、重点事件的跟踪等工作，并着重推动区住房保障事务中心实施管理工作。

（五）可依托的组织形态

目前，根据不同社区的情况，仍可依托几个重要机制：

（1）社区协商共治平台；

（2）区域化党建平台；

（3）工作站机制；

（4）党建联建机制。

近期，仍可重点完善以住房保障中心为主的共有产权保障住房供后使用管理分类管理模式（图6-3）。

> **第一类：居住单位式管理**
> 主要内容：1. 委托物业单位承担基础信息采集、违规违约行为发现机制。
> 2. 市住房保障中心与小区所在居委会初步建立日常联系和议事协商机制。
>
> **第二类：居住社区联建式管理**
> 主要内容：1. 委托物业单位承担基础信息采集、违规违约行为发现机制。
> 2. 市住房保障中心与社区共同建立工作联系点，建立议事协商、合作共建机制，初步实现供后使用管理融入社区综合治理。
> 3. 社区所在区住房保障中心参与供后使用管理。
> 4. 市、区住房保障中心引导相关行业管理部门参与供后使用管理。
>
> **第三类：居住区域联建式管理**
> 主要内容：1. 委托物业单位承担基础信息采集、违规违约行为发现机制。
> 2. 市住房保障中心与区地区（社区）管理部门牵头，建立区域内社区组织参加的联席会议机制（议事协商平台），发挥相关行业管理部门综合协调、合作、互动、共建作用，基本实现供后使用管理属地社区综合治理化。
> 3. 房屋所在区住房保障中心承担日常联络工作。
> 4. 原社区联建示范效应。
> 5. 市、区住房保障中心引导相关行业管理部门参与供后使用管理，开展社区公益项目认领活动。

图 6-3 共有产权保障住房供后使用管理分类管理模式

第三节　共有产权保障住房后期管理的实践与案例

一、签订供后房屋使用协议

虽然上海在行政规章中已经对共有产权保障住房后期使用有了明确的规定，但为增强购房人后期规范使用的意识，更利于后期走访、核查等工作的开展，住房保障管理部门会和购房人签订《上海市共有产权保障住房供后房屋使用管理协议》。该协议由住房保障管理部门以示范文本的形式公布，要求购房人选房后，除签订共有产权保障住房预（出）售或买卖合同外，还应当采用示范文本与房屋所在区住房保障实施机构订立协议。

在使用说明中，明确签订使用协议，即表明共有产权保障住房居住使用人已仔细阅读《上海市共有产权保障住房管理办法》和相关实施细则以及该协议内容，对享有的权利和应承担的义务全部知晓，承诺在居住使用共有产权保障住房期间，遵守共有产权保障住房有关不得擅自转让、赠与、出租、出借等管理规定和该协议约定。违反上述承诺的，区住房保障行政管理部门和住房保障实施机构将分别按管理规定和协议约定进行处理。

因此，对共有产权保障住房供后使用进行管理的手段有行政管理和按协议约定处理两种。

按约定，管理机构可以使用的管理手段更多。如其中第六条约定了发现手段：甲方（住房保障管理部门）或甲方委托的社区组织、物业管理企业等单位可以通过家访、问询、要求乙方（购房人）填报有关信息资料等方式对乙方入户入住、使用状况、入住人员以及满5年退出等情况进行了解和掌握，乙方应当予以配合或提供便利，并按照要求如实提供相关材料。房屋所在地街道办事处或乡镇人民政府按照相关规定开展各项供后使用管理巡查的，乙方应当予以配合。

第七条约定了"约谈"手段：乙方存在违规使用所购共有产权保障住房行为或违规行为线索清晰、明确的，甲方可以对乙方实施约谈。甲方可以采取电话或书面通知等形式，告知乙方约谈的主要内容。约谈的时间、场所可以由甲乙双方协商确定。无法协商确定的，可以由甲方指定。经约谈乙方仍不及时对违规行为实施整改的，甲方可以将相关情况移送房屋所在地住房保障管理部门，由其对乙方实施行政处理措施或将相关情况纳入市公共信用平台供有关主体查询使用。

第八条约定了"不动产交易"限制，乙方存在下列情形之一的，甲方可以限制或终止乙方在取得所购共有产权保障住房不动产权证满5年后，购买政府产权份额、上市转让等行为：①拒不履行区住房保障管理部门作出的行政决定的；②有违规违约行为未改正的。

二、当前共有产权保障住房供后使用管理的模式

（一）"一二三"工作架构

"一"是一份基础资料：

房屋所在区住房保障中心会同物业单位、社区组织等做好共有产权保障住房购

房家庭有关入户、入住、使用状况信息统计工作，组织建立健全购房家庭供后管理档案。

"二"是两项巡查：

一是专项巡查。由房屋所在区住房保障中心定期组织社区、居委会、物业管理企业、志愿者以及房屋中介市场监管部门等开展共有产权保障住房使用专项巡查，特别是针对擅自出租、出借违规违约使用行为较多的共有产权保障住房小区，加强专项巡查力度。

二是日常巡查。由共有产权保障住房所在地街道办事处或镇政府组织力量开展常态化供后使用管理巡查，承担违规违约使用行为的发现职责，房屋所在区房屋行政管理部门做好政策指导和实施推动工作，房屋所在区住房保障中心协助做好相关工作。

"三"是三类处置违规行为的形式：

一是基础处置环节。房屋所在区住房保障中心注重与共有产权保障住房小区所在社区组织开展联系和对接，主动推动供后使用管理融入社区综合管理，努力发挥社区组织、物业管理企业等单位在供后使用管理中的作用。对发现违规出租出借行为的线索，由社区组织牵头，会同居委会、物业管理企业、社区管理组织等单位开展初步核实、劝诫和提醒整改。

二是初步处置环节。确认购房家庭存在违规出租出借行为的，或是违规行为线索清晰、明确的，且经基础处置环节后仍不整改的，房屋所在区住房保障中心会同原户籍所在地住房保障机构开展约谈，要求限期整改。

三是启动处罚环节。对于经过基础处置、初步处置后，仍拒不整改的违规家庭，由房屋所在区住房保障中心将问题线索和约谈记录报送区房屋管理部门，由区房屋管理部门依规启动行政处罚程序。

（二）违规使用处理步骤及方式

在实践中，三类处置形式是依次进行的，即基础环节如果不能制止违规行为，则进入初步处置环节，如果还不整改，则进入启动处罚环节，如图6-4所示。

进入处罚环节后，根据具体情况，可采取行政处罚、失信惩罚和违约责任追究三种处理方式，如图6-5所示。

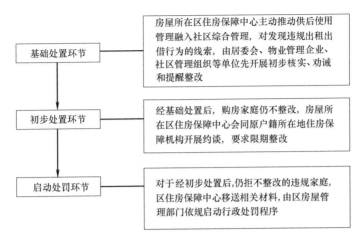

图 6-4 处置违规行为的步骤

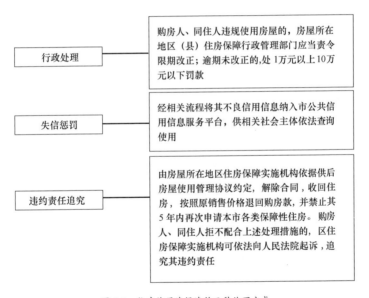

图 6-5 住房使用违规违约三种处理方式

三、社区参与共有产权保障住房案例

（一）顾村馨佳园——以党建为核心的多元共治服务模式

顾村馨佳园社区作为上海市近郊六大保障性住房基地之一，于 2006 年 3 月开工建设，规划 1.6 万户，导入人口 4.5 万人，住宅建设面积为 120.6 万 m^2，共含 9 条市政道路，13 个居民区（包括 9 个动迁房小区和 4 个共有产权保障房小区，以及数百户廉租房）。至 2018 年初，馨佳园 4 个共有产权保障房居民区共入户 5400 余户，入住 5100 余户，共导入来自不同城区的 1.43 万人口。

顾村馨佳园共有产权保障住房供后使用管理的内容和职能完全融入了社区管理中。

一是将共有产权保障住房管理纳入社区"共治"范围。社区党组织以党建联建广泛凝聚社会资源常态化协作，与商业、教育、医疗、物业、市住房保障事务中心、动迁导出地村委会和居委会等数十家单位签订党建联建协议。一方面，以社区（居民区）委员会为责任单位每季度定期组织联席会议，针对群众服务的热点难点问题共同协调商讨、合力应对解决。另一方面，合力关心共有产权保障房老弱病残困等特殊群体，除节假日走访慰问以外，还共同组织结对帮困、助危捐款。同时，整合供后管理站与居民区党支部、居委会及志愿服务自治队伍和派出所、城管部门等多元自治、共治、法治力量，共同排摸、梳理共有产权房住户情况，响应群众需求、开展服务，并及时制止违法违规现象。

二是将共有产权保障住房管理纳入"自治"范围。社区组建"1 个志愿服务中心 + 13 个志愿者工作站"网络，配建专用工作场地与设施硬件，搭建 9 处心连心茶室、13 处心连心便民站等志愿服务载体，发挥自治管理的模式，以"文明督导"发现—解决—预防问题，形成了共有产权保障住房违规使用的发现机制和协调处理机制。例如：八街坊一户业主违规转借房屋，由其亲戚安排员工群租，在"周一综合服务日"联合巡查中，被"文明督导啄木鸟志愿者"发现，即时通知保障房管理站的工作人员，随即联合居委、民警、物业人员上门查看，召开联席会议，商定协调解决办法。

三是通过共有产权保障住房供后管理站发挥"法治"作用。2013 年起，市保障住房管理中心在馨佳园社区设立首批工作站点，配备专职工作人员，持续规范供后管理站的日常运行，专门负责督导共有产权保障房住户规范入住、合理使用房屋，以打破空间、距离的限制，让供后管理与服务直接达到居民区，一方面宣传共有产权保障住房管理法规，引导居民合理入住；另一方面实地排摸、发现并及时整治违法群租，有效制止违规转租、转借、改建等现象。

（二）博雅苑小区——将共有产权保障住房纳入社区统筹管理

博雅苑小区是上海市首批试点经济适用房小区，位于闵行区与浦东新区的交界处，由召楼路 2056 弄和浦连路 150 弄两个小区组成，共有 23 幢小高层，42 个楼道，共 2498 户。

博雅苑小区一是以工作站为基础推进共有产权保障住房纳入社区统筹管理。2012 年 10 月 19 日，浦航第七居民区党支部、市住房保障事务中心党支部和上海捷茂房地产开发有限公司党支部在浦航七居委进行三方党建联建签约。

二是日常巡查纳入社区管理常态化。发挥楼组长、志愿者信息员的作用，召开楼组长会议和护楼队会议，会上针对护楼队巡视工作提要求，日常巡逻做到"两个早"，即早发现和早汇报，深入居民群众生活的楼道，用眼看、用耳听，从源头上杜绝违章搭建、出租、群租等现象的发生。每天做好巡视记录，楼组长、护楼队和大联动机制相结合，得到违规信息后，工作站人员、志愿者信息员、市住房保障事务中心三方召开碰头会，反馈工作站情况，统一方式方法，进一步推进供后管理工作。工作站工作人员在日常工作中也安排了巡逻，对违规的用户定期上门查看是否已整改，而对楼组长反映上来的违规情况也在第一时间上门核对。

三是将共有产权保障住房管理全面纳入社区"共治"平台。博雅苑在社区建设管理中，以党建引领、居委会综合管理、服务站全面服务而展开一系列工作。首先，围绕"我愿意、我喜欢、我奉献、我快乐"，逐步形成"自我管理、自我服务、自我教育、自我发展"的理念，在党支部、居委会、服务站的指导、管理、服务下，把居民从兴趣者指导成为志愿者、培养成为居民组长、居民代表、楼组长、团队负责人、四大委员会主任。其次，不管大事小事以事为重，从最初的"三位一体"来解决百姓的实事，然后到"四位一体"、"4+3"联席会逐渐提升到"4+6"联席会，逐步成熟走向居民议事会，让居民参事议事。

博雅苑小区根据近年的共有产权保障住房后期管理工作也总结出了一些经验：宣传要重、发现要快、约谈要跟、整改要催，在不断的实践中摸索方式方法，主要从五方面开展工作，一是"多"，就是要培养更多的信息员做好日常巡视工作，加强发现机制的力度；二是"管"，信息员看到违规违章的行为要及时制止并上报，用眼睛、耳朵和嘴巴来管好小区内出现的问题；三是"防"，做好宣传工作，让小区内的居民都要深入透彻地掌握制度、遵守制度；四是"治"，要治理隐患现象，防患于未然;最后一个就是"推",借助政府之力、市住房保障事务中心之力、大联动之力推动工作站的综合治理,吸纳广大居住社区群众参与进来,从而推动整个纠违管理工作。

(三)华新社区——利用技术手段进行社区综合管理

华新大型社区建设有9个封闭式住宅小区,共10526套房屋,其中,春江三月一期和金瑞苑南苑为共有产权保障住房和廉租房小区。

华新社区一是加强房屋管控,全程掌握和监控房屋装修和使用情况。进户之初,即对房屋及居民信息进行登记,确保信息的准确性和完整性,同时从源头着手,向居民发放《华新镇大型社区房屋装修和使用告知书》,宣传"不出租"、"不违装"等相关政策与规定,并告知居民装修之前必须与物业签订《装修协议》。装修与使用过程中,通过社区"五位一体"平台,建立由房管部门、居委会、物业管理企业、联勤、居民所组成的巡查队伍,加强日常巡查力度,及时掌握装修、使用及居住状况,一旦发现"居改非"、违规装修、出租等问题,立即上门劝说,引导居民自行整改,对屡次劝说不予整改的,联合镇职能部门进行重点整治,并做好处理结果的后续跟踪工作。以春江三月小区为例,2015年共发现经济适用住房违规出租情况3例,经处理已全部退租搬离。针对共有产权保障住房,管理部门除要求社区正规中介不得发布出租信息外,还对房屋出租的相关流程进行了梳理,要求有意愿出租房屋的居民,必须先到居委会登记,再由房管、公安等部门对房屋情况予以验收,最后至社区事务受理中心进行备案才能出租,这将更有利于对经济适用住房违规出租情况进行监管。

二是加强人口管控。以小区"出入证管理制度"为抓手,一人一卡,凭卡进出小区,全面掌控小区人员状况。在此基础上,不断加强人口实有信息登记和突击核查工作,同时在"居住证"办理、学生入学等方面加强审核,进一步了解经济适用住房居民的居住状态。此外,根据小区特殊人群比例较高的实际情况,与社区民警对接,掌握特殊人员基本情况,建立信息档案,做到心中有一本账。

三是加强思想引领,提升社区整体文明水平,建立常态化管理模式。根据共有产权保障住房小区特点,不断加强社区文化建设和宣传工作,提升居民的思想境界与社区的文明程度。首先,社区党委与市住房保障事务中心等5家单位开展了党建联建工作,通过党建联建,不断提高保障房后续管理服务水平,并在春江三月小区和金瑞苑分别设立了"党员示范岗",成立了党员志愿者队伍。其次,加强文化建设。在春江三月小区和金瑞苑成立了包括健身、舞蹈、编织、宣讲等方面的7个文化团队,丰富居民文化生活,宣讲文明道德礼仪,弘扬社区正能量。再者,加强宣传工作。在社区内广泛开展"十不"行为规范的宣传,并在此基础上进一步建立"家庭诚信档案",倡导和规范居民的文明居住行为。

四是探索居民自治,完善管理功能。居民自治是社会管理的重要组成部分。居民参与社区管理与服务,才能更了解与贴近居民需求。为此社区党委以志愿者队伍建设为切入点,于2014年1月成立了社区志愿者队伍,并于2015年成立了社区平安、慈善、文化志愿者协调站,目前共有平安、慈善、文化、楼栋等类型的志愿者151名,其中春江三月小区和金瑞苑共有志愿者52名。志愿者们根据各自职责,无私奉献,默默付出,为大型社区建设贡献了巨大的力量。平安志愿者通过"三位一体"工作平台,定期进行小区巡查,维护了小区安全。

本市近年的共有产权保障住房管理实践表明,社区参与保障性住房管理是有效的并且不可缺少的。不同的社区参与管理的深度不同,主要是因为不同社区的管理资源、管理模式有一定的差异,所以将保障性住房性纳入社区管理,要结合不同区域社区管理的特点来实施。

四、司法介入——共有产权保障住房出租合同无效[①]

2016年9月1日,上海市第一中级人民法院对一起共有产权保障住房(经济适用住房)租赁纠纷案作出二审判决,认定张女士作为涉案经济适用住房的有限产权人之一,与承租人齐先生之间的租赁合同无效,并对相关收益予以收缴。

2010年,张女士一家因住房困难,经申请以每平方米4562元的价格购得松江某小区经济适用住房一套。当时相同地段、质量的普通商品住房的市场价格为8099元$/m^2$。经济适用住房开发商、上海市徐汇区住房保障中心、张女士三方共同签订的《上海市经济适用住房预售合同》中明确约定:张女士等通过购买取得涉案房屋的有限产权;同时承诺,购买的经济适用住房供购买申请户居住使用,在未经许可的情况下,

---

① 余东明. 上海法院对出租经济适用房"喊停"[N]. 法制日报, 2016-09-02.

张女士等一方不得转让、出租、出借、赠与或者改变房屋使用性质，并不得设定除经济适用住房购房贷款担保以外的抵押权。但 2014 年 6 月，张女士将购得的经济适用住房出租给齐先生并签订租赁协议。次年 7 月，齐先生又将房屋转租出去。事后，张女士发现齐先生擅自转租行为，遂向法院起诉，提出解除与齐先生之间的租赁合同并要求齐先生支付房屋使用费等诉请。

一审法院审理后，判决解除张女士与齐先生之间的租赁合同，合同解除后齐先生及转租后的承租人均应搬离并返还房屋，齐先生应按合同约定的租金标准支付相关房屋使用费。一审判决后，齐先生以转租有效等为由提起上诉，要求撤销原判，改判驳回张女士的一审诉请。

上海市第一中级人民法院审理后认为，涉案房屋系经济适用住房，产权登记信息中注明为"有限产权"，此类房屋属性不同于普通商品住房，租赁纠纷的处理应以合同效力问题审查为前提。本案中，张女士等 3 人以大幅低于同期同类房屋市场价的优惠价格购得涉案房屋，并在住房预售合同中共同承诺，其购买的经济适用住房供购买申请户居住使用，在未经许可的情况下，其不得转让、出租、出借、赠与或者改变房屋使用性质。因此，张女士作为涉案经济适用住房的有限产权人之一，其将涉案房屋出租给齐先生以获取租金收益的行为违反上述承诺以及经济适用住房购房人不得擅自出租获利等规定，系利用公共资源谋取个人利益。根据合同法规定，涉案经济适用住房租赁合同依法应属无效。

同时，齐先生已实际占有使用涉案房屋，其占有使用利益无法律依据，构成不当得利，应按照合同约定的租金标准予以返还。但张女士的出租行为损害公共利益，其无权取得该部分使用费收益。据此，为促进保障性住房管理秩序规范，上海市第一中级人民法院判决：张女士与齐先生之间的租赁合同无效，同时另行下达决定书对相关收益予以收缴。

第四节　共有产权保障住房后期使用家庭问卷调查

一、调查样本

为了了解共有产权保障住房的使用情况以及保障对象对后期管理的想法，我们于 2015 年对上海 1300 户共有产权保障住房家庭进行了调查，调查样本分别取自东（航头）、南（三林）、西（华泾）、北（顾村）四个大型居住区，涵盖了所有已入住批次的共有产权保障住房家庭，调查问卷的分布如表 6-2 所示。

表 6-2　调查问卷的分布情况

大型居住社区项目	样本量（户）
航头	200
三林	400
华泾	200
顾村	500

二、住房的基本情况

如图 6-6 所示，从住房类型可以看出，70.79% 的家庭居住两居室；16.38% 的家庭居住一居室；12.68% 的家庭居住三居室。

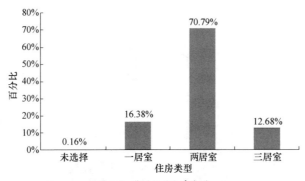

图 6-6　您居住的住房类型

其中，71.45% 的家庭对住房进行了简单装修，23.18% 的家庭进行了精装修，有 5.21% 的家庭没有对住房进行装修，如表 6-3 所示。

表 6-3　您居住的住房装修情况

选项	百分比
未选择	0.16%
毛坯	5.21%
简单装修	71.45%
精装修	23.18%
合计	100%

31.5%的住户在小区居住了3年，22.2%的住户居住了2年，18%的住户居住了1年，11.6%的住户居住了4年，8.8%的住户居住了3.5年，如图6-7所示。

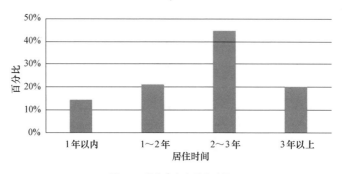

图6-7　居住在本小区的时间

从居住者的住房贷款或借款情况来看，51.8%的住户购房时有贷（借）款，且至今仍未还清；16.9%的住户已还清贷（借）款；30.1%的住户购房时没有贷（借）款，如图6-8所示。

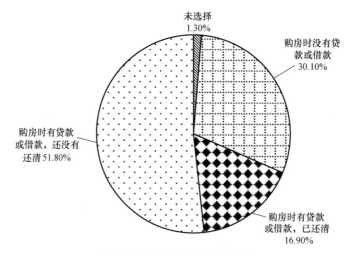

图6-8　您居住的住房贷款或借款情况

三、住房使用的基本情况

在使用情况方面，99.4%的家庭将共有产权保障住房用于自住，还有约0.6%的家庭表示没有自住，如表6-4所示。

表 6-4 您的住房用途

选项	百分比
未选择	0.1%
仅用于居住	99.4%
从事一些其他经营活动	0.6%
合计	100%

在住房感受方面，32.3% 的家庭感觉住在小区中能享受到政策优惠，感觉较满意；28.84% 的家庭认为住在本小区中与住在其他商品房小区中没有区别；只有 4.46% 的家庭认为住在本小区中感觉可能会被别人看不起，如图 6-9 所示。

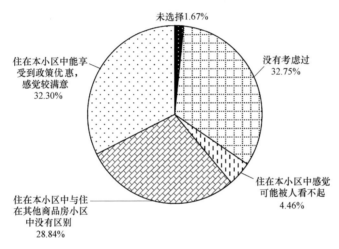

图 6-9 您居住在保障性住房小区中的居住感受

根据居民对于共有产权住房违规使用情况的主观认识，42.4% 的住户认为"小区居民是原经济适用住房购买人的占 90% 以上"；19.8% 的住户认为"小区居民是原经济适用住房购买人的占 70% ~ 90%"；18.1% 的住户认为"小区居民是原经济适用住房购买人的占 50% ~ 70%"；15.6% 的住户认为"小区居民是原经济适用住房购买人的占 50% 以下"；还有其他 4.1% 的住户表示并不了解周围居民共有产权保障房的具体使用情况，如表 6-5 所示。

关于违规使用共有产权保障住房对正常使用家庭产生的影响，55.7% 的住户认为小区中出租（借）的情况会造成治安混乱、缺乏安全感；24.4% 的住户认为存在房屋的不正常使用，会带来安全隐患；只有 11.7% 的住户认为对生活没有影响，如表 6-6 所示。

表 6-5　小区居民主观上认为原购房人居住占比

选项	百分比
未选择	4.1%
50% 以下	15.6%
50% ~ 70%	18.1%
70% ~ 90%	19.8%
90% 以上	42.4%
合计	100%

表 6-6　出租、出借房屋给日常生活带来哪些变化

选项	百分比
未选择	1.2%
治安混乱、缺乏安全感	55.7%
外来人员增强了小区活力	3.9%
存在房屋的不正常使用，带来安全隐患	24.4%
其他	3.2%
没有变化	11.7%
合计	100%

四、对后期管理的看法

在对后期管理的看法方面，64.5% 的住户认为可以通过工作人员上门走访的方式了解住房入户、使用情况；16.6% 的住户认为工作人员电话访谈的方式比较合适；10% 的住户更倾向于定期网上填写问卷；只有 7.6% 的住户选择定期到居委会报告，如图 6-10 所示。

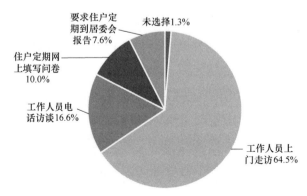

图 6-10　您认为合适的政府部门调查了解住房入住、使用情况的方式

在政府管理部门摸底调查的频次方面，30.2% 的住户认为"3 年进行一次摸底调查"最为合适；27.9% 的住户认为"根据需要不定期抽查"比较合适；18.7% 的住户认为"6 个月进行一次摸底调查"比较合适；选择 2 年、3 年和 5 年期满前不需要调查的住户分别占 10.7%、4% 和 7.3%，如表 6-7 所示。

表 6-7　希望政府管理部门对住房使用情况调查的频率

频率	百分比
未选择	1.2%
6 个月	18.7%
1 年	30.2%
2 年	10.7%
3 年	4.0%
根据需要不定期抽查	27.9%
5 年期满前不需要调查	7.3%
合计	100%

在调查部门的选择方面，36.95% 的住户认为由"区县保障中心开展入住情况调查比较合适"；28.33% 的住户认为"小区居委会开展入住情况调查比较合适"；19.71% 的住户认为"专门的调研小组开展入住情况调查比较合适"；另有 8.85%、5.03% 的住户分别认为"小区物业"、"辖区公安"开展入住情况调查比较合适，如图 6-11 所示。

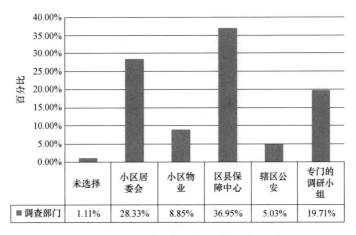

图 6-11　您认为哪个部门来开展入住情况调查比较合适

第七章

上海共有产权保障住房供后的产权转让管理

第一节　后期产权管理的几个核心问题
第二节　上海共有产权保障住房供后产权管理的实践
第三节　新加坡与我国香港地区二级市场借鉴

第一节　后期产权管理的几个核心问题

一、保障性住房产权交易为什么要限制

相对于市场化商品住房，各类保障性住房的出发点都是以解决居住问题为主，其次才是资产配置问题，所以为促进自住，或促进阶段性自住，一般都会在产权交易上有一定的限制。这一做法本身是为了避免单纯为了投资而购买保障性住房，所以常常也将此类住房称为"有限产权住房"。

（一）限制上市期

产权型保障性住房一般都会规定一定期限内禁止上市交易，通常规定5年内不得上市，也就是持有该住房至少应该达到5年才能进行产权交易。限制期规定没有理论上合理的期限，只是大家约定俗成，5年为长期，就如同银行存贷款利率的设定一样，5年以上为长期。所以在我国《经济适用住房管理办法》（建住房〔2007〕258号）中也规定："经济适用住房购房人拥有有限产权。购买经济适用住房不满5年，不得直接上市交易，购房人因特殊原因确需转让经济适用住房的，由政府按照原价格并考虑折旧和物价水平等因素进行回购。"

上海共有产权保障住房也是有5年限售期，《上海市共有产权保障住房管理办法》（沪府令39号）规定"取得房地产权证满5年后，共有产权保障住房可以上市转让或者由购房人、同住人购买政府产权份额"。

（二）限制交易对象

保障性住房在达到上市年限后，可以有两种上市情况，一是在完全的商品住房市场中交易；二是在一个有限的市场中交易，只能出售给符合一定条件的对象，例如可以规定如果上市交易，只能出售给新的住房保障对象。这种规定主要是从房源的使用角度考虑，如果为了保证未来特定对象，如新的住房保障对象能够获得更多的保障性住房，一般可以设定保障性住房只能出售给新的保障对象。如果单纯从产权收益实现的角度，可能完全市场化的交易更合适。

（三）限制其他产权住房购买行为

购买保障性住房后，一般可能规定该住房必须是唯一住房，在拥有保障性住房的情况下，不可以购买其他商品住房。因为购买并居住在保障性住房中，是正在享受政府的一种保障补贴，如果家庭要购买其他商品住房，说明该家庭已完全有能力通过市场解决产权住房问题，则应该退出原来的保障性住房。所以，我国《经济适用住房管理办法》（建住房〔2007〕258号）中规定"已经购买经济适用住房的家庭又购买其他住房的，原经济适用住房由政府按规定及合同约定回购"，并从防止多次享受保障的角度规定"已参加福利分房的家庭在退回所分房屋前不得购买经济适用住房，已购买经济适用住房的家庭不得再购买经济适用住房"。

上海市共有产权保障住房享受对象如果要购买商品住房，首先必须退出共有产权保障住房体系，即必须按回购政策或上市政策出售共有产权保障住房，或购买完全产权使住房变为商品住房。《上海市共有产权保障住房管理办法》规定"取得房地产权证满5年后，购房人、同住人购买商品住房且住房不再困难的，应当在办理商品住房转移登记前，先行上市转让共有产权保障住房或者购买政府产权份额，但符合确有必要购买商品住房情形的除外"。如果在5年以内购买其他商品住房，必须由住房保障机构按回购政策实施，在5年以后购买商品住房的，则可以按上市或购买完全产权流程实施。同时，也规定了与其他住房保障政策衔接的条款，即不能同时享受两种以上住房支持政策，"享受廉租住房、公共租赁住房后又购买共有产权保障住房的，应当自入住通知送达后的90日起，停止享受廉租住房补贴，腾退廉租住房、公共租赁住房。已享受征收（拆迁）住房居住困难户保障补贴的，不得申请共有产权保障住房。"

（四）抵押权限制

保障性住房是否有抵押权或有完全的抵押权，也是可能讨论的内容。购房人一般在购买保障性住房包括经济适用住房时，可以通过抵押向银行"按揭贷款"，而保障性住房在其他抵押权上是否应该限制则可以考虑，特别是共有产权保障住房，如果由购房人设定除按揭贷款以外的其他抵押，将可能对未来产权交易带来更多限制，所以一般可以规定限制其他抵押。

上海对共有产权保障住房的规定是，不允许"设定除共有产权保障住房购房贷款担保以外的抵押权"。

二、产权收益（损失）是否严格按产权份额实现

（一）非共有产权机制

保障性住房由于前期有政府投入，所以在未来上市出售时一般都应补交一定的市场化收益，如我国《经济适用住房管理办法》规定"购买经济适用住房满5年，购房人上市转让经济适用住房的，应按照届时同地段普通商品住房与经济适用住房差价的一定比例向政府缴纳土地收益等相关价款，具体缴纳比例由市、县人民政府确定，政府可优先回购；购房人也可以按照政府所定的标准向政府缴纳土地收益等相关价款后，取得完全产权"。

正如上述规定，在未来收益分成中，具体的比例如何确定，有些地区可能直接规定一个比例，或直接规定一个定额，这种方式一般操作起来比较简单。但在这种方式下，政府一般都有明显的产权收益让利或产权让渡，因为在收益部分，更多地考虑到家庭，政府收取的份额很少，而对于政府原有的投入部分不再考虑回收。

（二）共有产权机制

共有产权住房的核心是按市场价格的支付份额获得相应的产权份额，按产权份额取得市场化的收益。后期产权管理的核心问题也就是如何保证共有产权双方按市场化原则，获得相应的收益（承担相应的损失）。

共有产权住房无论是保障住房还是商品住房，在产权交易没有限制的情况下，其产权收益与损失都应该按市场化的方式实施。由于共有产权住房一般是以解决居住问题为主的，所以在产权交易时会有一定的限制，可能会影响收益的大小，收益水平可能达不到完全市场化的水平，但不应影响收益（损失）的分配比例，即应严格按产权份额分配。

假设一套共有产权住房当前的市场价格是50万元，而该套住房供应给购房人的价格是30万元，也就是说购房人的产权比例为60%（30/50），则政府的产权比例为40%。如果未来该住房上市销售时的市场价格为80万元，则政府与原购房人分别按产权比例获得该住房出售的价款，即原购房人为48万元（80万元×60%），政府获

得 32 万元（80 万元 ×40%），即严格按市场价格获得收益。

这与非共有产权机制不同，如按我国《经济适用住房管理办法》的规定"按照届时同地段普通商品住房与经济适用住房差价的一定比例向政府缴纳土地收益等相关价款"，即仅将这套住房的收益一部分上交，即 30 万元（80 万元 -50 万元）的一部分缴纳，如果规定缴纳 60%，则仅为 18 万元，即使上交 100% 的收益也仅 30 万元，小于按共有产权机制政府实际应得的 32 万元。可以看出，两者的主要差别在于，非共有产权机制政府仅取得了收益的部分，而完全让渡了原来的产权部分 20 万元（住房出售时市场价格与销售价格的差）。

按共有产权机制实施的销售与后期收益分配如图 7-1 所示。其中，A 为共有产权住房的市场价格，即与之相同的商品住房的价格；B 为共有产权购买家庭购买共有产权住房实际支付的价格。A 大于 B，即共有产权住房的销售价格低于市场价格，A 与 B 的差即视为政府投入的部分，为政府的产权部分。C 为共有产权住房 5 年后上市交易时的市场价格，即按商品住房出售的价格；C_1 与 C_2 分别为购房家庭与政府取得的收益部分，C_1 与 C_2 的和为 C。

只有严格按共有产权机制进行收益分配，购房人才不能从政府产权份额获得产

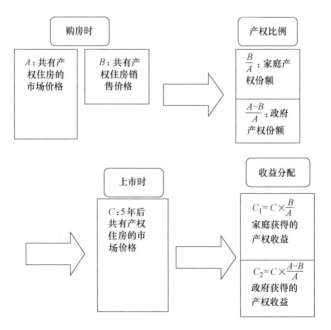

图 7-1　按共有产权机制的住房收益分配

权让渡收益和增值的收益，这样才能确保共有产权住房没有投资的空间。

上海市的共有产权保障住房管理办法即是按这种机制设定的，规定"共有产权保障住房被上市转让或者优先购买的，购房人按照其产权份额获得转让总价款的相应部分"，即 C_1。

同样如果购房要购买完全产权，则应向政府支付政府产权份额对应的市场价格部分，即 C_2；而如果政府要回购共有产权住房也应支付家庭产权份额对应的市场价格部分，即 C_1。

三、封闭、半封闭还是开放市场

封闭的市场有利于保障性住房循环使用，即从促使该类住房长期服务住房保障人群的角度，宜建立完全封闭的市场，使保障性住房不能转化为市场化商品住房。在原保障性住房居住人退出后，住房只能供应给新住房保障对象。对于共有产权住房，这意味着住房只能再次出售给新共有产权住房申请人，这样，所有的共有产权住房长期保留在保障领域，并可循环使用。

在城市土地供应有限，并持续有一定共有产权住房需求的情况下，这个封闭的模式可以考虑。这时，需要建立面向新申请家庭的二级交易市场，使原购房人有退出机制，即：原购房家庭退出共有产权住房时，只能出售给新的申请家庭，按市场评估价格出售，原购房家庭获得自己产权部分收益，政府产权部分自然过渡到下家。这一方案的实施有两个关键条件：一是未来出售的评估价格基本接近市场价格，保障原购房家庭产权部分获得正常的市场收益，二是有较多的新申请家庭轮候（该类住房供不应求，供应量不能太大）。满足这两个条件后，加上规定共有产权保障住房必须是唯一住房，如果要改善住房必须退出，则完全封闭的二级市场可行。

开放市场有利于产权人获得完全的市场收益，即保障对象可将保障住房在公开的商品住房市场上出售，出售后转化为完全商品住房。这样保障性住房的出售价格与市场化商品住房价格一样，对于共有产权住房，则共有产权各方按各自的产权份额获得市场价格的份额。这种方式的好处在于原购房人有购买和出售共有产权住房的动力，共有产权住房可取得和市场化商品住房一样的收益，原购房人一旦收入提高，就愿意退出共有产权住房体系，可促进住房市场的梯度改善。但缺点也非常明显,一旦共有产权住房上市后,就变成了商品住房,共有产权住房存量会减少,如果不断有新的共有产权住房申请人,就需要政府不断建设新的共有产权住房。

在这一问题上,上海采用"半封闭"的机制,共有产权住房既允许上市变为商品住房,也为政府设置了优先回购权,即:当共有产权保障住房 5 年后,可以上市交易成为商品住房,也可以由政府回购仍作为共有产权保障住房,政府可以根据市场上的供求关系,决定是否需要将共有产权保障住房继续作为保障性住房使用,具体规定为:"上市转让共有产权保障住房的,全部购房人、同住人应当达成一致意见,并向房屋所在地区住房保障实施机构提出申请。区住房保障实施机构或者区人民政府指定的机构在同等条件下有优先购买权;放弃优先购买权的,方可向他人转让。"

四、共有产权住房产权交易的四个可能形式

共有产权保障住房 5 年后上市交易,是指共有产权保障住房家庭因收入提高等原因,退出保障住房或购买政府产权等行为。理论上,共有产权住房应该可以有 4 种交易形式(图 7-2)。

(一)由政府回购

政府在共有产权住房上市交易时有优先回购权,回购后可以继续用于住房保障。这一回购的好处是使保障性住房的数量不减少,政府可掌握保障性住房供应的主动权。

(二)保障对象购买完全产权

原购房人将共有产权住房中政府的产权份额购买过去,变成完全产权商品住房。这使住房保障与保障对象家庭的财产积累结合起来,待住房保障家庭收入提高后,可随时进一步改善住房条件,达到住房保障与后续住房支持的共同作用。

(三)上市出售给普通家庭

共有产权住房上市后转变为商品住房,直接出售给具有商品住房购买资格的家庭。这一做法的好处是,原共有产权住房家庭可以随行就市,以市场价格出售,同

时，保障住房转化为商品住房后，使原共有产权保障住房小区的居民多样化。

（四）出售给具有共有产权住房购买资格的家庭

如果允许原购房人将共有产权住房出售给新的共有产权住房申请家庭，增加共有产权供应的新渠道，则可使共有产权保障住房继续发挥保障的功能，使原政策设计中的共有产权半封闭的运行更加落地。

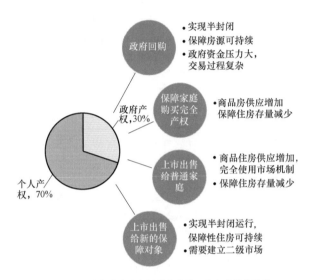

图 7-2　理论上共有产权保障住房的 4 种上市交易形式

第二节　上海共有产权保障住房供后产权管理的实践

一、共有产权保障住房供后的产权管理现状

共有产权保障住房的产权管理主要分为 5 年内与 5 年后两种情况，在 5 年内主要涉及回购的问题，而 5 年后主要涉及上市交易问题。其中 5 年内回购的数量相对较少，流程也比较简单，但 5 年后的上市交易需要解决的问题相对较多。

（一）5 年内的政府回购

共有产权保障住房取得产权证后 5 年内由于家庭结构变化、家庭经济状况变化等

需要政府回购共有产权保障住房的,《上海市共有产权保障住房管理办法》中规定:

取得房地产权证未满5年,有下列情形之一的,应当腾退共有产权保障住房,并由房屋所在地区住房保障实施机构或者区人民政府指定的机构予以回购:①购房人或者同住人购买商品住房,不再符合住房困难标准的;②购房人和同住人的户口全部迁离本市或者全部出国定居的;③购房人和同住人均死亡的;④市人民政府规定的其他情形。

回购价款为原销售价款加按照中国人民银行同期存款基准利率计算的利息。回购价款的计算公式为:回购价款 = 原销售价款 ×（1+ 计息周期对应的银行存款基准利率）。计息周期自购房合同签订之日起至回购合同签订之日止,计息周期不足3个月的,适用活期存款基准利率;超过3个月的,适用3个月定期存款基准利率;超过6个月的,适用6个月定期存款基准利率;超过1年的,适用1年定期存款基准利率;超过2年的,适用2年定期存款基准利率;超过3年及以上的,适用3年定期存款基准利率。

取得房地产权证未满5年,因离婚析产、无法偿还购房贷款等原因确需退出共有产权保障住房的,全部购房人、同住人之间应当达成一致意见,并向房屋所在地区住房保障实施机构提出申请,经审核同意后,也可以实施回购。

从实践中看,5年内回购的操作基本可以较顺利实施,一些区也都有实施的案例,一般的做法是当共有产权保障家庭提出申请后,由保障机构向区政府申请专项回购款,按《实施细则》确定的价格进行回购,办理房产交易。

(二) 5年后的上市交易或购买政府产权

目前《上海市共有产权保障住房管理办法》中规定:上市转让共有产权保障住房的,全部购房人、同住人应当达成一致意见,并向房屋所在地区住房保障实施机构提出申请。区住房保障实施机构或者区人民政府指定的机构在同等条件下有优先购买权;放弃优先购买权的,方可向他人转让。共有产权保障住房被上市转让或者优先购买的,购房人按照其产权份额获得转让总价款的相应部分。

购买政府产权份额的,全部购房人、同住人应当就购买意愿、购房人等事项达成一致意见,并向房屋所在地区住房保障实施机构提出申请。

目前上海的《管理办法》中具体规定了三种产权交易情况:

一是政府优先回购，即政府支付原购房人的产权份额对应的市场价格，由政府回购共有产权保障住房，继续用于住房保障。目前上海的规定是：优先购买实施单位与购房人、同住人以房源项目市场基准价格为基础，协商约定房屋转让价款。转让价款的计算公式为：转让价款＝房屋转让总价款 × 购房人产权份额。

二是家庭购买政府产权，将共有产权保障住房变为完全商品住房，购房人仍自用。这种情况下需要购房人向政府补交政府产权对应的市场价格。具体补缴价款，按上海市目前的规定为：补缴价款＝房源项目市场基准价格 × 浮动幅度 × 住房建筑面积 × 政府产权份额。

三是家庭直接将共有产权保障住房上市出售，出售后原购房人与政府按产权份额取得市场价格的部分。在具体操作中，目前上海的规定是：购房人、同住人和受让人应当在区住房保障实施机构规定的期限内，一次性向区住房保障实施机构指定的账户缴纳政府产权份额价款（计算公式为：政府产权份额价款＝房屋转让价款 × 政府产权份额）。价款缴清后，区住房保障实施机构应当出具已缴清政府产权份额价款的书面证明，转让人和受让人持此书面证明，到区不动产登记机构办理不动产转移登记，并将共有产权保障住房变更为商品住房。

自 2017 年 6 月本市第一户购买政府产权份额申请家庭完成产权变更以来，截至 2018 年底，上海市已有 7 个区的共有产权保障住房达到 5 年上市条件并正在开展 5 年上市工作，共完成购买政府产权份额 300 余户，完成政府优先回购近 200 户。其中，购买政府产权份额占共有产权保障住房 5 年上市审核通过总数的 66.5%，为共有产权保障住房购房家庭 5 年上市的主流选择方向。

二、未来上市意愿的问卷调查

同样根据我们对上海 1300 户共有产权保障家庭的调查数据分析，发现目前共有产权保障家庭以自住为主，未来准备上市的比例总体不高。但未来根据市场的变化情况、保障家庭的人口结构变化等，可能这一比例会有所上升。

对于自己名下的共有产权保障住房，79% 的住户未来打算"长期居住，不考虑出售"；9% 的住户打算"长期居住，5 年期满后购买成完全产权"；8% 的住户选择"5 年期满后根据家庭情况决定是否出售换更大的住房"；2% 的住户考虑"目前居住，5

年期满后上市出售",如图 7-3 所示。

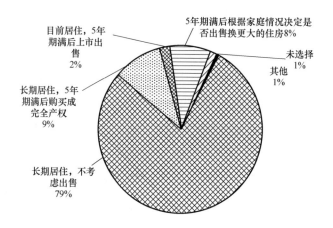

图 7-3 如果您居住的是自己名下的住房,未来的打算

在 5 年后准备上市的住户中,在相同价格下,63.92% 的住户选择在市场上出售,36.08% 的住户选择由政府回购。

三、政府回购和购买政府产权的管理程序

为了促进共有产权保障住房用于自住,目前上海在政策上有一定的倾向性,即共有产权保障住房 5 年后上市以两种形式为主,一是家庭购买完全产权,二是政府实施优先购买,原则上不允许购房人直接将共有产权保障住房上市转让。

(一)家庭购买政府产权份额流程

取得不动产权证满 5 年,购房人、同住人可按以下流程申请购买政府产权份额。

1. 查询房屋转让价格

符合 5 年上市条件的购房家庭如需查询房屋转让价格的,可由购房人、同住人携带本人身份证明和不动产权证至区住房保障实施机构申请查询。购房家庭仅可查询本家庭名下房屋转让价格。

2. 购房家庭提出申请

购房家庭如需取得完全产权的,应向房屋所在区住房保障实施机构提出申请。

3. 审核

区住房保障实施机构收到申请材料后应当于 10 个工作日内提出审核意见。

4. 签订协议并缴纳价款

经区住房保障实施机构审核并作出同意取得完全产权的审核意见后,产权人、同住人应当于 15 个工作日内共同与区住房保障实施机构签订《取得完全产权协议》。协议中应当对取得完全产权价款的金额、缴纳期限以及缴纳方式予以明确。区住房保障实施机构可与购房家庭协商约定 30 日内缴清购房价款。价款缴清后,区住房保障实施机构应收取缴款凭证并向申请家庭出具《政府产权份额价款缴清证明》。

5. 办理变更登记

《关于购买共有产权保障住房(经济适用房)满 5 年后续相关不动产登记技术规定》明确了购买政府产权份额属于变更登记,购房人可凭《政府产权份额价款缴清证明》及其他不动产登记技术规定所需材料办理变更登记手续。

(二)政府优先购买流程

取得不动产权证满 5 年,购房人、同住人提出上市转让申请的,区住房保障实施机构经审核后,决定行使优先购买权的,优先购买实施单位应当到共有产权保障住房内实地踏勘,在确认房屋使用状况良好后,与购房人、同住人协商签订《上海市共有产权保障住房(经济适用住房)优先购买转让合同》。签订合同时,购房人、同住人应当共同到场,并携带相关材料。

区住房保障实施机构应按照《上海市共有产权保障住房供后管理实施细则》(沪府办发〔2016〕78 号)规定向购房人、同住人支付款项;购房人、同住人应向税务部门按规定缴纳相应税款,并配合优先购买实施单位及时办理不动产转移登记手续。

第三节 新加坡与我国香港地区二级市场借鉴

一、我国香港居屋的上市管理及流程

我国香港地区的产权型住房保障主要是居者有其屋(简称居屋)计划,另外还有一些其他的"夹屋"等购房资助计划。香港的居屋非常类似我们的经济适用住房或共有产权保障住房。该政策在20世纪70年代推行，供应对象为收入不足以购买私人楼宇，又不合资格（或不愿意）入住公屋的市民，为中低收入对象，如2016年的标准为两人以上家庭人均月收入限额为4.9万港元，资产限额为170万港元。香港居屋的建设主要有香港房屋委员会（简称房委会）和香港房屋协会（简称房协）两部门负责，但2011年后有一段时间基本不再建设新的居屋，2014年才又开始建设供应新的居屋。

居屋定价方面，一般按每月按揭还款额占收入比不超过40%确定，如2018年的售价在5万~7万港元/m^2，约为市场住房价格的6~7成。到2017年有15.7%的人口居住在产权支持的各类住房中，约40.5万套。

我国香港的居屋作为产权型保障性住房，也有一个限制转售期，最初规定10年内不得上市，2018年规定限制转售期限为5年，需要的补价估价由香港房屋署负责。其在上市收益分成上严格按照"共有产权"的形式实施，在价格确定、交易流程、收益分配上的制度长期稳定；并且补价的程序与上市交易的程序相分离，补价后即解除了居屋的限制转售登记，转化为"完全产权"，以后可以随时按市价在市场上转让，简便且易操作。

第一，市场价格确定的依据为评估价格，补价后即变更为完全产权。香港的居屋在5年后上市转让中要补交相应的"居屋补价"。当限售期5年期满后，如果业主需要出售居屋或取得居屋的完全产权，则需要向房屋署提出申请，并缴纳相应的手续费（手续费可以从将来的补价中扣除），由房屋署委托评估机构（测量师行）进行估价，这一估价即为业主需要计算补价的基础，一旦缴纳了补价，该居屋的转让限制登记即被解除，居屋即转化为可完全在市场上交易的住房，未来的实际交易价格与缴纳"居屋补价"的评估价格无关。

第二，补价计算严格按"份额"确定。居屋补价的计算依据是当时该居屋购买时相对于市场价格的优惠（也称折扣率），这一优惠相当于政府的"产权比例"。在5年后解禁转让限制时，按这一比例补价，如当时的购买价格为30万港元，而当时的市价为50万港元，则需要补价的比例（政府的产权比例）为20%〔(50-30)/50〕。如果当前居屋购买者申请补价时的居屋市场价格（评估价格）为80万港元，则需要的补价为80×20%=16万港元。具体补价流程如图7-4所示。

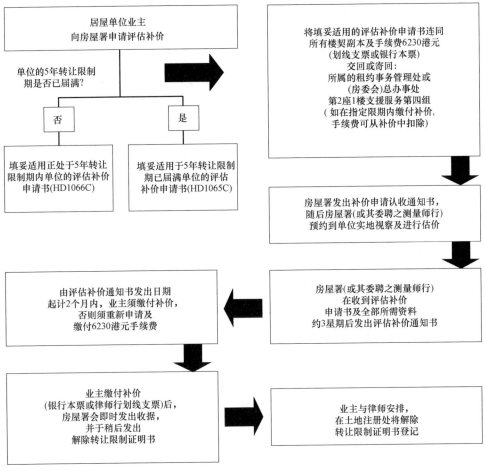

图 7-4　香港居屋的补价流程

第三,简便"居屋第二市场",促进居屋继续用于保障。香港允许居屋在第二市场出让,即将居屋出售给通过政府审核后,符合居屋购买资格的家庭,具体价格由买卖双方自行协商,并且不需要缴纳"居屋补价"。居屋一旦转让后,由新的买家承担未来上市时需要缴纳的"居屋补价",但新的买家的限售期也重新计算。这一制度既促使了保障性住房继续用于新的保障对象,也简化了补价的操作,通过市场机制解决了居屋在保障体系内的转售。为了促进第二市场的发展,香港将第二市场的限售期由 5 年缩短为 3 年。

香港居屋的第二市场,起初主要供应绿表申请人(主要为公屋租户,也包括通过申请审核的公屋申请人)。香港房屋委员会在 2013 年及 2015 年推出扩展居屋第二市场至白表申请人（普通申请人，非优先对象）的临时计划，允许获配额的申请者在缴付费用后，在房委会的居屋计划第二市场或房协的"住宅发售计划"第二市场自行寻找并购买未补价的单位。2013年第一轮临时计划5000个配额在2015年4月结束，2015年第二轮临时计划2500个配额在2017年5月结束，共有约4000名白表申请者通过两轮临时计划在第二市场购买到了居屋。在计划的实施过程中，由于申请人远大于计划供应的数量，如第一轮计划中配额为2500套居屋，而申请家庭数量为43900个，最终通过电脑摇号排序的方式实施。

第四，严格的违规处罚。业主如未缴纳补价便出售、出租或转让居屋的，即属违反房屋条例的规定，一经定罪，可被判罚款50万元及监禁一年，而有关的转售或转让均属无效。同样，一经居屋业主提出补价申请，并经房屋署评估后，补价的有效期为2个月，限期过后，如尚未缴付补价，那么补价失效，日后需重新递交申请表及缴付手续费。

二、新加坡组屋的上市管理

新加坡的组屋是由新加坡建屋发展局建设并低价供给本国公民的保障性住房，其出售价格远低于市场商品住房价格。目前组屋的申请条件主要包括公民资格、核心家庭和收入线三个条件，并且各项条件与拟购住房的类型挂钩，并对一些特殊的家庭有优待的条件，如多子女家庭、拆迁对象、与父母就近居住者等可优先选房。组屋购买者居住组屋以后必须有一定年限才能在市场上转售组屋，其转售的条件、程序、政府收益分成计算等制度的规定越来越简便，既有利于操作，也有利于形成预期，如图7-5所示。

第一，在交易价格确定上，主要是买卖双方根据市场价格确定。新加坡组屋转售在2014年4月前，一般是由卖家先到建屋发展局申请估价，在此估价基础上由买卖双方再确定交易价格，一般交易价格都会高于估价，称为溢价。但由于溢价的存在，可能会产生不断推高房价的效果，2014年4月后政府改变了程序，由买卖双方根据近两年的交易价格来确定拟交易价格，确定交易价格后再申请估价，这个估价不再影响交易价格，只影响从建屋发展局申请的贷款数量。这样组屋转售市场的价格完全由市场决定，政府不再起作用。

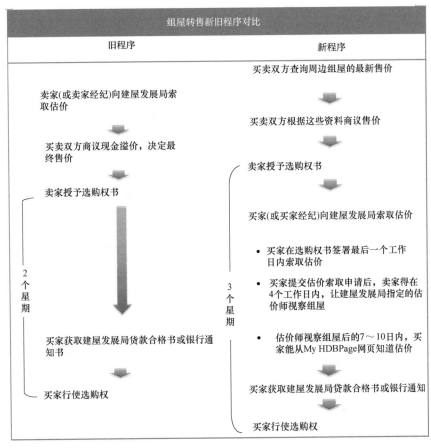

图 7-5 新加坡组屋转售程序

第二，在政府收益分成上，由按比例转为定额，再由定额转为免收。新加坡对组屋转售中政府的收益分成，称为"抽润"制度，其主要目的是为了避免利用组屋进行不正当牟利。起初实施的制度是按交易价格的一定比例来支付溢价，如 2 房式公寓支付转售价格的 15%，3 房式支付 20%，4 房式支付 22.5%，5 房式支付 25%。由于按比例支付存在数额上的不确定性，为了形成确定的预期，从 2006 年开始，将按比例支付抽润，修改为按固定金额支付，其中，2 房式公寓到 5 房式公寓支付的抽润分别为 1.5 万、3 万、4 万、4.5 万新加坡元。目前已经取消了利润分成，组屋可以直接在二手市场转售。

第三，转售对象有严格限定，使组屋的住房保障功能相对持续。新加坡转售组屋的购买者必须为新加坡公民或永久居民，并且要形成家庭核心，这样使组屋能更大程度地服务于解决居民的住房困难问题，形成相对封闭的住房体系。新加坡居住中相当大比例的家庭是通过在转售市场购买组屋解决住房困难问题，使保障资源得到高效使用。

第四，严格的管理，形成诚信机制。买卖双方必须向建屋发展局申报真实的转售价格，销售人员也必须声明所有的相关信息。虚假声明将会被判处罚款或 3 年监禁。买卖双方不得签订任何补充协议，或任何可能导致转售价格被高估或低估的安排。对虚假信息的惩罚为高达 5000 新加坡元的罚款或 6 个月的监禁。

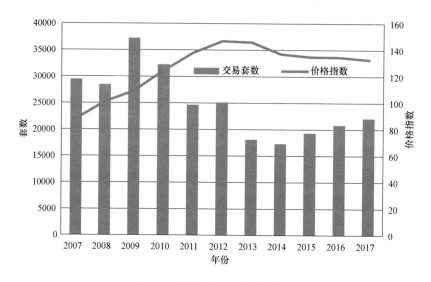

图 7-6　新加坡组屋二手市场交易情况

（数据来源：新加坡建屋发展局）

第八章

上海共有产权保障住房扩大到非户籍家庭的探索

第一节 住房支持将成为住房发展的重要内容
第二节 新市民的住房支持要分层次解决
第三节 上海青年家庭住房状况及需求调查
第四节 共有产权住房对新市民支持的可能
第五节 我国其他主要城市面向人才的产权住房政策

第一节　住房支持将成为住房发展的重要内容

一、住房政策需要服务于支撑城市发展的各类关键人才

住房政策的目标之一是服务城市发展，相应的住房政策必须解决三类人的住房问题：

第一类是曾经为城市发展做过贡献的居民，这部分人群是过去的城市建设者，如果住房支付能力不足，需要政府给予托底保障。

第二类是正在为城市发展做贡献的人，是目前城市正常运行不可缺少的人群，如果住房支付能力不足则需要政府支持。这部分人群一般都有稳定的工作、稳定的收入，有许多已经是中等收入，但要解决住房困难或改善居住条件仍需要政府的适当支持。

第三类是即将给城市发展做出贡献的人群，这部分人群可能是刚毕业的大学生，可能是新进城的技术人员，甚至可能是引进的人才。这部分人可能是城市增长和未来竞争力的关键人才，但他们缺乏住房的原始积累，因此需要城市政府给予适当的支持。

上海等大城市住房价格相对较高，不仅制约了高端人才的引进，还对青年人才产生了"挤出效应"。根据近年对上海高校的调研，上海高校提供的工作、收入等条件与其他地区同类高校相比，已无比较优势，而其他省市高校提供的优越住房条件成为引进人才有力的竞争筹码。而对于创业初期的青年人才，由于房价过高，只好选择去其他城市，特别是上海周边的中小城市创业发展；一些科技型中小型企业，也因创业成本高而不得已选择离开上海。如果这部分人群的住房问题不能得到很好解决，将会影响上海城市发展的创新力、产业结构升级优化和可持续发展。其中第二、三类人群一般都是中等或中等以上收入群体，在未来都有稳定的或不断增长的收入，但需要对其进行阶段性的住房支持。

二、将支持性的住房政策定位于一项公共政策

未来在做好城市低收入住房困难家庭保障的基础上，住房发展宜将对中等收入

家庭、青年家庭的住房支持作为政策的重点，既帮助解决新进城人群和新毕业大学生的首次住房需求，又关注正在为城市建设做出贡献的中等收入家庭的改善性住房需求，稳定城市发展的动力。

（一）住房支持的对象要有瞄准性

对于城市居民提供住房支持，不能是全覆盖，要考虑两个基本原则：

一是住房支付能力不足的住房困难市民。住房支持不是普惠制，是针对市民中住房困难群体，同时又是住房支付能力不足的人群，这两个标准共同构成了住房支持的范围。其中，住房支付能力不足可认为是无法通过自己的能力解决基本住房问题或改善住房，住房支付能力不足可能是持续的，也可能是阶段性的。

二是对城市发展有贡献的市民。一个城市的发展需要市民的努力工作，当市民住房困难时需要支持。对无工作的市民是提供"基本保障"，而对有工作的市民提供"体面"、"舒适"的住房支持。前述的三类人群是住房支持关注的重点，一是曾经为城市发展做过贡献的市民，由于当时的收入分配体制原因，带来住房的困难。如改革开放前的职工，为城市发展做了很大贡献，但当时的收入分配中住房支付的含量低，造成当前住房困难。二是当前正在为城市发展做出贡献的人。如城市公共服务的提供者，这部分人群可能仅有中等收入甚至中低收入，但他们是城市正常运行所必须的，应为他们提供特定的支持。三是城市未来发展需要的人才。一个城市要有持续增长的动力，要有创新，必须有"新市民"进入。这部分人更多是刚毕业的大学生，希望在城市中长期居住和发展，但由于没有积蓄，而面临阶段性的住房支付能力不足问题，因而需要给予特别支持。

（二）住房支持的手段要有效率性

国际经验表明，许多国家的住房支持手段由提供实物住房逐步过渡到以住房金融税收支持为主。

第一，当一个国家或城市的住房绝对短缺时，需要采取以促进实物供应为主的住房支持手段，政府的住房发展重点是增加住房供应，并可能通过快速建设"低价"住房来解决住房供应不足问题，具体的支持手段包括政府直接参与建设住房，支持开发商或非营利机构建设住房等。

第二，当住房处于结构性短缺时，即住房供需的区域、户型不匹配时，需要政府促进提供更多可支付住房，包括住房短缺区域的低租金、小户型公共租赁住房以及满足基本住房需求的产权住房等。

第三，当住房供需市场总体平衡，矛盾表现为部分市民的支付能力不足时，主要通过税收和金融手段进行支持，并以提高住房自有率为目标。具体可采取的政策包括住房抵押贷款支持、住房交易的税收优惠、个人所得税的优惠等。

（三）住房支持的效果要有激励性

第一，住房支持要有利于市民的经济自助能力提高。住房支持能使市民较早地"安居"，以促进其"乐业"，在居住稳定的情况下，激励市民更稳定地工作，子女接受更好的教育，使家庭的经济能力不断上升，使城市的发展更加持续，使社会更加和谐。要实现这一效果，住房支持手段必须是"支持"与"自助"相结合。政府在支持的同时，家庭更愿意工作，工作收益将会更多用于改善家庭的生活。如共有产权住房，被支持对象自己购买共有产权，需要有自付的住房贷款，就必须通过努力工作，来增加收入还贷。同时，收入的持续提高不仅使家庭积累了财富，还为未来进一步改善住房条件，改善生活条件提供了基础。又如在金融支持手段上，如果实施住房贷款利息个人所得税抵扣政策，也是收入越高，受益越大。

第二，住房保障必须减少"福利依赖"的动机。在"保基本"的住房支持中，通过实物廉租住房等提供的保障，一些享受家庭可能产生长期依赖住房保障的现象。一是保障过度，当住房保障超过最基本的住房条件时，家庭宁愿长期享受住房保障政策，而不愿意工作退出，所以"保基本"的住房保障必须是满足最基本的住房需求，而不是满足"舒适"居住，不应提供大量的大面积、装修标准高的实物保障住房。二是准入退出标准要合理。当家庭收入提高时，住房保障应相应减少或停止，如果因此减少的福利大于收入提高带来的福利时，家庭就缺少努力工作提高收入的动力。所以准入与退出标准设计，必须考虑到工作收入越高的家庭，家庭的总福利水平越高。同时，住房支持不能仅针对低收入家庭，要更多针对中等收入甚至中高收入家庭。

（四）住房支持的水平要有平衡性

住房支持手段要保持补贴水平的平衡，如果一种政策的补贴水平过高，可能造成更多的人"涌向"该政策，导致住房保障资源不能有效配置。

第一，要平衡共有产权住房政府与个人产权份额。如果共有产权住房销售定价过低，不能真实反映出保障对象出资额与产权份额关系，就会产生购房用于投资的现象，更多人即使不居住也会申请住房，将会影响住房的使用效率和产生后期管理问题。

第二，要平衡公共租赁住房租金与市场租金的关系。公共租赁住房要建立租金动态调整机制。公共租赁住房定价总体低于市场价格，如果不能及时根据市场价格调整，会带来明显的价格偏低问题，产生公共租赁的退出难、后期管理难的问题。同时，公共租赁住房资源需要更合理地应用。所以公共租赁住房要根据市场租赁价格波动，建立动态的调整机制，使保障对象形成租金会动态调整的预期。

第三，要平衡好"支持"与"基本保障"。随着上海"保基本"的政策已基本稳定，根据上海建立全球科技创新中心的需要，提高城市发展能力的需要，住房发展宜将对中等收入家庭、青年家庭的住房支持作为政策的重点，既要帮助解决新进城人群和新毕业大学生的首次住房需求，也要关注正在参与城市建设的中等收入家庭的改善性住房需求，以稳定城市发展的动力。

三、住房支持政策要多渠道

（一）支持政策要有重点

支持性的住房政策设计不应是独立、短期的政策措施，必须坚持和住房保障体系完善相衔接，成为住房供应体系的一个重要部分；和人口结构的优化相衔接，成为人才发展战略的一个重要组成部分；和产业升级及布局优化相衔接，成为转变经济增长方式的一个重要举措。

其中，针对青年家庭的支持性的住房政策宜以购房支持为主、租房支持为辅，并与人才的成长规律相适应。在青年家庭就业初期，可通过租房支持解决其阶段性住房困难，在其稳定工作一定年限后，通过购房支持，能使更多的中等收入人群拥有产权住房。

支持性的住房政策必须坚持市场化机制。无论是租赁住房还是产权住房，都必须采取市场化的机制，并通过政策支持使更多的人群能够通过市场购租普通商品住房。

（二）将支持首套住房作为住房发展的重点

在低收入家庭的基本住房保障得到解决后，更要注重中等收入家庭的购房需求，特别是结合我国居住文化，不宜过分强调以租赁解决中等收入家庭的住房问题。通过金融、税收为主的手段支持这部分家庭购房，将是未来我国住房制度的重点。

在支持型住房政策方面，主要通过共有产权、购房补贴、利息补贴、税收减免等政策，支持购房或租房。可研究针对青年家庭首套住房的特殊支持政策，如首套住房购房补贴，鼓励企事业单位给予职工首套住房购买补贴。

（三）共有产权住房可作为支持性住房政策的措施之一

共有产权保障住房作为解决上海中低收入家庭的主要政策，实施顺利，社会效果显著，随着收入线的不断放宽，已从保基本的政策演化为支持性的住房政策。许多青年家庭都可以通过共有产权保障住房解决住房问题。未来，仍要将该政策作为上海住房保障工作的重点，并完善常态化的申请受理机制和后期管理机制，使之成为持续有效的支持性住房政策，并可考虑对青年人才、引进人才等有针对性地给予一定的政策优惠，如可研究放宽户籍年限，将现有的取得本市常住户籍年限适当缩短，可将"人才居住证"年限折算为一定的"户籍"年限，使更多的"新上海"人能较快地享受到共有产权住房政策。

（四）建立以住房金融税收为主的住房支持政策体系

目前我国已基本到了以金融支持解决居民住房问题的阶段。金融支持要注重供应方的支持与需求方的支持并重，并要与实施金融制度的创新相配合。鉴于我国金融体系特点，住房信贷类的支持主要依赖于现有商业银行，在支持类贷款贴息上，政府可通过财政转移支付的形式来实施。同时也可以完善抵押贷款利息抵扣所得税应税额的政策。特别是在首套房、改善性住房（卖小换大）等交易中，出台交易中的相关税收优惠政策等。同时，可建立住房信贷资产证券化产品以支持住房金融持续发展。

四、上海已有的住房支持政策

上海从 20 世纪 90 年代已开始探索以"人才公寓"为主的非户籍常住人口住房政策,初步形成了补贴与实物并重、租购并举、以租为主的政策框架,如各区投入的"人才公寓"、农民工公寓、单位租赁住房、公共租赁住房,形成了分层次、有针对性的住房供应体系。

(一)单位租赁住房

单位租赁住房是解决职工阶段性住房问题的重要手段,具体包括单位集体宿舍、单位人才公寓等形式。为加快推进本市单位租赁房建设,帮助产业园区、大型国有企业等单位解决职工住房困难问题,2009 年上海市出台了《关于单位租赁房建设和使用管理的试行意见》,鼓励和规范产业园区、单位自用土地建造人才公寓、职工宿舍以及农村集体存量建设用地建造市场化租赁住房。单位租赁住房主要分为单位新建和改(扩)建两种模式,新建主要包括企业利用自用土地以工业厂房、宿舍等名义新建,产业园区开发管理主体或第三方社会投资主体在规划产业园区用地范围内新建,镇政府通过设立下属全资子公司利用镇上土地新建,农村集体经济组织利用集体用地新建等形式。改(扩)建模式主要指企业利用旧建筑进行改(扩)建项目。

单位租赁住房在解决职工住房问题上起到了重要的作用,但单位租赁住房也存在制约与瓶颈问题,一是单位租赁住房总体数量有限;二是单位租赁住房的发展还在规划、融资、税收等方面存在许多制约因素,使其无法成为解决职工住房问题的主要渠道。

(二)住房租赁补贴

许多区在多年前都实施了针对人才租赁住房的补贴政策,对人才提高租赁住房的支付能力有一定的帮助,但补贴的数量和范围都不算大,仍不能从根本上解决人才住房问题。如杨浦区、浦东新区等都是较早实施租赁补贴的区,在 2005 年左右就开始对优秀人才每月补贴 200~500 元。如嘉定区早年也有优秀青年骨干和优秀应届毕业生可按不同标准申请配租房租金补贴的政策,2016 年共有 349 名人才获得人均 2.3 万元的租房补贴。一些企事业单位也有发放住房租赁补贴的政策。

(三) 公共租赁住房

公共租赁住房是上海解决人才阶段性住房问题的主要手段。上海在 2010 年建立了公共租赁住房制度，采用准市场租金定价，主要供应对象为本市青年职工、引进人才和来沪务工人员，为他们提供户型适配、租期稳定的租赁房源。

上海公共租赁住房制度设计有以下几方面特点：一是针对上海人口导入迅速增加的基本形势，面向在沪稳定就业且住房困难的常住人口供应，不限本市户籍，准入标准不设收入线，满足不同层次住房困难家庭和单身人士的租赁需求。二是"只租不售"，并实行有限期租赁。租赁合同一般两年一签，合同期内租金不作调整，保持稳定性；租赁总年限一般不超过 6 年，着重解决阶段性居住困难问题。三是租赁价格按略低于市场租金水平确定，形成与住房租赁市场良性互补、协调发展的格局，同时鼓励用人单位采取发放租赁补贴、集体租赁等方式，减轻职工住房消费负担。四是采取"政府支持、企业运作"的管理模式，政府投入部分资本金和给予税收优惠，支持发展一批专业公共租赁住房运营企业作为机构出租人，采用市场机制实施投资经营，以"保本微利"为目标，着重体现公共服务的功能。

在缺乏社会化机构出租人的背景下，政府主导的公共租赁住房对住房租赁市场规范健康发展发挥了引导和示范作用。截至 2017 年年底，上海已供应公共租赁住房近 4 万套（不含单位租赁住房）。

公共租赁住房为承租人提供了稳定的居住条件，起到了有效解决人才住房问题的作用。但同样由于公共租赁住房房源有限，后期运营成本较高，很难大规模推进，目前市中心区的一些公共租赁住房都出现了"排队轮候"现象。

（四）少量的购房支持

目前上海实物购房支持主要有嘉定区的优秀人才配售房和临港产业区的限价商品房两种类型。嘉定区为发挥人才的集聚效应，激励高层次人才和优秀青年创业发展，在商品房小区中配建优秀人才保障性住房，在所有商品房住房开发项目中按 5% 的比例配建，以市场销售价格的 60% 配售给该区的优秀人才。临港产业区的限价商品房主要供应当地园区内的人才。这两种实物类购房支持都是局部的人才住房供应政策，尚不能解决面上问题。

针对人才购房的货币补贴政策，目前少数单位在人才引进的过程中有配套的货币补贴，但具体的货币补贴政策由于每个单位财力的差异而存在较大差距，主要表现在补贴投入的持续时间和资金总量上，以上海某部属高校为例，近年在购房补贴发放上都保持在每年 9000 万元左右，而一些地方院校却没有制定或落实住房补贴政策。

总体上看，面向人才的住房支持政策虽然在不断探索，但还存在两个明显的问题，一是总体的支持面较小，二是还未形成一个协调的体系。

第二节　新市民的住房支持要分层次解决

一、非户籍常住人口是上海新市民的主体

上海的城市发展离不开新市民，而没有取得户籍的非户籍常住人口已成为新市民的主体。改革开放以来，上海非户籍常住人口的比例不断上升，1978 年占比仅为 0.5%，1990 年为 3.8%，2000 年为 17.8%，到 2016 年已达到 40.1%（图 8-1）。2000 年以来，上海常住人口增量中近 90% 来自外省市流入。在户籍人口家庭的住房问题基本解决情况下，如何解决好非户籍常住人口的住房问题成为重点。

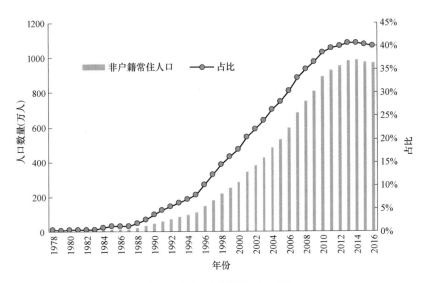

图 8-1　上海市非户籍常住人口情况

相对而言，多数城镇户籍家庭已通过住房制度改革、动拆迁、住房保障或购买商品住房等，较早地解决了基本住房问题。但非户籍常住人口解决基本住房问题的渠道还不规范、不完善，特别是随着住房价格上涨，住房支付能力不足问题明显，非户籍常住人口通过购房的渠道解决住房问题的比例非常低。下一步，如何解决好非户籍常住人口的住房问题，已成为上海新时代住房不平衡发展的主要问题。

非户籍常住人口住房问题在不断显化。根据 2015 年人口抽样调查数据，非户籍常住人口以租赁居住为主，稳定性差。非户籍常住人口租赁居住的家庭占比为 85% 左右。相对于城镇户籍人口，非户籍常住人口住房条件较差，人均住房建筑面积仅为 17m² 左右，远远低于城镇居民人均住房建筑面积 35.5m² 的水平；住房设施上，住房内无厨房的占比 27.53%，与他户合用的占比 12.68%，无厕所的占比 26.54%，与他户合用或非抽水式的占比 21.87%。非户籍常住人口主要居住在郊区或远郊区的各类住房中（包括农民住房），占比在 80% 以上，其中相当一部分普通产业工人居住在农民住房或非正规住房中。

而且上海非户籍常住人口中，青年人比例虽大，但高学历人才所占的比例较小。据 2015 年上海人口抽样调查数据显示，来沪人口中 20～40 岁的人口占比为 58%，但本科学历占比仅为 10.59%，研究生学历仅占 1.53%。如何解决好人才的住房问题，更关系到上海保持发展动力的问题。

近年随着房价上涨较快，新进上海的青年人才通过市场解决住房问题的难度越来越大。

二、解决非户籍常住人口住房问题的主要考虑

（一）总体上平衡好几个关系

1. 平衡好住房保障与住房支持的关系

住房保障的对象主要是城镇中低收入家庭、住房困难家庭，这些家庭住房支付能力不足，无法通过市场解决基本住房问题，必须通过政府的干预才能解决。住房保障有两个基本特征，一是保基本，只对被保障家庭提供最基本的住房保障，满足最基本的住房需求，而不是改善性需求；二是仅针对中低收入家庭，这些家庭无法通过自己的收入解决困难。

而对于非户籍人才的住房政策更大程度上属于住房支持范畴，因为这些家庭解决最基本的住房问题没有困难，但要实现比较稳定、舒适的居住条件可能有阶段性困难，或购买住房有阶段性困难。如果要激励这些家庭留在城市稳定工作，安心生活，就需要对这些家庭在住房上给予阶段性的支持。这种支持有两种形式，一是阶段性住房租赁支持，如阶段性地提供公共租赁住房、租赁补贴；二是产权支持，支持这些家庭有一次购买居住产权住房的机会。所以对于人才的住房政策，不宜简单纳入住房保障的范畴，不是救济性的保障政策，而是支持性激励政策。

2. 平衡好非户籍人才与新户籍人才住房支持的关系

在对非户籍人才支持的同时，要平衡好新毕业即取得户籍的大学生和居住证转户籍人才的住房支持政策。因为这两类人才原来都是非户籍人才，在上海没有住房基础，但这两类人才往往可能由于"更优秀"，所以更早取得上海户籍，这部分人才在住房上需要支持。

3. 平衡好租赁支持与产权支持的关系

租赁支持是解决阶段性住房问题，以公共租赁住房与租赁补贴为主，而且一般都有支持的期限。而产权支持是一次性支持，可帮助家庭解决长期住房问题。对人才住房支持主要是考虑阶段性的租赁支持，但对于部分有能力购房的家庭，也可以在购买产权住房方面给予支持，以使其更早地、稳定地居住与工作。

4. 平衡好非户籍常住人口住房政策与现有"四位一体"保障体系的关系

上海现有面向城镇居民的"四位一体"住房保障政策体系，政策供应对象、运行机制基本健全。已有面向人才的住房政策，与现有住房保障体系既有交叉又有明显界面。在设计未来的面向非户籍人才的住房支持政策时，既要考虑现有住房保障政策运行机制，尽量不要与现有政策相矛盾，又不能简单地以扩大现有住房保障覆盖面的方式解决人才住房问题，要考虑人才的成长规律和住房需求。

（二）解决非户籍常住人口住房问题的总体框架与政策措施

新市民由于收入、年龄、职业等存在明显的差异，不可能简单地通过一种方式支持其解决住房问题，需要分类、分层实施不同政策。政府需要根据人口、产业规划，明确对不同新市民住房关注的重点。

对于普通进城务工人员，首先要解决居住安全问题，同时考虑其可支付问题。

其中居住安全问题主要包括居住的消防安全、卫生安全，以及合法居住。因为这部分人口收入相对较低，更容易为节约支出而选择有安全隐患的低成本居所。所以城市管理中，要规范与支持并重，积极创造条件，多渠道增加低成本、规范的住房。如对于依托于单位的建筑工人、制造工人，应鼓励政府或企业通过建设职工宿舍的形式，解决安全、规范的阶段性住房问题。对于大量的第三产业的服务人员，由于他们居住分散、总体支付能力有限，应发展城市租赁住房，特别是普通租赁住房。解决这部分人的住房问题，关键是对这部分群体要留有一定的城市生存空间，而不是简单地"挤压"其生存空间，要规范和引导，使他们的基本住房权益得到保障。

对于新就业的大学毕业生，主要解决其阶段稳定性及可支付性。新就业的大学毕业生，一般积蓄少，在住房市场上经验不足，需要一个安全、稳定的居住空间。考虑到他们会长期在城镇"扎根"，并成为城镇发展的动力，首先在前期需要对他们进行租赁支持，通过公共租赁住房或租赁补贴，减少前期的住房支出，使他们有稳定的居住环境，能在城市稳定生活。

对于工作一段时期后的部分新市民，如果他们收入增长较快，且未来收入预期稳定，可解决购房的可支付性问题，则支持部分家庭拥有产权住房，使他们通过购房解决长期安居问题，并起到"有恒产者有恒心"的作用。

针对新市民的住房政策，关键在于所有打算在城市合法、稳定居住和就业的人口，在住房可获得性、可支付性上要有稳定的预期，使他们可以长期稳定地在城镇居住，实现人口的城镇化。

上海非户籍常住人口住房政策体系可设想为：补贴与实物并重、租购并举、成长型人才租购衔接，使所有打算在城市合法、稳定居住和努力工作的非户籍常住人口，在住房可获得性、可支付性上有稳定的预期，并突出几个政策要点（表8-1）：

（1）以公共租赁住房（农民工公寓、单位租赁住房）托底的来沪务工人员住房支持政策，租房有保障；

（2）以租赁补贴、公共租赁住房为主的新就业大学生、青年家庭住房支持政策，租房有阶段性支持；

（3）以共有产权住房、货币化购房补贴为主的成长型人才住房支持政策，购房有支持。

表 8-1 新市民住房政策框架

政策对象	住房问题重点	政策举措
普通进城务工人员	居住安全	公共租赁住房（农民工公寓、单位租赁住房）
新就业的大学毕业生	稳定性及可支付性	货币化租赁补贴 公共租赁住房
成长型人才 及引进人才	租赁稳定性 购房可支付性	公共租赁住房 货币化租赁补贴 共有产权住房 货币化购房补贴

三、人才住房政策应定位于阶段性支持为主

人才无论是否取得户籍，由于其收入有不断提高的趋势，所以不同于原户籍中低收入住房困难家庭，更多是阶段性住房支持，而不是长期住房保障。

第一，在工作初期的租赁住房上"扶一把"。高校毕业生就业的最初几年收入不高，租金支出负担重。如一般每月租赁住房支出在 2000～3000 元之间，但高校毕业生初次就业的平均月薪在 5000 元左右（2017 届本科学历为 4793 元，硕士及以上学历为 8001 元①），约二分之一的收入用于交纳租金。在高校毕业生刚进入工作的前几年，应通过多种措施支持其租赁居住。一是出台鼓励单位发放租赁补贴的政策，对于企业的租赁补贴可作为成本支出，事业单位可以有相应的预算。二是鼓励单位筹建租赁住房（集体宿舍），增加低价租赁住房供应。同时，政府加大公共租赁住房的供应。一般工作几年后，高校毕业生的收入就会稳步增长（第二年平均增长 20% 左右），逐步可通过市场化解决。在政策突破上可考虑将货币化租赁补贴与机构经营的市场化租赁住房衔接，解决租赁居住的稳定性和可支付性两大问题。

第二，在后期的购房过程中"扶一把"。青年人才稳定就业后，多数家庭还是希望通过购房解决住房问题，而且购房有助于家庭稳定、工作努力，所以对于有可能在上海长期就业、收入稳定增长的人才家庭，在有一定的财产积累后，应有政策支持其购房。具体可采取单位发放购房补贴、对首套购房进行税收和信贷支持、政府提供共有产权类人才安居住房等措施。

---

① 上海市人力资源社会保障局就业促进中心，《上海市 2017 届高校毕业生就业状况报告》。

第三节 上海青年家庭住房状况及需求调查

为了了解上海新市民住房现状及未来住房需求，2018 年我们组织了针对新市民的住房状况调查。调查对象以 1990 年以后到上海工作的青年人为主，样本主要来自临港、张江、市北产业园区典型企业，黄浦区、市地产集团公租房住户，以及上海师范大学校友企业，共得到有效调查样本 3106 个。

一、被调查对象基本情况

（一）户籍状况

3106 个被调查对象中，持有上海居住证但未取得上海户籍的为 2239 人，占 72.1%，其中，居住证积分达标者 1766 人，未达标者 476 人，到上海工作后取得上海户籍者 867 人，如表 8-2 所示。

表 8-2 调查对象户籍情况

户籍状况	人数	占比
持上海居住证尚未取得上海户籍	2239	72.1%
其中：居住证积分达标者	1766	56.9%
居住证积分未达标者	473	15.3%
到上海工作后取得上海户籍	867	27.9%
合计	3106	100.0

（二）年龄状况

被调查对象的年龄主要集中在 45 岁以下，其中 25～34 岁之间的青年人约占 73%，如图 8-2 所示。

（三）受教育程度

从学位分布看，以大学毕业生为主，大学本科以上学历占 51.7%，如图 8-3 所示。

（四）收入状况

被调查人的家庭人均月收入主要集中在 4000～10000 元之间，占 58.4%，6000 元以上的占 65%，如图 8-4 所示。

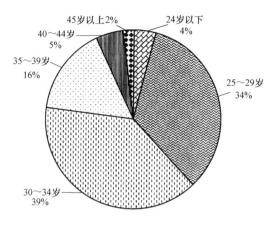

图 8-2　调查对象年龄分布

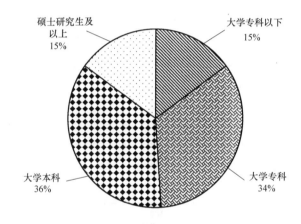

图 8-3　调查对象受教育程度分布

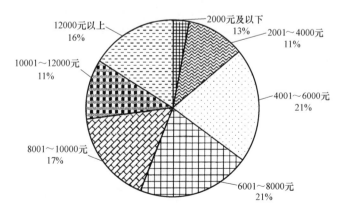

图 8-4　调查对象收入分布

从居住证持有人的收入分布来看，积分达标的居住证持有人家庭人均月收入在 6000 元以上的占 64.2%，如表 8-3 所示。

表 8-3 居住证持有人家庭人均月收入

家庭人均月收入（元）	积分达标者	积分未达标者	总体
2000 及以下	2.9%	3.4%	3.0%
2001～4000	10.9%	15.6%	11.9%
4001～6000	22.1%	24.1%	22.6%
6001～8000	21.2%	19.7%	20.9%
8001～10000	17.4%	16.5%	17.2%
10001～12000	11.2%	8.0%	10.5%
12000 以上	14.4%	12.7%	14.0%

（五）区域分布

被调查人目前居住区域主要集中在浦东及中心城区，其中浦东新区被调查对象占比 16.4%，徐汇区占比 15.2%，如表 8-4 所示。

表 8-4 调查对象现居住区域

居住区域	人数（人）	占比
浦东	508	16.4%
黄浦	363	11.7%
徐汇	471	15.2%
长宁	380	12.2%
静安	219	7.1%
普陀	307	9.9%
虹口	89	2.9%
杨浦	100	3.2%
闵行	193	6.2%
宝山	137	4.4%
嘉定	86	2.8%
金山	24	0.8%
松江	145	4.7%
青浦	41	1.3%
奉贤	32	1%
崇明	11	0.4%
合计	3106	100%

（六）来沪时间

被调查人主要集中在近年来沪，其中近 10 年来沪人员占比 72.2%，近 5 年来沪人员占比 41.1%，如图 8-5 所示。

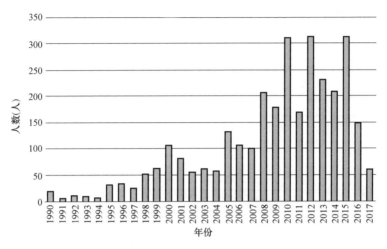

图 8-5 调查对象来沪时间分布

（七）婚姻状况

被调查对象中，已婚人口占 62.5%，未婚人口占 34.4%，离异等其他占 3.1%。

二、居住现状

被调查对象当前以租赁居住为主，占比 73.4%，其中，租住公共租赁房家庭占 30.8%，自己购房居住的为 24.9%，如图 8-6 所示。

（一）户籍与住房状况

居住证持有人租赁住房占 77.3%，自己购房居住的占 21%。租住公共租赁房的占 32.9%，租赁市场化住房的占 29.7%。而取得户籍的上海新市民购房比例较高，占到 35.1%。如表 8-5

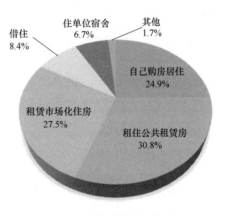

图 8-6 调查对象现住房情况

所示。

表 8-5 上海新市民住房现状

住房状况	持上海居住证尚未取得上海户籍	到上海工作后取得上海户籍
自己购房居住	21.0%	35.1%
租住公共租赁房	32.9%	25.4%
租赁市场化住房	29.7%	21.8%
借住	8.4%	8.5%
住单位宿舍	6.3%	7.6%
其他	1.7%	1.6%

居住证持有人中,居住证积分达标者自己购房居住的比例为21.7%,租住公共租赁房的比例为34.6%,租赁市场化住房的比例为28.7%,如表8-6所示。

表 8-6 居住证持有人住房现状

住房状况	积分达标者	积分未达标者	总体
自己购房居住	21.7%	18.4%	21.0%
租住公共租赁房	34.6%	26.4%	32.9%
租赁市场化住房	28.7%	33.6%	29.7%
借住	8.1%	9.3%	8.4%
住单位宿舍	5.8%	8.1%	6.3%
其他	1.1%	4.2%	1.7%

(二)收入与住房状况

总体上看,收入越高,自己购房居住的比例越高,如家庭人均月收入在1.2万元以上的,自己购房居住的比例占50.6%,如表8-7所示。

表 8-7 不同收入对象的住房现状

住房状况	家庭人均月收入(元)						
	2000以下	2001~4000	4001~6000	6001~8000	8001~10000	10001~12000	12000以上
自己购房居住	10.6%	9.7%	12.6%	21.2%	27.6%	32.6%	50.6%
租住公共租赁房	38.8%	36.3%	36.8%	30.3%	29.3%	26.9%	22.7%
租赁市场化住房	22.4%	32.3%	31.4%	30.4%	29.1%	23.8%	17.3%
借住	23.5%	11.1%	10.3%	8.3%	7.3%	5.9%	4.6%
住单位宿舍	2.4%	8.0%	7.5%	8.0%	5.6%	8.5%	3.6%
其他	2.3%	2.6%	1.4%	1.8%	1.1%	2.3%	1.2%

（三）年龄与住房状况

年龄越大的上海新市民，自己购房居住的比例越大，其中45岁以上购房比例已超过了50%，如表8-8所示。

表8-8 不同年龄对象的住房现状

住房状况	24岁以下	25～29岁	30～34岁	35～39岁	40～44岁	45岁以上
自己购房居住	14.4%	17.4%	25.7%	32.2%	45.2%	52.6%
租住公共租赁房	29.5%	36.6%	31.0%	23.7%	19.4%	15.8%
租赁市场化住房	28.8%	30.5%	27.1%	25.1%	21.9%	15.8%
借住	8.3%	6.9%	8.9%	10.9%	7.7%	7.0%
住单位宿舍	12.90%	6.90%	6.50%	5.70%	4.50%	8.80%
其他	6.10%	1.80%	0.90%	2.60%	1.30%	

（四）学历与住房状况

学历越高的家庭购房居住的比例越大，其中硕士研究生及以上学历者自己购房居住的比例占到35.5%，如表8-9所示。

表8-9 不同学历的住房现状

住房状况	大学专科以下	大学专科	大学本科	硕士研究生及以上	总体
自己购房居住	18.3%	18.7%	29.0%	35.5%	24.9%
租住公共租赁房	35.4%	31.7%	29.6%	27.3%	30.8%
租赁市场化住房	26.9%	31.0%	26.2%	23.6%	27.5%
借住	9.8%	10.4%	7.1%	5.6%	8.4%
住单位宿舍	7.3%	6.5%	6.6%	6.7%	6.7%
其他	2.3%	1.7%	1.7%	1.3%	1.7%

三、无房上海新市民的住房需求

被调查人中，无房上海新市民未来的住房需求，将来准备购房居住的占35.8%，准备租住公共租赁房的占19.6%，准备租住代理经租等机构出租住房的占21.1%，如表8-10所示。

表 8-10　无房上海新市民未来住房打算

未来的住房打算	占比
购房	35.8%
租住公共租赁房	19.6%
租住代理经租等机构出租的住房	21.1%
租赁私人住房	12.5%
继续住单位宿舍	5.3%
离开上海	4.3%
其他	1.4%

（一）居住证持有人未来住房打算

无房的居住证持有人未来打算购房居住的占 35.1%，其中积分达标者准备购房的比例为 33.4%，如表 8-11 所示。

表 8-11　无房的居住证持有人未来住房打算

未来的住房打算	积分达标者	积分未达标者	总体
购房	33.4%	41.1%	35.1%
租住公共租赁房	20.8%	22.0%	21.0%
租赁代理经租等机构出租的住房	25.7%	8.4%	21.9%
租赁私人住房	11.9%	12.3%	12.0%
继续住单位宿舍	4.4%	5.2%	4.6%
离开上海	3.0%	9.2%	4.3%
其他	0.9%	1.8%	1.1%

（二）收入水平与未来住房打算

无房的上海新市民，未来住房打算与家庭人均月收入相关，收入越高，打算购房居住的比例越高。其中，月收入 10000～12000 元的未来打算购房的比例为 50.8%，12000 元以上的未来打算购房的比例为 63.4%，如表 8-12 所示。

表 8-12　不同收入无房上海新市民住房打算

未来的住房打算	家庭人均月收入（元）							总体
	2000及以下	2001～4000	4001～6000	6001～8000	8001～10000	10001～12000	12000以上	
购房	20.0%	22.8%	28.8%	32.0%	37.8%	50.8%	63.4%	35.8%
租住公共租赁房	22.7%	21.8%	21.4%	20.5%	20.7%	14.0%	13.8%	19.6%

续表

未来的住房打算	家庭人均月收入（元）							总体
	2000及以下	2001~4000	4001~6000	6001~8000	8001~10000	10001~12000	12000以上	
租赁代理经租等机构出租的住房	26.7%	27.0%	25.2%	22.5%	19.6%	16.5%	6.9%	21.1%
租赁私人住房	16.0%	15.6%	15.5%	13.0%	10.1%	10.6%	4.9%	12.5%
继续住单位宿舍	2.7%	6.5%	6.3%	7.1%	4.3%	3.8%	1.2%	5.3%
离开上海	12.0%	5.9%	2.0%	4.1%	6.0%	1.7%	5.7%	4.3%
其他		0.3%	0.9%	0.8%	1.6%	2.5%	4.1%	1.4%

（三）年龄与未来住房打算

无房上海新市民未来购房打算中，购房意愿呈现 U 形曲线，29 岁以下青年的购房意愿较强，其中 25~29 岁的约有 40% 的人准备买房，而 30~44 岁的人购房意愿有所下降，到 45 岁以上又有所上升，如表 8-13 所示。

表 8-13　不同年龄无房上海新市民住房打算

未来的住房打算	24岁以下	25~29岁	30~34岁	35~39岁	40~44岁	45岁以上	总体
购房	38.9%	39.5%	34.4%	32.0%	23.8%	40.7%	35.8%
租住公共租赁房	17.7%	19.2%	17.9%	22.4%	32.1%	22.2%	19.6%
租赁代理经租等机构出租的住房	11.5%	23.0%	23.0%	17.8%	13.1%	7.4%	21.1%
租赁私人住房	9.7%	10.4%	13.8%	15.1%	14.3%	7.4%	12.5%
继续住单位宿舍	8.0%	3.9%	6.1%	4.8%	7.1%	7.4%	5.3%
离开上海	11.5%	3.6%	3.4%	4.8%	6.0%	14.8%	4.3%
其他	2.7%	0.4%	1.5%	3.0%	3.6%		1.4%

（四）学历与未来住房需求

学历水平越高，未来准备购房的意愿越强，其中硕士研究生及以上学历的被调查者有 58.2% 的准备购房，如表 8-14 所示。

表 8-14　不同学历无房上海新市民住房打算

未来的住房打算	大学专科以下	大学专科	大学本科	硕士研究生及以上	总体
购房	33.7%	23.2%	41.8%	58.2%	35.8%
租住公共租赁房	19.8%	21.1%	19.5%	15.6%	19.6%

续表

未来的住房打算	大学专科以下	大学专科	大学本科	硕士研究生及以上	总体
租赁代理经租等机构出租的住房	19.0%	29.4%	19.3%	5.1%	21.1%
租赁私人住房	12.5%	15.9%	10.5%	8.2%	12.5%
继续住单位宿舍	8.2%	6.7%	3.4%	2.7%	5.3%
离开上海	6.2%	3.2%	3.9%	6.1%	4.3%
其他	0.6%	0.5%	1.7%	4.1%	1.4%

（五）婚姻状况与住房需求

已婚的无房上海新市民更倾向于未来购房，占比达到 42.3%，如表 8-15 所示。

表 8-15　不同婚姻状况无房上海新市民住房打算

未来的住房打算	已婚	未婚	其他	总体
购房	42.3%	29.5%	11.9%	35.8%
租住公共租赁房	20.0%	18.3%	27.4%	19.6%
租赁代理经租等机构出租的住房	16.8%	26.4%	26.2%	21.1%
租赁私人住房	11.1%	13.9%	16.7%	12.5%
继续住单位宿舍	4.2%	6.3%	9.5%	5.3%
离开上海	4.1%	4.3%	7.1%	4.3%
其他	1.6%	1.2%	1.2%	1.4%

（六）到沪年限与住房需求

无房上海新市民中，近 10 年到上海工作的被调查对象约有 38% 的人准备购房，如表 8-16 所示。

表 8-16　不同来沪年限无房上海新市民住房打算

未来的住房打算	到沪年限				总体
	20 年以上	10～20 年	5～10 年	5 年以内	
购房	14.4%	31.9%	38.5%	38.1%	35.8%
租住公共租赁房	27.8%	19.5%	19.7%	18.7%	19.6%
租赁代理经租等机构出租的住房	22.2%	23.2%	20.5%	20.3%	21.1%
租赁私人住房	18.9%	14.5%	11.0%	11.9%	12.5%
继续住单位宿舍	12.2%	6.1%	4.3%	4.9%	5.3%
离开上海	3.3%	3.3%	4.1%	5.2%	4.3%
其他	1.1%	1.5%	1.8%	1.0%	1.4%

（七）购房时间

准备购房的上海新市民，打算条件成熟时购房，31% 的人等符合购房资格时买房，其中等社保年限达到 5 年后购房的为 21%，等结婚后购房的为 10%，如图 8-7 所示。

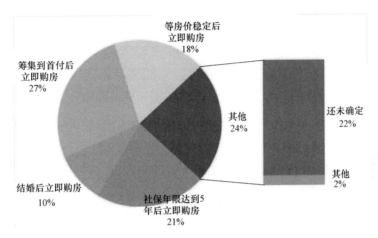

图 8-7　新上海市民购房时间打算

（八）购房区域

未来购房可考虑的区域中，60% 以上的人考虑浦东；其次是徐汇，占 37%；黄浦、闵行、长宁等都在 20% 以上，如表 8-17 所示。

表 8-17　新上海市民欲购房区域

区域	购房人选择比例
浦东	61%
黄浦	27%
徐汇	37%
长宁	23%
静安	19%
普陀	20%
虹口	13%
杨浦	14%
闵行	26%
宝山	14%

区域	购房人选择比例
嘉定	16%
金山	4%
松江	17%
青浦	7%
奉贤	5%
崇明	3%

从环线看，有74%的上海新市民考虑在中外环间购房，而考虑郊环外的比例较低，仅为17%，如表8-18所示。

表8-18 新上海市民欲购房环线区域

区域	选择比例
内环内	33%
内中环间	63%
中外环间	74%
外郊环间	46%
郊环间	17%

四、对共有产权住房的认识

（一）对共有产权住房的了解

被调查对象中，多数都听说过共有产权住房，其中知道上海共有产权保障住房的占44%，如表8-19所示。

表8-19 对共有产权住房的知晓情况

对共有产权住房的知晓情况	占比
知道北京最近出台了共有产权住房政策	33%
知道上海有共有产权保障住房	44%
知道英国有共有产权住房	27%
听说过其他地方有	19%
都不清楚	17%

（二）是否考虑购买共有产权住房

对于"如果有保障机构或开发企业推出共有产权住房（住房价格按市场价格，个人购买部分产权，开发企业或保障机构拥有其余的产权份额），且您有机会购买，您会考虑吗？"这一假设性问题，有 84.9% 的人表示考虑，其中居住证积分达标者有 89.7% 的人表示考虑购买共有产权住房，91.3% 的居住证积分达标的无房者考虑购买共有产权住房，如表 8-20 所示。

表 8-20　居住证持有人是否考虑购买共有产权住房

是否考虑购买共有产权住房	积分达标者	其中：积分达标无房者	积分未达标者	总体
考虑	89.7%	91.3%	75.3%	86.6%
不考虑	10.3%	8.7%	24.7%	13.4%

（三）对新市民共有产权住房收入线的考虑

对于"假如有面向上海新市民的共有产权住房，您认为将家庭人均月收入线设为多少合理？"这一假设性问题，68.6% 的人认为应将收入线定在 1 万元以下，73.7% 的积分达标无房者认为应将收入线定在 1 万元以下，如表 8-21 所示。

表 8-21　认为面向新市民的共有产权住房应设的收入线

收入线	积分达标无房者	全部
6000 元以下	16.2%	16.8%
8000 元以下	28.5%	24.7%
10000 元以下	29.0%	27.1%
12000 元以下	12.2%	12.5%
15000 元以下	7.4%	8.4%
不设收入线	6.7%	10.5%

（四）共有产权住房租金问题

对于假设问题"您认为购买共有产权住房后，对未购买的产权部分是否应该支付租金"，59.2% 的人认为应该支付未购买部分的租金。

（五）共有产权住房上市限制

对于假设问题"如果设定'购买共有产权住房后，必须继续工作一定年限后才能购买完全产权'"，44.5% 的人认为限售期 5 年比较合适，32.5% 的人认为 10 年比较合适。

(六) 后期管理

对于假设问题"如果设定'共有产权住房,只能自住,不能出租、出借及作为其他非自住使用'",82.1% 认为这一规定合理。

第四节　共有产权住房对新市民支持的可能

一、通过产权支持青年家庭住房的可能性和必要性

(一) 产权支持住房政策可以聚焦重点人才群体

来沪人才主要由高校毕业生留沪、人才引进两种途径,这些人才最初都是非户籍人才,但有些高校毕业生或引进人才可以在申请留沪时即取得上海户籍,成为"新户籍人口"。因此,人才按是否取得户籍可分为两类:

一类是未取得户籍的本市居住证持证人。为规范人口服务和管理,提高政府服务水平,上海市对境内来沪人员实施居住证管理制度,其中对符合"两个合法稳定"的人员颁发《上海市居住证》。2013 年 7 月 1 日起,实施居住证积分制度,积分达到标准分值(目前为 120 分)的,可以享受相应的公共服务待遇。据市有关部门统计,截至 2016 年底,在有效期内的《上海市居住证》(不含临时居住证)持证人为 163.87 万人;居住证积分达标准分值的有 25 万人左右。

另一类是已取得上海户籍的人才,具体又包括 3 种情况:一是大学毕业即取得户籍的外省市大学生,近年每年约有 2 万人;二是原本市户籍青年人才;三是持有《上海市居住证》满 7 年并符合一定条件取得户籍的人才。

以上两类人才可考虑作为人才住房政策的重点,且这部分人才的收入较高、职业稳定,有可能支付得起产权住房,并会在上海"扎根"发展。

(二) 向人才供应共有产权住房符合人才安居需要

1. 产权住房支持符合人才的成长规律

部分青年人才家庭通过公共租赁住房等解决了住房问题,但仍有部分收入较高、

预期收入增长较快的家庭，希望通过购房解决住房问题。在这些家庭中，部分人才由于阶段性储蓄少，在购房上仍需要政策支持。人才的住房政策更大程度上要按"来得了、待得住"的要求，与人才的成长规律相适应，通过政策支持，解决阶段性购房支付能力不足问题。因此，通过共有产权住房，可以起到对人才的"短期支持、长期激励"作用。

2. 共有产权保障住房供应正在聚焦户籍青年

上海共有产权保障住房制度从 2009 年开始实施，该制度体现了家庭自助与政府帮助相结合的保障形式，比较适合房价相对较高的大城市住房供应体系。从实施效果看，共有产权保障住房制度针对性较强，将住房保障资源供应给了城市最需要保障的住房困难家庭。根据我们的抽样调查，共有产权保障对象中有未婚子女的家庭占到 80% 以上，有效解决了两代人的住房问题。共有产权保障住房以自住为主，约 90% 的家庭准备长期居住，只有约 2% 的家庭明确 5 年后上市出售。所以，在上海中老年家庭住房问题逐步解决以后，未来共有产权保障住房供应的对象可能越来越以新婚青年家庭为主。

3. 可形成"租售衔接"梯度改善的青年人才住房政策体系

如果青年人才在到上海工作的前 6~10 年持有人才居住证，则可以通过公共租赁住房等解决住房困难问题。取得户籍后，应支持其申请共有产权保障住房，由"租"到"购"的支持相衔接，形成完整的"租售并举"的青年人才住房支持体系。

先租赁支持、再购房支持的模式，也比较适合人才的使用规律，当青年人才初到上海的几年，是否适合在上海长期发展还有不确定性，所以通过租赁支持。6~10年后，如果青年人才适合在上海长期发展，则需要购房安家落户，通过购房支持，使其"有恒产而有恒心"，安居乐业。

(三) 人才对共有产权住房政策的认可度较高

我们对上海青年人才为主非户籍常住人口进行的调查，被调查对象中，多数都听说过共有产权住房，其中知道有上海共有产权保障住房的占 44%。

对于"如果有保障机构或开发企业推出共有产权住房（住房价格按市场价格，个人购买部分产权，开发企业或保障机构拥有其余的产权份额），且您有机会购买，您会考虑吗?"这一假设性问题,有 84.9% 的人表示考虑,其中居住证积分达标者有 89.7% 的人表示考虑购买共有住房,91.3% 的居住证积分达标的无房者考虑购买共有产权住房。

二、面向人才的共有产权住房宜定位于阶段性支持政策

(一)应定位于支持性激励政策而不是救济性保障政策

人才住房政策的出发点是激励其在上海"安居乐业"。这些家庭工作稳定,收入有增长空间,不存在基本住房困难问题,只存在阶段性支付能力不足问题,不同于面向城镇户籍中低收入住房困难家庭的住房保障,既不是保基本,也不需要长期保障。所以,对各类人才的住房政策应定位于阶段性住房支持政策,不是救济性的保障政策,而是激励政策。

(二)防范成为普惠性、持续性的保障政策

一是要使被支持对象认识到面向人才的共有产权住房只是阶段性的支持和帮助,最终需要他们通过自身的努力,进入市场化供应体系。二是由于共有产权保障住房有收入线的限制,也要防范有家庭为了取得共有产权保障住房,故意降低收入、减少工作的现象发生。三是限量供应,面向人才的共有产权住房由于不是"基本保障",不能"应保尽保",政策的覆盖面不宜过大。四是建立轮候机制,并通过"轮候"机制进行过滤,使有能力通过市场早点解决而不愿等待的家庭更多通过市场解决。

(三)防范"投资性"购房,确保用以自住

面向人才的共有产权保障住房,必须严格按市场机制,保证共有产权住房不能成为"住房投资"工具。针对现有共有产权保障住房供应中定价和产权份额都有明显让利的现象,面向人才的共有产权保障住房销售价格、产权份额、后期上市收益等方面,不能简单套用保障住房的机制。在政府产权份额的使用权部分可以有让渡,但所有权的收益上不能让渡。同时,在后期使用上要有更严格的要求,不仅不能出租,而且不应长期空置。

（四）防范保障固化，促进住房保障资源持续利用

一是通过租金机制，鼓励购房人退出，体现阶段性支持。对于政府产权部分应该收取租金，但阶段性可以免租金或低租金，即一定年限内免收租金或少收租金，当购房 5~10 年后，随着购房家庭的收入增长，可考虑对政府产权部分收取租金，具体可参考公共租赁住房的租金收取机制。这可以不同于面向户籍中低收入家庭的共有产权保障住房，其对政府产权部分是永远免收租金的。

二是建立二级封闭交易市场，促进保障住房资源持续使用。面向人才的共有产权住房，在帮助他们阶段性解决居住问题的同时，更希望他们将来能改善住房条件，走向市场。所以，应鼓励这些家庭退出，并取得自己产权部分的市场化收益。同时从房源使用的角度，希望这些房源能继续用于新的人才，所以不鼓励这些住房成为完全商品住房上市交易。因此，应建立面向新申请家庭的二级交易市场，即：个人退出共有产权住房时，只能出售给新的申请家庭，按市场评估价格出售，个人获得自己产权部分的收益，政府产权部分自然过渡到下家。

三、上海将共有产权保障住房覆盖面扩大到非户籍家庭的做法

上海于 2018 年 10 月发布了《关于进一步完善本市共有产权保障住房工作的实施意见》（沪府办规〔2018〕27 号），将共有产权保障住房扩大覆盖面，把"持有居住证达到规定年限，在本市无房、已婚、长期稳定工作并正常缴纳社保且符合共有产权保障住房收入和财产准入标准的非户籍常住人口"纳入现有的共有产权保障住房制度，并将之仍定位于"保障"，其中提到"坚持本市共有产权保障住房保障属性不变，将本市共有产权保障住房供应对象稳妥有序扩大至非户籍常住人口，重点解决符合条件的各类对象住房困难问题"。

（一）该政策实质上是一项人才住房保障政策

上海对人才的认定不是简单地依据学历、职称等，而是利用市场机制，由社会和单位认定。但在非户籍常住人口中，于 2013 年 7 月开始实施居住证积分制度，积分达到标准分值（目前为 120 分）的，可以享受相应的公共服务待遇。这部分积分达标的非户籍常住人口一般都是人才。

根据《上海市居住证管理办法》的相关规定，居住证积分制度是通过设置积分指标体系，对在本市合法稳定居住和合法稳定就业的持证人进行积分，将其个人情况和实际贡献转化为相应的分值。随着持证人在本市居住年限、工作年限、缴纳社会保险年限的增加和学历、职称等的提升，其分值相应累积。积分达到标准分值的，可以享受相应的公共服务待遇。

居住证积分指标体系包括年龄、教育背景、专业技术职称和技能等级、在本市工作及缴纳社会保险年限等基础指标，并根据本市经济社会发展状况和人口服务管理需要，设置加分指标、减分指标、一票否决指标。各指标项目中根据不同情况划分具体积分标准，详见《上海市居住证积分管理办法》。

由于部分人才在工作的初期，存在阶段性的住房支付能力不足问题，但其工作大都比较稳定，收入有稳定增长的趋势，未来有购房的支付能力，所以可以先纳入共有产权保障住房的范围内。

（二）准入条件较户籍家庭更严格

对非户籍中低收入家庭的具体准入标准为：同时符合下列条件的非本市户籍居民家庭，可申请本市共有产权保障住房。

（1）持有《上海市居住证》且积分达到标准分值；

（2）在本市无住房；

（3）已婚；

（4）在本市连续缴纳社会保险或者个人所得税满5年；

（5）符合本市共有产权保障住房收入和财产准入标准。

这里有几个条件比户籍家庭更加严格，一是只能以家庭来申请，而单身人士不能购买，这主要是由于上海市商品住房市场有限购政策，非户籍人口只有已婚才能购买商品住房，所以要求"已婚"；二是要求"无房"，而不包括有房的住房困难家庭，而户籍家庭的这一条件是住房困难，人均住房面积低于一定标准；三是要求在本市连续缴纳社会保险，主要是要求申请人已经工作了一定年限，且继续在工作。

（三）申请地不同，考虑职住平衡问题

不同于户籍家庭在户籍所在地社区申请，非户籍家庭应当在居住证持证人单位

注册地所在街道（乡镇）社区事务受理服务中心申请。

（四）房源封闭，建立二级市场

面向户籍家庭的共有产权保障住房，5年后可以上市或购买政府产权，但面向非户籍家庭的共有产权保障住房只能在二级市场上卖给新的符合条件的家庭，不能购买完全产权，不能变为商品住房，即房源完全封闭。具体规定为：

居住证持证人取得不动产权证满5年，并同期在本市累计缴纳社会保险或者个人所得税满5年，自有产权份额部分，可向其他符合购买共有产权保障住房条件的居住证持证人转让或由区住房保障机构回购。凡共有产权保障住房购买人购买商品住房的，应当先将该共有产权保障住房转让给其他符合购买共有产权保障住房条件的居住证持证人或由区住房保障机构回购。转让给其他符合购买共有产权保障住房条件的居住证持证人的，共有产权保障住房性质和政府产权份额不变。

共有产权保障住房由区住房保障机构回购的，回购价格为原销售价款加按照中国人民银行同期存款基准利率计算的利息。

（五）体现阶段性的住房支持

上海2018年的共有产权保障住房扩大覆盖面到非户籍家庭的政策，是对非户籍人才的中低收入家庭的一种住房支持，而且是对阶段性支付能力不足购房人的支持，这部分家庭有收入增长的空间，而不同于对户籍家庭中低收入家庭的支持。

作为一种阶段性人才支持政策，同时还体现在房源封闭运作上，共有产权保障住房不能上市或变为完全商品住房，所以购房人要改善住房条件必须退出保障体系。考虑到购房人收入有不断增长的趋势，预期购房人最终都会退出。

（六）尽可能利用现有共有产权保障住房制度

由于共有产权保障住房扩大覆盖面到非户籍家庭，在收入标准上与现有面向户籍家庭的政策一致，所以除上述住房困难标准、房源封闭运作上不同之外，其他规定尽量使用现有政策体系，如房源建设、后期管理等完全纳入现有共有产权保障住房框架，包括后期不对未购买产权部分收取租金等。

四、未来面向中高收入人才的住房支持的方向

随着住房价格的上升，部分中高收入家庭既不符合共有产权保障标准，也无能力购买商品住房，这部分"夹心层"人才仍需要支持。如何面向这部分家庭供应共有产权住房，则不能简单地通过扩大共有产权保障住房覆盖面实施，或提高准入标准解决。因为这部分人群收入总体较高，对他们支持不是"基本保障政策"，而是激励政策和支持政策。

（一）金融税收支持为主，适当使用共有产权住房

对于中高收入的人才，在通过市场化租赁解决住房没有困难情况下，关键是对于准备购房的家庭给予一次性支持，包括购房时的货币化补贴、税收优惠和信贷支持等。当然，在未来条件允可时，也可以将共有产权住房机制运用于中高收入人群。

如果将共有产权住房运用于中高收入人才，也可以考虑不使用"保障住房"，而使用专项住房或商品住房的共有产权机制。

（二）准入标准有上限和下限

准入标准上可以设立收入的上限和下限。其中收入上限考虑购买不起商品住房，下限考虑可以支付得起未来共有产权住房的购房款还贷，但高于共有产权保障住房准入标准。收入下限可以考虑和共有产权保障住房的收入上限相衔接。

（三）对共有产权住房未购买产权部分考虑收取租金

针对中低收入家庭的共有产权保障住房，政府的产权部分相对应的使用权完全让渡给保障家庭，不收取租金。但针对人才的共有产权住房，理论上应对政府产权部分收取租金。对于未购买产权部分如果收取租金的话，则是完全的市场化机制，但为体现对购房人的支持，可考虑低租金或一定期间免租金。

（四）房源考虑半封闭而不是全封闭

参考现有共有产权保障住房机制，可以购买政府产权：① 5 年内无论何种情况

退出,按共有产权保障住房方式由政府回购;②5 年后购房人可以购买政府产权部分,但严格按市场评估价购买,政府没有让利(且在初次购买时,价格与产权份额也没有让利),在产权部分购房人不能从政府处得到支持;③建立半封闭的市场,购买人5年后出售,可在专门的二手市场上出售,供应给新的申请家庭,价格按市场价格×个人产权份额,即只交易个人产权部分,政府的产权部分不变且直接转移到下一产权证中,同时可研究在税收等方面的优惠政策;④在专门二手市场上挂牌一定期限(如3个月)无人购买的,可在市场上出售,仍取得个人产权部分收益,政府收回相应产权部分收益。加之规定,人才安居房只能是购房人唯一住房,如果后期购买商品住房必须先退出,则可基本防止以投资为目的的购房行为。

第五节 我国其他主要城市面向人才的产权住房政策

一、北京市的共有产权住房

北京作为共有产权住房六个试点城市之一,其共有产权住房起源于限价商品住房,当时称为"中低价位自住型改善型商品住房",通过"限房价、竞地价"等方式出让土地,由房地产开发企业建设限价房供应给城市居民。其销售均价原则上按照比同地段、同品质的商品住房价格低 30% 左右的水平确定。供应对象是所有北京可以购买商品住房的家庭(符合限购条件的家庭),对中低收入住房困难家庭没有特别的优先或优惠,所以总体上不属于住房保障的范围,主要是支持部分首次购房家庭。但该政策在实施过程中也遇到一些实际的难题,所以从 2017 年开始,通过进一步完善政策,北京开始实施共有产权住房政策,发布了《北京市共有产权住房管理暂行办法》(京建法〔2017〕16 号),并将未销售的自住型商品住房、限价商品住房、经济适用住房,以及政府收购的各类政策性住房再次销售的,全部纳入共有产权住房体系。

(一)共有产权住房定位于支持性政策

北京的共有产权住房仍延续自住型商品住房的政策目标,定位于支持性的政策,界定为"政府提供政策支持,组织建设单位建设,销售价格低于同地段、同品质商品住房价格水平，并限制使用范围和处分权利，实行政府与购房人按份共有产权的政策性商品住房"。

北京各层次的住房供应体系为：

对于中低收入群体，通过租赁型、小户型、低租金，满足市民基本住房需求，应保尽保。

对于夹心层群体，通过产权型、中户型、适当售价，满足市民自住性住房需求，做足做实。

对于高收入群体，通过产权或租赁型、市场价格，满足市民不同层次住房需求，加强调控。

其中，共有产权住房定位于主要面向"夹心层"的住房困难群体，作为中端支持的重要方式。

供应对象面向首次购房家庭为主，满足无房家庭住房刚需。要求"申请家庭成员名下均无住房"，但其对住房支付能力没有要求，即没有设最高收入线，理论上所有符合本市住房限购条件的无房居民家庭都有机会申请。所以，这一政策是一个典型的购房支持型政策，使购房人可以以一个较低的价格获得产权住房。这一政策的好处在于覆盖面广，可能产生的问题就是由于共有产权住房的总体供应有限，可能产生供不应求的现象。

（二）共有产权住房扩大到非户籍家庭

北京的共有产权住房在住房支持上，将覆盖面进一步扩大，扩大到所有"符合本市住房限购条件"的无房居民家庭，而不再限于户籍家庭。在具体供应过程中，设定了供应给非户籍家庭的比例为"满足在本区工作的非本市户籍家庭住房需求的房源应不少于30%"，并作为"贯彻中央以满足新市民住房需求为主要出发点要求的具体体现，更是我市推进'大保障、大支持'理念，大力倡导首都城市包容精神的重要体现"[①]。

但对于非户籍申请家庭，在符合商品住房限购条件情况下，同时必须在本区域有稳定的工作，即"在项目所在区稳定工作的非本市户籍无房家庭（新北京人）"。

---

① 北京市住房和城乡建设委员会，《共有产权政策系列解读之制度设计篇：深化住房制度改革，建立购租并举住房制度》。

（三）通过封闭运作，减少投资需求

北京的共有产权住房在后期采用了"封闭"模式，即共有产权住房未来只能出售给新的申请家庭，而不能变为市场化的商品住房，不同于以往的经济适用房、限价商品房、自住型商品房等产权型住房，保证了房源的循环使用。

其具体规定为，共有产权住房购房人取得不动产权证未满 5 年的，不允许转让房屋产权份额，因特殊原因确需转让的，可向原分配区住房和城乡建设委员会（房管局）提交申请，由代持机构回购。回购的房屋继续作为共有产权住房使用。共有产权住房购房人取得不动产权证满 5 年的，可按市场价格转让所购房屋产权份额。同等价格条件下，代持机构可优先购买；代持机构放弃优先购买权的，购房人可在代持机构建立的网络服务平台发布转让所购房屋产权份额信息，转让对象应为其他符合共有产权住房购买条件的家庭。新购房人获得房屋产权性质仍为"共有产权住房"，所占房屋产权份额比例不变。

该共有产权住房 5 年期满的转让是"带政府产权"转让，是一种简便的操作方式，同时要建立一个二级市场，将住房转让给新的申请对象，以真正实现"封闭管理、循环使用"，满足更多无房家庭住房刚需。

（四）突出对人才的支持功能

为了对人才的住房需求进行支持，北京的管理办法中要求各区人民政府应当按照人才工作需要，在重点功能区、产业园区范围内及周边建设筹集共有产权住房，用于满足区域范围内人才居住需求。

在此基础上，2018 年 7 月北京又出台了《关于优化住房支持政策服务保障人才发展的意见》，进一步强化了共有产权住房对人才的支持作用，要求各区人民政府结合本区功能定位、发展方向和引才需要，在编制年度政策性住房建设和供应计划时，确定一定比例的公共租赁住房和共有产权住房面向符合条件的人才专项供应，纳入全市政策性住房建设筹集计划管理。

同时，加大了面向人才的共有产权住房筹集力度，指出"各区人民政府应按照产城融合、职住平衡的原则，在园区范围内及周边建设筹集共有产权住房，用于满足区域范围内人才居住需求。通过新建方式筹集的，应在土地使用权招拍挂文件中注明面向符合条件的人才配售；通过收购剩余政策性住房筹集的，应指定市、区保障性住房专业运营管理机构按规定程序组织实施"。

在面向人才的共有产权住房中,强调了优先顺序,即:共有产权住房配售可通过摇号或会同区人才主管部门根据申购家庭情况打分确定选房顺序。其中,按照打分方式确定选房顺序的,各区可结合人才的急需程度、创新能力、影响力、发展潜力以及对所在行业领域的作用和贡献、在京服务年限等因素综合打分排队确定。

二、深圳的人才产权住房支持

深圳对人才住房的支持政策实施较早。2016年,深圳发布了《关于完善人才住房制度的若干措施》(深发〔2016〕13号),将人才住房定位于政府及企事业单位建设筹集、面向各类人才供应的政策性住房。人才安居实行以租为主、租售补相结合的原则。对于符合人才住房政策条件的各类人才,通过租赁或购买人才住房或领取人才住房货币补贴等方式,享受人才住房政策。

深圳的产权型住房支持主要是针对高端人才。杰出人才可选择600万元奖励补贴,也可选择面积200m^2左右免租10年的住房。选择免租住房的,在本市全职工作满10年、贡献突出并取得本市户籍,可无偿获赠所租住房或给予1000万元购房补贴。其他人才主要是享受租赁型住房支持或租赁补贴支持。

深圳在人才的认定方面有具体的目录。具有全日制本科及以上学历(含教育部认可的境外高等院校毕业的归国留学人员),或属于符合本市产业发展需要的技师(国家职业资格二级及以上),或列入市人力资源保障部门发布的紧缺专业人才目录,且与本市用人单位签订聘用合同或服务协议的各类人才,都属于人才的范畴,都可纳入人才住房政策适用范围。

2018年8月,深圳市进一步强调"减少高房价对吸引人才和发展产业的影响,不断提高城市对人才的吸引力和创新力",发布了《深圳市人民政府关于深化住房制度改革加快建立多主体供给多渠道保障租购并举的住房供应与保障体系的意见》,对人才住房支持更加强化。该意见指出"以人才住房专营机构为主,建设筹集人才住房、安居型商品房和公共租赁住房",并强调人才住房占住房供应总量的20%左右,重点面向符合条件的企事业经营管理、专业技术、高技能、社会工作、党政等方面人才供应,可租可售,建筑面积以小于90m^2为主,租金、售价分别为届时同地段市场商品住房租金、售价的 60% 左右。对符合条件的高层次人才实行更加优惠的政策。

深圳的人才住房采用封闭流转的制度。规定出售的人才住房和安居型商品房在一定年限内实行封闭流转。封闭流转期间，因另购市场商品住房等法定事由或自身原因需要转让的，应当面向其他符合申购条件的对象转让，或由政府按规定回购。购房人自购房之日起累计在深圳缴纳社保满 15 年，或者年满 60 周岁且购房满 10 年，符合深圳市人才安居办法、安居型商品房建设和管理办法等规定条件的，其所购人才住房或安居型商品房经政府批准后可以进入市场流转，但应当向政府缴纳一定比例的增值收益。

三、南京的人才共有产权住房

南京的共有产权住房分为面向保障对象的共有产权住房和面向人才的共有产权住房两大类。

南京市于 2015 年 4 月出台了《南京市保障性住房共有产权管理办法（试行）》，明确共有产权保障住房供应对象为"城市低收入、中等偏下收入住房困难家庭"，其中对家庭户籍、收入、财产、住房困难面积等都有明确规定，主要作为保障性住房政策，并没有作为人才住房的支持政策。

2017 年 4 月，南京市出台了《南京市人才安居办法（试行）》，将共有产权住房纳入人才安居政策之中，作为人才住房支持的一个重要手段。其对人才住房的支持主要包括实物配置和货币补贴两种方式。实物配置包括提供共有产权房、人才公寓、公共租赁住房。货币补贴包括购房补贴和租赁补贴。2018 年 1 月，市政府又专门出台了《关于进一步加强人才安居工作的实施意见》，进一步扩大了覆盖范围，增加安居方式，以重点关注高层次人才、高校毕业生、高校院所和企业人才、重大项目人才的安居工作，并对这四类人才实施不同的政策，如表 8-22 所示。

南京的共有产权住房政策仍是以高端人才为主，普通的高校毕业生并不能享受，总体看是一种人才吸引的激励计划。具体可以享受共有产权住房的人才对象为：

（1）A 类："千人计划"顶尖人才及以上。

表 8-22　南京市人才住房支持政策框架

人才类型		共有产权住房（m²）	购房补贴（万元）	人才公寓（m²）	公共租赁住房（m²）	租赁补贴（元/月）
高层次人才	A 一事一议	>200	>300	>200		
	B	150	最高 200	150		7500
	C	120	170	120		6000
其他省级人才	D	90		90		3600
	E				60	2400
高校毕业生	F				30	博士 1000 硕士 800 学士和技师 600

（2）B类：百千万人才工程国家级人选、世界500强企业总部首席技术官或技术研发负责人。

（3）C类：获得江苏省"333高层次人才培养工程"第二层次培养对象；中国互联网企业100强榜单企业技术研发负责人、管理团队核心成员（前三名）；获得特许金融分析师（CFA）或金融风险管理师（FRM）资格证书且正受聘我市经国家金融监管部门批准、在南京注册的银行等经营性总部金融企业或一级分支机构担任公司副职以上高管人员、首席分析师（或首席经济学家）2年以上者。

（4）D类：获得江苏省"333高层次人才培养工程"第三层次培养对象；获得省、部科学技术奖二等奖前3名，省、部技术发明奖二等奖前3名，省、部科学技术进步奖二等奖前3名；人力资源和社会保障部"高层次留学人才回国资助计划"入选者；正高级专业技术资格获得者（年龄应在45周岁以下）。

人才购买共有产权住房，与公有产权人分别持房屋所有权50%份额，在本市工作5年后，仍符合条件的，每年可以原价购买房屋产权份额的10%，也就是说工作10年后可以取得完全产权。

在后期使用中，人才在取得共有产权房完全产权份额前，不得用于出租经营，或者改变房屋用途。

要求购买共有产权住房的人才要继续在南京工作。人力资源和社会保障、房产部门每年分别对政策享受期内的人才劳动关系及住房情况进行核对。人才在服务期内因企业迁移、工作变动、自身条件等情况发生变化，已不符合条件的，房产部门应终止其继续享受共有产权住房。其申请共有产权住房不满 5 年的，由公有产权人实施回购，回购价格以第三方机构市场评估价为准，人才所持份额的溢价部分以 5 年为基数，按照其工作月份折算后归人才所有，评估价低于原购买价格的，由公有产权人按原价格回购。

南京的共有产权住房自购房发票记载时间满 5 年后可上市交易，个人和公有产权人按所持产权份额分配收益。

第九章

上海共有产权保障住房先租后售的尝试

第一节　先租后售的基本考虑
第二节　上海廉租住房先租后售的可能性
第三节　先租后售廉租住房与共有产权保障住房衔接的机制

第一节　先租后售的基本考虑

一、先租后售住房的作用

先租后售住房供应对象可能有两种基本情况，一是家庭原来没有能力购买住房，可以先租赁居住，待其有能力后购买所居住的住房；二是家庭可能有能力购买，但购买居住的意愿不确定，因此，可以先租住，根据居住状况，将来再决定是否购买住房。

针对这两种情况，推出先租后售的住房政策一般也有两个考虑。一是对于先期没有购买能力但未来收入有增长可能的家庭，希望他们不会因为收入提高后就直接退出现有保障性住房体系，而是有机会购买现居住的住房，既可提高其居住的稳定性，也可提高其家庭就业的积极性。二是当家庭在一个租赁的保障住房居住一定时间后，形成了稳定的居住状态，在可以确定该家庭是将该住房用于自住，而将来仍会将该住房用于自住的情况下，政府可以较低的价格出售保障性住房，以保障该家庭的长期居住权。

先租后售的住房政策对于享受住房保障的家庭而言，实质上是一种"权利"，或者是一种"期权"。一般情况下，先租后售的租住人，在获得租赁权时或租赁一段时间后就获得该住房的"购买权"。该购买权对应的价格一般会是低于市场的价格，起到政府对家庭的保障或支持作用。但家庭是否执行"购买权"，由保障家庭根据情况决定。如果租赁家庭不需要退出租赁保障住房，则可以选择继续租赁居住，也可以选择购买。

先租后售住房政策本质上也是在住房保障领域促进住房自有的重要政策，具体可以起到几个作用：

一是将保障住房给予最需要的家庭。保障性住房经过一段时间的租赁使用，确定了该住房是用于满足承租家庭的基本住房需求，而且在将来不大可能退出的情况下，将该住房出售给保障家庭，可以起到增加居住稳定性、增加家庭财产的作用，有利于提高保障家庭的社会经济地位。

二是减少福利依赖。以租赁住房为主的住房保障都有退出机制，当家庭收入提高、超过一定标准后就需要退出。但对于大多数住房保障家庭而言，由于家庭成员劳动技能较差等原因,提高收入的幅度有限,如果因为工作稍微超过保障标准就需要退出,则家庭将需要通过市场解决住房问题,住房的支出可能大幅上升,反而使家庭的负担更重。因此,许多家庭在这种情况下宁可少工作或不工作,以避免收入增加而需要退出保障。而先租后售给这些家庭提供了一个在收入增加下不简单退出保障的选择,所以,不会减少家庭工作的动力,相反,如果家庭有增加就业或工作时间的可能,会进一步提高收入,用于购买现有住房。

三是对政府而言,管理保障性租赁住房运营成本较高,而将住房出售给保障家庭,在一定程度上可以减少财政的压力,并将保障资金用于支持更多的家庭。

二、我国香港先租后售的实践案例①

我国香港房屋委员会(以下简称房委会)于1997年12月,为满足公屋居民置业需求推出了"租者置其屋计划"(简称租置计划),该计划当初的目的是在10年内协助最少25万个居住在租住公屋的家庭以负担得起的价钱购买他们当前居住的住房。当时该项计划的设想目标也是为提高住房自有率,以达到在2007年全港七成家庭拥有自有住房的目标。1998年1月,租置计划第一期推出,约提供了分属6个屋邨的2.7万套住房供现居租户认购。居民对该计划的反应非常积极,到2000年3月底,有75%的符合资格的租户购买了本身所居住的住房。房委会分别再于1999年3月和2000年1月推出租置计划第二期和第三期,按第一期的优惠定价条件,分别提供分属6个屋邨的2.7万套住房供居民认购。到2000年3月底为止,第二期屋邨的居民中有67.5%申请购楼,第三期屋邨的居民则有87%表示有意购买。租置计划共推出6期,房委会在2005、2006年推出第六期租置计划后,由于住房政策的调整,终止了该计划。但根据现行政策,现居住在已经批准可用于租置计划的住房中的租户仍可选择购买他们租住的住房,目前这些住房仍在出售。

购买租置计划住房的过程是:第一步,房委会公布可以实施租置计划的屋邨,公布售楼说明书给租户,将已批准的大厦公契放在屋邨办事处供租户查阅;第二步,租户如果有意购买,就向房屋署提交认购申请和意向金;第三步,房屋署决定是否

---

① 资料来源于香港特别行政区政府房屋署网站。

接纳租户申请；第四步，房屋署与租户签订买卖合同，租户成为购买单位的业主，原租约自动终止。主要制度要点有：

（一）申购资格

申请家庭没有收入、财产等方面的限制，只要是屋邨中可出售的独立住房的租户及其家庭成员都可以申请购买。具体需要满足的条件：购买人是户主或其他房委会认可的住客；购买人年满18岁；租约在申请购买时有效。

（二）定价机制

租置计划单位的售价以经调整"重置成本"为定价标准，租户在选定屋邨开始出售的前两年购买或者屋邨的新租户在租约生效后的两年内购买，可以享有特别折扣优惠。此外，房委会为购买人提供特别的按揭贷款安排。

1. 经调整重置成本

经调整重置成本是房委会确定出售价格的标准，是指以现在建设和出售相同类型住房的成本价（包括工程管理和资金成本，以及缴付给政府的土地成本）为基础，再综合考虑住房的楼龄和地理位置等因素，比如依据楼龄计算折旧率等，最终确定每套住房的定价。

定价在屋邨开始出售的前两年保持不变，之后每两年调整一次，调整后的定价，供未售出住房的租户购买。由于住房的市值主要包含地价和建筑成本，经调整重置成本只与建筑成本有关，因此并不直接与市值挂钩。但在确定住房定价的同时，房委会也会评定该住房的市值，目的是协助租户估算日后转让时所需缴付的补价。

2. 特别折扣优惠

为了鼓励租户尽快购买其居住单位，房委会规定：屋邨开始出售后两年内或者新租户租约生效后两年内，租户购买租住单位的，房委会给予定价基础上的特别折扣，第一年购买可享全部折扣率，第二年购买则只能享一半的折扣率。特别折扣优惠的具体折扣率并不固定，第一至三期计划特别折扣率的全额是60%，半额是30%，即第一年实际买价为经调整重置成本确定的定价的40%，第二年则是70%。

在享受各类折让后，购房者最后所得的"折上折"价可能只是市值的12%。这种定价方式充分考虑了购房者的负担能力，即在大多数情况下，购房后的总住屋开支（包括差饷、地租、管理费和按揭还款等），不超过应缴租金的两倍（约相当于市场租金）。

（三）租置屋邨的维修保养责任

房委会会提供楼宇结构安全保证，限期为 7 年。挑选出售的屋邨大厦，状况均良好，而房委会也会根据屋邨状况进行所需的售前维修工程。为使购买人安心，房委会会注资屋邨维修基金，数额为每套 14000 港元，足以支付约 10 年日常维修工程以外的大型维修费用。

（四）特殊情况下恢复租赁关系

对于遭遇特殊家庭变故的情况，如果获得社会福利署署长推荐和房屋署署长核实及批准，则可申请将住房回售给房委会后恢复租户身份，继续租住该住房或房委会提供的其他住房。

（五）转让限制

在购买的 2 年内，购买人如果需要转让的，必须首先按转让合同内指定的价格，由房委会回购，并将购买时所获得的"特别折扣优惠"的实际金额（如有的话）在回售时退还给房委会。在第三~五年，则可以房委会评定的回购价（以房屋提出回售申请时的评定市值扣除购买该住房时获得的折扣计算）回售给房委会，但在购买时所获得的"特别折扣优惠"的实际金额同样需要退还给房委会。若房委会拒绝业主的回售申请，业主可在公开市场出售居住单位，但须先向房委会缴付补价，金额等于原来折扣的现值。此外，从第三年开始，业主也可以选择把住房在居屋第二市场出售给符合购买资格的保障对象，并且不需要补价；或先缴付补价给房委会，金额等于原来折扣的现值，然后把住房在公开市场出售、出租或以其他方式转让。超过 5 年的住房，房委会则不再接受回购申请。

三、我国内地有关保障房"先租后售"的政策设计

在实践中，我国一些省市都在探索先租后售政策，将公共租赁住房或廉租住房

作为先租后售的对象。

（一）重庆公租房"先租后售"的相关规定

1. 申请条件

申请人应年满18周岁，在主城区有稳定工作和收入来源，具有租金支付能力，符合政府规定收入限制的无住房人员、家庭人均住房建筑面积低于$13m^2$的住房困难家庭、大中专院校及职校毕业后就业和进城务工及外地来主城区工作的无住房人员。但直系亲属在主城区具有住房资助能力的除外（按："有稳定工作"、"收入限制标准"、"无住房"、"住房困难家庭"、"住房资助能力"等概念涉及准入标准，均有明确界定）。

2. 出售管理

（1）承租人在租赁5年期满后，可选择申请购买居住的公共租赁住房。

（2）公共租赁住房出售价格以综合造价为基准，具体价格由市物价部门会同市住房保障、市财政等部门研究确定，定期向社会公布。

（3）购买公共租赁住房，可选择一次性付款或分期付款。一次性付款后，不再支付租金；分期付款时，未付款面积按照规定缴纳租金。

（4）购买的公共租赁住房可以继承、抵押，不得进行出租、转让、赠与等市场交易。抵押值不得超过房屋购买原值的70%。

（5）购买人通过购买、获赠、继承等方式在主城区获得其他住房，且达到政府公布的主城区人均住房建筑面积标准的，或因特殊原因需要转让以及抵押处置时，由政府回购，回购价格为原销售价格加同期银行存款活期利息。

（二）淮安公租房"先租后售"的相关规定

1. 申请条件

淮安市公租房的申请条件与重庆接近，某些细节上的规定较重庆更加严格。主要表现在：第一，市区住房困难家庭具有本地城市户口且实际居住2年以上；第二，新就业人员须具有就业地城市户口，且自毕业的次月起计算，毕业不满5年；第三，外来务工人员须持有就业地城市的暂住证（居住证），并在就业城市连续缴纳城镇职工基本社会保险2年以上（重庆规定为6个月以上）。

2. 出售管理

承租政府所有的成套公共租赁住房的保障对象，原则上住满 2 年后，可以家庭为单位，根据自身条件按照出资不低于 60% 的标准申请购买承租的公共租赁住房，形成共有产权住房。申请购买的全价为市场评估价。

（三）我国其他城市有关保障房"先租后售"的具体机制

目前，重庆、淮安只是在公租房管理规章中附带地对公租房的出售作出了原则性的规定，尽管已涉及出售价格等关键性的制度要素，但内容较为简略。这代表了国内大多数地区公租房（或廉租房）先租后售政策的进展状况。另一方面，国内也有一些地方已针对廉租房或公租房的先租后售出台了专门的指导意见或实施细则，如昆明市、洛阳市、贵州省及其下属的安顺市、六盘水市，尽管尚未见付诸实施的报道。现对国内各地的有关政策设计的主要内容作一归纳总结。

1. 出售价格

各地廉租房或者公租房出售的价格都基本规定为政府定价，定价原则为成本价或者略低于成本价，最低不能超过成本价的 80% 或者 70%。但是成本价具体指申请购买时再建同样单位的成本价还是建成该单位时的成本价，则没有进一步指明。

也有少数例外，如六盘水市规定，出售价格为当年新建公共租赁住房出售价格扣除折旧；淮安市的"市场评估价"自然也是指现价。

各地规定的定价原则一般均带有优惠的含义，同时考虑政府的房屋建设或收购成本以及被保障家庭的经济承受能力等因素。此外，各地一般均规定，出售和购买廉租住房涉及的契税、印花税，按国家规定的税收优惠政策执行，并免收各项行政事业性收费。

2. 购买方式

一般均规定可以一次性付款，也可以分期付款。

一次性付款的，一般可享受总房款 10% 的优惠。其中昆明市规定：一次性付款，给予购售房款总金额 10% 的优惠。分年度分次付款，1 年内付款的优惠 6%；2 年内分 2 次付款的优惠 3%；3 年内分 3 次付款的优惠 2%；4 年内分 4 次付款的优惠 1%。

分期付款的，均规定首付比例（如贵州省安顺市为50%；洛阳市为40%；昆明市为30%；河南省卫辉市为20%），同时规定分期付款的期限，一般为3～5年，最短的为1年（河南省卫辉市）。有的还明确规定，在房款余款未缴清前，按未交房款产权比例缴纳廉租住房租金（贵州省安顺市）。

有的城市还规定，享受实物配租的保障对象，在购买现住廉租住房时，可将其已缴纳的租金转作购房款，但对计算租金的期限有限制（如安顺市规定最多不能超过36个月）。

3. 售后管理

一般规定，售房单位按照实际收取售房款的5%计提廉租住房共用部位、共用设施设备维修资金，购房人按照购房款总金额的2%缴纳共用部位、共用设施设备维修资金，建立维修基金制度，并按照相关规定，实施物业管理。

还规定，出售廉租房的收入，必须全额存入各级廉租住房保障资金专户进行管理，封闭运行，专项用于廉租住房建设，不得挪作他用。

4. 转让限制

一般均规定，已出售廉租住房为有限产权（洛阳、淮安等市明确规定为政府和个人共有产权），实行上市交易准入制度。转让限制期一般为5年（个别地区如贵州省为10年），购房人在取得房屋所有权证5年内不得上市交易，确有特殊原因需出售的，由房管部门按原实际售价（或原售价并考虑折旧及资金利息等因素）回购；5年后，需出售的，补缴国有土地使用权出让金等费用，或补足政府产权部分取得完全产权后，可上市交易。有的城市还明确规定，将所购廉租住房上市交易的家庭，不得再次申请保障性住房。

5. 其他制度要素

还有其他不少政策要点，各地多有涉及。如可出售房源，一般为政府出资修建或收购的廉租房及在普通商品房和经济适用住房建设项目中配建的廉租房；再如申请购买廉租房的资格及时限，一些地方对租赁期限有明确限制，规定租赁满一定年限后租户才可以申请购买所租住的单位，也有不少地方对租赁的期限没有限制，即只要是合格的廉租房租户，随时有权申请购买所租住的单位；又如对购买人付款违约的处理，如果购房人不能按约缴纳房款，则售房单位收回房屋，已经收取的房款扣除其应该缴付的租金后归还购买人。

四、"先租后售"政策可行性

"先租后售"模式能否成功,关键在于如何让低收入者买得起房。发达国家及地区(包括我国香港)的公租房"先租后售"政策实施比较成功,得益于其合理的制度安排,如房价优惠政策、贷款优惠政策、产权分享政策等。这些政策有效解决了低收入家庭的购房困难问题,值得借鉴。首先,在房价的制定上充分考虑购房者的负担能力。香港租置计划用经调整重置成本外加特别折扣优惠的定价方式就很有见地,经调整重置成本,意味着购买人的购房价格正好可以让政府再建一个单位用于编配,在此基础上再施加特别折扣优惠,使购房者置业后的住房总支出不超过应缴租金的两倍,对购房者有很好吸引力。其次,在付款方式上,允许购房者有按揭贷款,首付比例很低,并向他们提供政策性的长期优惠贷款。最后,如果购房者支付能力还不足,可采用产权分享政策,如英国的共有产权住房,由于最低可购买共有产权住房25%的所有权,待收入增加后,再购买全部所有权,未购买部分支付租金,也有先租后售的性质。

我国内地的保障性住房先租后售,在制度设计上比较简单,各项规定比较严格,对购房者的优惠不大,对购房者提供支持的政策工具不多,所以仍在探索阶段。

第二节 上海廉租住房先租后售的可能性

一、实物配租廉租住房政策的基本情况

上海是全国最早探索实施廉租住房制度的城市之一。2000年《上海市城镇廉租住房试行办法》的出台,标志着上海成为全国首个实施廉租住房制度的城市。上海的廉租住房制度在保障对象上实行收入和住房面积双重准入标准,最初收入标准与民政低保线挂钩,主要解决人均居住面积 5m² 以下的城镇低保户家庭住房困难问题。其后,根据经济社会发展情况和政府承受能力,不断适时放宽廉租住房准入标准,逐步扩大廉租住房受益面。到 2018 年,廉租住房准入标准调整到人均月收入 3300 元以下。截至 2018 年 6 月,上海廉租住房累计受益家庭达 12 万余户,对符合条件的廉租住房申请家庭基本实现了"应保尽保"。

上海市廉租住房的配租方式有租金补贴和实物配租两种形式，其中以租金补贴为主、实物配租为辅。实物配租是由政府提供实物住房，供保障对象廉价租赁。为保证实物配租政策的可持续发展、适当提高实配比例，经过试点探索，自2008年起，上海全面推行实物配租新机制，即住房保障机构组织提供租赁房源并按照市场租金的一定比例收取租金，实物配租家庭按家庭月收入的5%～10%支付自付段租金，其余租金由政府补贴，并直接支付给住房出租人。

在准入标准上，实物配租也根据市场租赁房源供应状况和廉租房源筹措等情况，适时放宽。2008年，对孤老病残、社会优抚等8类特殊家庭，进行实物配租；2009年，将配租家庭人数在3人及以上、缺额面积在人均居住面积3m^2以上的廉租家庭纳入实物配租范围，2010年进一步将配租家庭人数在4人及以上、人均居住面积5m^2以下的家庭纳入实物配租范围。2013年起，将实物配租范围放宽至所有廉租家庭，同时对孤老病残、社会优抚等8类特殊家庭实施优先配租。目前，实物配租的廉租住房家庭近1万户。

目前上海实物配租廉租住房的房源分别采取市和区共同筹措的方式筹集，分为"只租不售"和"先租后售"两类。其中"只租不售"的房源主要为在市中心城区域和郊区主城区域内筹措的房源；"先租后售"的房源主要为在近郊大型居住社区内筹集的房源，申请家庭居住满一定年限后，具有支付能力并符合共有产权保障住房申请条件的，可以按照规定申请购买。

二、实物配租廉租住房运行中面临的难点和问题

实物配租政策的实施效果是值得肯定的，它满足了最低收入群体的住房需求，发挥了整个住房保障体系中最基本的托底功能。但其在运行中也面临着一些难点和问题：

其一是供需平衡问题。实物配租的房源出现了明显的供不应求。其原因是：全面放开实物配租政策后，合格的需求者大幅增加；同时，由于实物配租房源条件较好，住房装修状况较好，相对于租金配租而言居住稳定，租金水平又不高，许多家庭可能宁愿选择实物配租而不愿选择租金补贴，这样就会造成廉租住房供需关系的内部不平衡。

其二是后期管理问题。实物配租的后期管理难度大、成本高。如有些家庭不能按时缴纳租金,并给邻里带来示范效应;再如,转租等不规范使用现象时有出现,对此目前还没有较好的发现、检查、处理机制,而且管理成本极高;又如,退出难,这是实物配租后期管理中遭遇的最大难点之一,部分经济状况有所改善的廉租住房保障对象不愿退出,由于这些家庭没有其他住房,强制退出的程序与执行还不现实。

其三是政府财政压力可能加大。实物配租的房源要由政府来筹措,初始的筹措成本和后期的管理成本都非常高,而且在退出难的情况下,政府需要不断筹措新房源,负担重。一旦经济状况不佳,政府财政收入下降,将影响到该政策的可持续性。

三、实施"先租后售"政策对完善住房保障体系的作用

一是有利于保障对象向上流动。本市的廉租住房实物配租政策在实施过程中,出现了一些新情况和新问题,需要进一步完善。其中一个较明显的问题是,廉租住房政策与共有产权保障住房政策之间衔接不足,从而影响了制度的运行效率。例如,部分享受实物配租的家庭经过一段时间的收入、资产积累,已不符合廉租住房的保障条件,但他们又没有足够的支付能力立即购买共有产权保障住房。在没有把握获得共有产权保障住房的情况下,这部分家庭通常不会选择主动退出廉租住房。这些对象即使被动退出,也仍然属于住房保障对象,其住房困难问题仍然需要适当的保障性住房政策解决。

二是维持保障性住房社区稳定。一些廉租家庭经过一定时间的居住,已经逐渐融为社区的一分子,建立了稳定的社区关系网络,尽管他们已有能力购买共有产权保障住房,但由于要退出原先居住的廉租住房就可能面临重新选择居住区域等实际问题,是否能找到合适的共有产权保障住房有很大的不确定性。

对于上述情况,实行廉租住房实物配租房源的"先租后售",不失为一个可取的政策设想。其主要思路是对在大型居住社区内筹措的、面向中心城区实物配租家庭供应的廉租房源,允许廉租住房实物配租家庭在租住满一定年限、支付能力有所提高后,按照共有产权保障住房的申请条件和要求,并给予适当的优惠,直接购买所租住住房,实现廉租住房保障政策与共有产权保障住房制度的无缝衔接,确保廉租家庭退出廉租住房体系后能平滑过渡到共有产权住房保障体系。

事实上，上海市相关管理部门已有初步的制度构想。上海市住房保障和房屋管理局 2012 年颁布的《上海市廉租住房实物配租实施细则（试行）》规定，中心城区等特定区域内的廉租房源由于建设筹措成本高、资源紧缺，只能用于廉租家庭租赁使用；而近郊大型居住社区中的廉租房源，可以经市和区县政府批准后转化为共有产权保障房，允许廉租家庭可以在租住满一定年限且符合共有产权保障房申请条件的情况下，按照共有产权保障房政策申请购买。

三是完善廉租住房退出机制。廉租住房"先租后售"政策可以完善廉租住房的退出机制，为保障住房建设提供资金上的持续性，也给经济状况有所改善的廉租住房受益家庭提供一个购买的选择，使其拥有自己的房产，并可以节约政府住房保障部门的管理成本，对完善上海市住房保障政策体系具有重要意义。

四、实物配租家庭"先租后售"意向调查

为了进一步了解全市廉租住房实物配租家庭的租住情况及先租后售的基本意向，2015 年底，我们组织了对实物配租家庭的抽样调查，共调查了 700 余户家庭，占全部实物配租家庭的比例约为 10%。如表 9-1 所示。

表 9-1 调查对象及房源属性

区域	房源属性		合计
	市属	区属	
静安	27	0	27
徐汇	35	0	35
闸北	33	0	33
黄浦	10	0	10
普陀	52	100	152
长宁	49	346	395
虹口	41	0	41
杨浦	31	0	31
全市	278	446	724

（一）基本情况

1. 居住的住房房型

调查家庭中居住的房型多为两室户，占比为 65%；其次为一室户，占比为 31%；

三室户最少。具体房型分布见表9-2。

表9-2 房源属性及房型比例

房型	市属	区属	总计
一室户	46%	20%	31%
两室户	54%	72%	65%
三室户		8%	5%

2. 居住年限

从调查家庭在实物配租住房中的居住时间看，约32%的家庭居住时间在2.5年以上，这部分家庭都达到可以提出"先租后售"的条件。如图9-1所示。

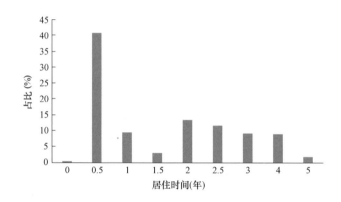

图9-1 实物配租家庭居住年限

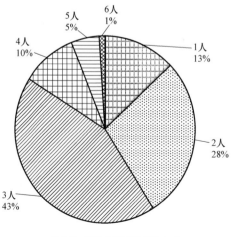

图9-2 实物配租家庭居住人口

3. 家庭现居住在廉租住房中的人口数

家庭中现居住在实物配租廉租住房中的人口数，以3人家庭居多，占43%，其次是2人家庭，占28%，如图9-2所示。

4. 家庭人均月收入情况

被调查家庭的人均月收入基本在廉租住房准入标准以内，其中，1600元以下的家庭占到46.6%，如表9-3所示。

表 9-3　家庭人均月收入情况

区域	家庭人均月收入（元）			
	1600 以下	1600~2000	2000~2500	2500~5000
静安	44.4%	22.2%	18.5%	14.8%
徐汇	55.9%	17.6%	23.5%	2.9%
闸北	56.3%	21.9%	9.4%	12.5%
黄浦	70.0%	20.0%		10.0%
普陀	32.6%	34.7%	26.4%	6.3%
长宁	50.3%	30.4%	14.0%	5.3%
虹口	47.4%	39.5%	5.3%	7.9%
杨浦	46.6%	30.0%	20.0%	3.3%
全市	46.6%	30.3%	16.7%	6.3%

5. 对现有住房感受

总体看，被调查家庭对现有住房的感受比较满意，认为解决了家庭的基本住房需求，占到 66.6%，说明这一政策的保障效果总体较好。如表 9-4 所示。

表 9-4　对现有住房的感受

选项	占比
基本满足住房需要	66.6%
面积偏小	24.3%
房间偏少	11.8%
空间设计不合理	7.2%
其他	3.4%

6. 在本小区居住过程中面临的主要困难

从实物配租家庭反映的主要困难看，主要集中在医疗、交通等公共配套不足，这是大型居住社区建设过程中的共性问题。具体如表 9-5 所示。

表 9-5　居民反映的主要困难

选项	占比
交通不便	62.3%
看病不方便	72.2%
孩子入托入学不方便	13.3%
购物不方便	42.9%
社区其他服务不足	14.4%

7. 对当前租金的看法

由于实物配租的廉租住房自付租金绝对额并不高，多数家庭认为租金可以承受或较低，占到 52.88%，但仍有不少家庭认为较高，如图 9-3 所示。

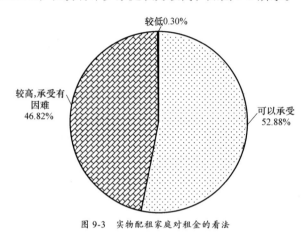

图 9-3　实物配租家庭对租金的看法

8. 是否了解共有产权保障住房（经济适用住房）政策

从调查情况看，多数家庭并不了解共有产权保障住房政策，而基本清楚与比较清楚的仅占四分之一，这可能为"先租后售"与共有产权保障住房的衔接带来政策解释的困难。如表 9-6 所示。

表 9-6　对共有产权保障住房政策的了解程度

区域	不太清楚	基本清楚	比较清楚
静安	65.4%	30.8%	3.8%
徐汇	75.0%	15.6%	9.4%
闸北	76.7%	20.0%	3.3%
黄浦	100.0%		
普陀	64.1%	28.9%	7.0%
长宁	80.2%	17.4%	2.4%
虹口	78.0%	22.0%	
杨浦	58.1%	41.9%	
全市	74.8%	21.7%	3.5%

（二）对"先租后售"政策的设想及意愿

1. 是否愿意购买现有住房

如果准备购买共有产权保障住房（经济适用住房），调查家庭中约有 90.1% 的家庭准备购买现在居住的廉租住房，只有不到 10% 的家庭准备购买新建经济适用住房，说明保障对象对先租后售政策还是有一定期待的。

2. 是否考虑购买现有住房

对于"如果允许按共有产权保障住房政策购买您现在住的住房，您是否考虑购买？"这一问题，约有 12.5% 的家庭表示考虑"尽快购买"，而约有 50.7% 的家庭表示"以后根据情况再决定"。相对而言，杨浦、普陀两区的购买意愿最强，其中杨浦区表示"尽快购买"的占到 32.1%。如表 9-7 所示。

表 9-7 实物配租家庭考虑购买现有住房意愿

区域	不考虑，准备长期租住	尽快购买	以后根据情况再决定
静安	45.0%		55.0%
徐汇	48.5%	9.1%	42.4%
闸北	40.0%	13.3%	46.7%
黄浦	44.4%	11.1%	44.4%
普陀	23.5%	19.9%	56.6%
长宁	38.1%	9.7%	52.2%
虹口	61.1%	5.6%	33.3%
杨浦	28.6%	32.1%	39.3%
全市	36.8%	12.5%	50.7%

3. 对住房最低居住年限的看法

对于"如果允许购买现有住房，您认为居住在现有住房中最低居住年限可设定为？"这一问题，多数被调查家庭认为最低居住年限应设定为较长的年限，如 53.8% 的家庭认为最低居住年限应设定为 7 年，约有 24% 的家庭认为应该设定为 3 年。如图 9-4 所示。

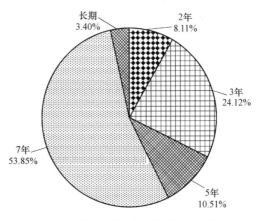

图 9-4 实物配租家庭对最低居住年限的设想

4. 对购买廉租住房付款的设想

对于"如果打算购买现有住房，认为可按哪种方式支付房款？"这一问题，有 34.3% 的家庭选择"一次性付款"，40.4% 的家庭选择"首付 20%，其他通过银行或公积金中心贷款",如图9-5所示。

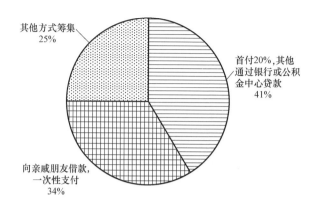

图9-5 购买廉租住房的付款打算

5. 对购买价格的看法

对于"如果购买现有住房,购买价格按申请购买时的同区域共有产权保障住房价格,您认为?"这一问题,约有23.8%认为"合理,可以接受",多数家庭认为"不合理",希望以更低的价格购买(表9-8)。

表9-8 对廉租住房按当前价格出售的看法

区域	合理,可以接受	不合理
静安	30.0%	70.0%
徐汇	15.0%	85.0%
闸北	51.7%	48.3%
黄浦	25.0%	75.0%
普陀	40.5%	59.5%
长宁	15.1%	84.9%
虹口	31.6%	68.4%
杨浦	16.7%	83.3%
全市	23.8%	76.2%

6. 对购买廉租住房后的打算

对于"如果购买现有住房作为共有产权保障住房,5年后的打算",多数家庭不清楚(如前所述,多数家庭还不了解共有产权保障住房政策),部分家庭倾向于长期居住,占26.3%,只有少数家庭准备出售或置换。如图9-6所示。

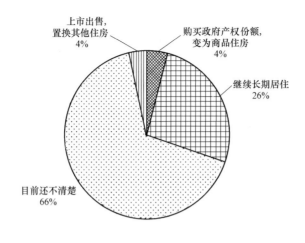

图 9-6　如果购买廉租住房 5 年后的打算

第三节　先租后售廉租住房与共有产权保障住房衔接的机制

一、为什么要与共有产权保障住房衔接

上海廉租住房实物配租先租后售的政策，最开始只是一个初步的设想，但要细化为政策就要考虑具体的方案，一是这些廉租住房如果先租后售是转化为商品住房还是继续作为保障性住房？二是如果作为保障性住房，是否要设立一个新的保障性产权住房品种？综合考虑下来，廉租住房先租后售还是与现有共有产权保障住房相衔接为好。

廉租住房政策与共有产权保障住房政策在政策覆盖面上存在着交叉，所以可以从两个方面考虑两者的关系。

一是廉租住房保障对象是否可以，以及如何购买共有产权保障住房。这部分家庭从政策上是既符合廉租住房的准入条件，又符合共有产权保障住房的准入条件，理论上他们有自由选择的权利，但在共有产权保障住房的前期开展过程中，发现一些本可以享受廉租住房政策的家庭购买了共有产权保障住房，但其后期支付能力出现了困难，有的家庭无法筹集到购房资金，有的家庭尽管通过贷款购买了共有产权保障住房，但在后期出现了还贷困难情况，造成了后续的问题。基于这种情况，最好的方案是，虽然这些廉租住房家庭有购买共有产权保障住房的意愿，但又缺乏支付能力，因此可实施先租后售政策，使他们"保留"购买共有产权保障住房的权力和可能，又不至于因购房陷入支付困难的困境，待其家庭收入提高后再购买共有产权保障住房。

二是对由于收入提高等原因退出廉租住房体系的家庭，如何做好与共有产权保障住房体系的衔接。这部分家庭退出廉租住房后，如果没有住房保障政策的帮助可能仍面临住房支付能力不足的问题，但由于要退出已有廉租住房就可能面临重新选择居住区域等实际问题，是否能找到合适的共有产权保障住房有很大的不确定性。

基于以上两个问题的考虑，将廉租住房实物配租和共有产权保障住房相衔接是一个较合理的选择。其主要思路是对在大型居住社区内筹措的、面向中心城区实物配租家庭供应的廉租房源，允许廉租实物配租家庭在租住满一定年限、支付能力有所提高后，按照共有产权保障住房的申请条件和要求，直接购买所租住住房，通过有机衔接机制，适时将各类住房困难家庭纳入多层次、多渠道的住房保障体系。

廉租住房"先租后售"政策设计的初衷是使住房保障对象实现长期"住有所居"。考虑到现有的"四位一体"住房保障制度已较成熟，通过与共有产权保障住房制度相结合，实现住房保障的"租售结合"，因此，在制度设计中应尽可能与已有的共有产权住房制度相衔接，尽量避免另起炉灶，以降低日后的管理成本。但同时也必须考虑到先租后售申请者比一般的共有产权住房申请者的平均经济状况要差一些，故从社会公平角度，可对他们给予相对多一点的支持。

二、与共有产权保障住房衔接需要解决的几个关键问题

（一）出售价格问题

在廉租住房先租后售中，要解决的核心问题是出售价格问题，出售价格是按"第一次租赁"时的共有产权保障住房出售价格，还是按申请购买时的共有产权保障住房价格？由于近年上海的住房价格上涨较快，同区域的共有产权保障住房价格已经显著上涨，所以保障对象最希望按承租时的价格购买，但这样是否合理，是否与现有的共有产权保障住房政策相冲突，是要解决的关键问题。理论上有以下几种可供选择的方案。

1. 约定的价格

如果廉租住房家庭与政府签订有"先租后售"的合约，或在租赁合约签订时有相应的关于未来出售价格规定的条款，则应从其约定。这一约定可以是当时廉租住房建设的成本价，也可以是当时的共有产权保障住房出售的价格、将来出售时共有产权保障住房的价格、出售时商品住房价格的一定折扣等。只要有约定，就宜从其约定。但需要注意的是，一般为鼓励廉租住房家庭早点购买，可以约定一定时期内购买按一个较低的价格，而随着时间的推移，可以减少政府出售价格优惠程度。

2. 按申请者最初入住廉租住房时的价格

该方案不考虑近年的房价上涨问题，直接用原来的共有产权保障住房价格，而且还可以考虑房屋的折旧因素。该方案的优点是：购房者可以较低的支出实现自己的"住房梦"。缺点是：政府让利过大，当前其他直接申请共有产权住房的家庭有意见（但他们不符合廉租住房资格，而前者属于照顾对象）；这是一种没有支付价格的"期权"，可能会导致实物配租的廉租住房更加供不应求；同时，政府建设保障性住房资金成本高，会增加政府的财政负担。

3. 按当前的共有产权保障住房价格

该方案即完全按当前周边的共有产权保障住房的出售价格，与其他共有产权保障住房购房家庭一样，同一住房同一价格。优点是：有利于政府回笼资金，减轻政府的财政压力；对当前其他直接申请共有产权住房的家庭没有影响，与现有的共有产权保障住房政策相协调。缺点是：价格较高，多数家庭可能支付能力不足。

4. 原价与现价两者的折中

该方案即在共有产权保障住房原来价格与当前销售价格之间，找一个平衡的价格。可能的依据是：原价 ×（1+ 平均住房上涨指数），或：原价 ×（1+ 同期利率 − 折旧率）。这一方案的优点是：综合考虑了购房人的住房负担问题、政府的财政压力问题及对当前其他直接申请共有产权住房家庭的影响。缺点是：定价方法较复杂，实践中不易操作。

比较几种方案，理论上最合理的是方案3，即根据当前的共有产权保障住房价格定价，与当前的共有产权保障住房政策充分衔接，管理成本最低，住房保障体系稳定，社会综合接受度最高。因为按照承租时的共有产权保障住房原始价格定价除上述缺点外还会产生许多实际问题，如：不少可售房源归公租房公司所有，它们有保本、微利的目标约束，不可能以过低的价格出售；售价过低可能导致本来计划直接购买共有产权住房的家庭转而申请廉租住房实物配租，造成制度不均衡；按原价出售还会导致同一时点购买相同住房而价格不一致的现象（因为购房人入住时间不同）。而按现价为基准定价，方法简单、易操作。为了解决价格偏高购房人支付能力不足的问题，可以通过其他方式对购房人给予补助，如将折扣率定得高一些；给购房人提供额外的补贴（如果可能的话）；还可以适当降低购房人的产权份额以降低实际销售价格。总之，先租后售既然是与共有产权保障住房接轨，其定价一定要参照当期共有产权住房的价格，但考虑到购房人仍属于廉租住房保障对象，可以给予适当优惠，实际销售价格可比共有产权住房价格略低，如打一点折扣。

但在实践中，比较可行的可能是以方案2为基础，在一定年限内购买，以优惠价出售，如按廉租住房家庭当初购买时相应的共有产权保障住房价格出售，增加一定的资金成本利息等。这样做的好处是保障家庭比较容易接受。这种方案的实施有一个前提，就是该住房供应要非常有限，即先租后售的住房不能有大量的供应，结合上海的实践，最好供应少数特殊需要照顾的家庭，如有无就业能力人口的家庭。考虑到上海近年廉租住房实物配租的数量基础以特殊困难家庭为主，所以该方案也较可行。

（二）支付能力问题

廉租住房家庭由于准入标准中收入线总体较低，且有复核机制，所以这类家庭在申请购买廉租住房时一般仍属于低收入家庭，总体的支付能力有限。从支付能力的角度看，对这些家庭的支持还应该多一点，如在销售价格上还可以有更多的优惠。

购房意愿是与购房价格及支付能力有密切联系的。关于购房价格，有23.8%的家庭认为，按申请购买时的同区域共有产权保障住房价格购买现有住房，是"合理，可以接受"的。另有76.2%的家庭认为"不合理"（嫌价格贵），持这种观点的首要原因是廉租家庭收入低、支付能力不足，可能还与部分家庭对先租后售政策有误解，将其当作福利及救济有关。赞成按申请购买时的同区域共有产权保障住房价格购买现有住房的家庭中，人均收入在2000~2500元区间的家庭相对比例最高，占比为41.3%，这与上述购房意愿的信息是一致的，如表9-9所示。

表 9-9　不同收入家庭对购房价格的期望

家庭人均月收入（元）	对按申请购买时的同区域共有产权保障住房价格的看法	
	合理，可以接受	不合理
1600 以下	18.1%	81.9%
1600～2000	18.8%	81.2%
2000～2500	41.3%	58.7%
2500～5000	39.4%	60.6%
5000 元以上	100.0%	

（三）如何评估出售价格

共有产权保障住房销售价格的相关内容由两部分组成：销售价格和购房人产权份额。如果有同地段同质量共有产权保障住房价格（包括产权份额）以供参考，定价自然很简单。但问题是：同地段一般不存在共有产权保障住房，即使有，也是新建共有产权保障住房的价格，而待出售的廉租住房是旧房，两者可能缺乏可比性。在这种情况下，待售廉租住房的定价只能参照同地段新建共有产权保障住房的价格再减去一定年限的折旧。

如果同地段不存在共有产权保障住房，则采取以下两种定价方法。

如果某社区提出租售转化的廉租实物配租家庭数量较多，则采用方法一：

先设法了解实行先租后售的廉租住房社区周边的房价，再根据周边房价确定廉租住房的销售基准价格，最后根据销售基准价格计算单套房屋的销售价格以及购房人产权份额。

如果某社区提出租售转化的廉租实物配租家庭数量有限，则采用方法二：

先通过专业房地产评估机构直接获取待售的单套房屋的市场评估价格，再根据单套房屋的评估价格确定其销售价格，最后根据销售价格与市场评估价格的关系确定产权份额。

上述方法一适用于提出租售转化的廉租实物配租家庭数量较多的情形，方法二适用于提出租售转化的廉租实物配租家庭数量有限的情形。另外，即使同地段存在新建共有产权住房，对租售转化的廉租住房也可以采用这两种定价方法。

（四）准入条件的衔接

廉租住房先租后售申请家庭，其在户籍、收入、财产等方面，必须符合现行的共有产权保障住房的准入条件，不能有突破。

现行政策中,在同住人户籍要求中,廉租住房实物配租的申请条件与共有产权住房的申请条件不一致、不衔接。廉租住房实物配租申请中,同住者放宽了户籍限制,而在共有产权住房申请中,共同申请者有严格的户籍限制。这会造成部分廉租住房实物配租家庭有资格居住,但无资格申请购买共有产权保障住房的情况。解决这个问题可采用的思路是认定相关申请者无资格,使之放弃购房,但允许该家庭符合资格的成员购买该住房,不受规定配售房型限制。

(五)申请审核流程

申请、审核、公示等具体购买流程可参照共有产权保障住房的购买流程(可略去轮候、选房等环节),采用单独的合同文本,且不与共有产权保障住房放到同一批次。待共有产权保障住房的申请受理常态化后,可完全纳入共有产权住房的申请审核流程。之所以采用单独的合同文本,是因为廉租住房的购买方式与一般的共有产权保障住房有所不同(允许分期付款),故应对相关的合同文本稍作修改,如"共有产权保障住房(经济适用住房)"的字样可改为"共有产权保障住房(廉租住房先租后售)",并增加有关分期付款的规定。

三、上海的实践方向

由于廉租住房"先租后售"在实践中可能遇到许多困难,包括得到社会的认可,所以上海在推出"先租后售"政策时比较谨慎,目前还没有正式实施,但形成了初步的试点政策,于 2017 年 8 月发布了《廉租实物配租房源与共有产权保障住房"租售转化"试行意见》。具体政策有以下几个特点。

(一)可售房源的确定

可以作为共有产权保障住房出售的廉租住房仅限于大型居住社区内的住房,其他廉租住房"只租不售"。主要考虑一是这些廉租住房与其他共有产权保障住房都在大型居住社区内,未来在管理上可以与现有共有产权保障住房完全衔接;二是市中心区的实物配租的廉租住房不作为"租售转化"的对象,与现有其他住房保障房源管理政策衔接,如配建的保障性住房,在外环内主要考虑用于公共租赁住房或廉租住房，这部分住房的房源比较少，但需求比较大，也不作为共有产权保障住房出售。

（二）资格认定

申请家庭必须承租现有廉租住房 3 年后才可以申请，同时，必须符合申请时共有产权保障住房的准入条件。具体申请审核工作由住房保障机构实施，集中受理，受理后的资格审核、公示等按现有共有产权保障住房规定实施。

（三）销售价格

销售价格原则上依据现有共有产权保障住房的定价办法。具体采取的方案可以根据实际情况有一定的折让幅度，一般会低于新建共有产权保障住房的价格，但考虑到近年周边房价上升较快，以及新建共有产权保障住房成本提高较快，应该高于当时承租时的周边共有产权保障住房价格。

具体销售价格一般由区住房保障机构制订后，由区政府审核并公布。核准后的销售价格一年内有效。

（四）后续管理

廉租住房转化为共有产权保障住房后，纳入共有产权保障住房管理体系，其后期的使用管理等完全按现有共有产权保障住房制度实施，只能自住，不能出租、出借等。

同时，5 年后上市管理等也完全纳入共有产权保障住房的管理体系。

总体看，上海廉租住房的"先租后售"政策采取完全与共有产权保障住房相衔接的思路，所以可称为"租售转化"。申请家庭购房后，廉租住房的性质直接转化为共有产权保障住房。这一做法完全依托现有住房保障体系，不产生新的保障性住房品种，政策实施和管理的成本低、效率高。

第十章

产权支持与租赁支持的效果实证

第一节　研究背景
第二节　产权支持与租赁支持的政策效应差异的理论分析
第三节　两种住房保障政策效果的实证分析
第四节　结论与讨论

第一节 研究背景

在住房支持或住房保障的方式上,一般有两种最基本的形式,产权住房保障和租赁住房保障。产权住房保障在解决住房问题的同时帮助家庭拥有住房产权。在我国,产权住房保障包括经济适用住房、限价商品住房和共有产权住房等。租赁住房保障通过租赁补贴等方式解决家庭住房困难,家庭没有获得住房产权,仅得到阶段性或长期的住房支持。租赁住房保障包括廉租住房、公共租赁住房等。这两种住房保障方式都解决了最基本的住房问题,但住房支持不仅关乎住房问题的解决,还会对保障家庭的财富积累、就业激励、子女教育等产生影响。

我国住房支持基本经历了从单位支持,到货币化补贴,再到重点针对低收入家庭租赁支持为主的过程。新中国成立初,城市居民的住房纳入计划经济体制内,住房由"单位"提供,成为"单位福利"的一部分。1978年后,随着经济体制改革,住房开始逐步由单位承担转为单位与个人共同承担,期间有"合作建房"等,只有少数高收入人群通过市场购买新房。1998年国务院颁发《关于进一步深化城镇住房制度改革加快住房建设的通知》(国发〔1998〕23号),全国开始停止实物分房,多数家庭都必须通过在市场购买住房来解决住房问题。这一政策起初设置了两个对低收入家庭的住房支持政策,一是廉租住房,即政府提供租赁补贴,由保障家庭到市场上寻找合适的租赁住房;二是经济适用住房,由政府通过提供低价土地(土地划拨),并减免相关税费,为保障家庭提供低价的产权住房。1998—2007年十年间,这两项分别代表产权住房保障和租赁住房保障的住房政策都得到了较快的发展。

究竟是通过产权住房保障还是租赁补贴为主来解决中低收入家庭的住房困难问题,我国在实践中不断"摇摆"。住房制度改革之初,首先强调以产权形式实施的经济适用住房。1997—2010年我国经济适用住房新开工面积累积达到6.37亿 m^2,但部分地区在执行经济适用住房政策中遇到了一些问题:由于缺乏有效的资产收入核查机制,无法准确核查经济适用住房家庭的收入情况,使得许多非中低收入家庭购买到经济适用住房,因而造成经济适用住房的供应对象控制不严的局面,背离了保障中低收入家庭住房的初衷,经济适用住房甚至成为一些家庭投机的工具。这使经济适用住房供应的公平性受到社会质疑,使经济适用住房政策逐步在住房供应体系中被"边缘化"。

随着全国房地产市场的快速发展，住房价格开始快速上升，一方面多数家庭通过市场满足了住房需求，另一方面，部分中低收入家庭的住房支付能力不足问题开始出现。因此，2007年国务院出台《关于解决城市低收入家庭住房困难的若干意见》（国发〔2007〕24号），这一政策旨在加大对最低收入家庭的住房支持，减少对中等收入家庭的支持。从2007年开始，政府再次强调要通过租赁支持解决住房困难的问题，许多地区开始实施公共租赁住房政策，具体包括经济租赁房、租赁型经济适用房、政策性租赁房、保障性租赁房、农民工公寓等方式。2009年的政府工作报告中首次提出"积极发展公共租赁住房"。与此同时，住房和城乡建设部等国家部委也在总结各地做法和经验基础上，制定了《关于发展公共租赁住房的指导意见》。此后，我国开始强调通过租赁补贴方式解决中低收入家庭的住房困难问题，并将廉租住房与公共租赁住房并轨，并轨后公共租赁住房的保障对象包括原廉租住房保障对象和原公共租赁住房保障对象，即符合规定条件的城镇低收入住房困难家庭、中等偏下收入住房困难家庭，以及符合规定条件的新就业无房职工、稳定就业的外来务工人员。

到2010年，各地面向中低收入家庭的"经济适用住房"逐步减少供应或停止供应，并开始尝试通过"公共租赁住房"、"限价商品住房"、"共有产权住房"等新的形式来实现对中低收入家庭的住房支持。"公共租赁住房"作为政府提供的低租金住房，在2013年后开始和"廉租住房"并轨，即低收入家庭既可以通过领取租赁补贴到市场上自行寻找住房，也可以申请政府的低租金住房。产权式住房保障主要是经济适用住房和共有产权住房，这两种住房都是保障对象以低于市场价格购买住房，购房一定年限后，一般是5年后，保障对象可将原有住房出售，或补交一定差价后变成完全产权的商品住房。这类产权住房保障的特点是保障家庭除了可解决基本住房问题外，还有资产积累的作用，并在将来可能继续改善住房，因此我们预期这类家庭能更好地融入社会。

在这一过程中，一些地区开始探索新的产权住房保障形式——共有产权住房，相关提法出现在我国2014年的政府工作报告中。同年4月，国家确定了北京、上海、深圳、成都、淮安、黄石6个城市为共有产权住房试点城市，希望通过各地的实践探索合理的发展模式。2018年我国政府工作报告中再次提出发展共有产权住房。

政府在设计住房保障制度时，不仅应着眼于解决基本的住房困难问题，还要综合评价不同住房保障模式对家庭的社会经济影响，后者是优化住房政策、平衡不同社会保障的关键。本章拟从比较产权住房保障与租赁住房保障两种模式的效果入手，从享受保障家庭对解决住房问题的满意程度和对家庭工作时间的影响两方面，分析不同住房保障方式的社会经济综合效果。

我国十余年来主要实施廉租住房的租赁住房保障和经济适用住房等产权住房保障政策，近年来随着北京、上海等地加大共有产权住房的供应，这两种政策的保障效果如何，对家庭的影响有什么差异，非常值得研究。

第二节 产权支持与租赁支持的政策效应差异的理论分析

政府在实施租赁支持时，享受住房保障的家庭仅需要支付低租金，甚至不用支付租金。如果家庭的收入不提高，基本可以"永远"享受租赁支持，所以租赁支持是一项"长期"的支持。这种支持是以城市低收入家庭为主要对象，而这部分家庭退出的可能性非常小。以上海的廉租住房家庭为例，享受住房保障时间超过 5 年仍不退出的比例为 66.9%，超过 10 年仍不退出的比例为 38.7%，这部分人群是需要长期支持的对象。而对中低收入家庭住房产权的支持是一次性支持，但可以起到长期支持的作用，被保障家庭需要运用一部分家庭资产或未来的现金流来支付购房款。从上海共有产权保障住房的购房家庭统计数据来看，有 70% 的家庭在购买共有产权保障住房时有贷款或借款，而这些贷款或借款需要家庭未来的现金流来偿还。两种不同的住房保障政策效果的差异主要体现在以下几个方面。

一是公共财政支出差异。提供实物的廉租住房与产权住房，两者在政府的开支上差异很大。如果政府通过建设低租金的廉租住房进行支持，就需要投入较多的建房资金，资金成本高，且长期沉淀，无法回收。同时，在运营的过程中，政府还要进行租金补贴，只要家庭不能自立，不能通过市场渠道解决住房问题，就都要政府进行长期租赁补贴。而住房产权支持，政府一般是通过低价土地供应、税收优惠等，建设低成本住房，政府往往不需要大量的财政资金支出，而家庭购买住房后，则不再需要政府的支持。所以相对于产权住房支持，提供实物的廉租住房需要政府更大的、更长期的财政资金支持。

二是社会财富积累差异。虽然获得租赁住房支持的家庭每月支付少量的租金，可将家庭收入中剩余的部分用于储蓄或购买其他金融资产，以达到财富积累的作用，但在实践中，产权支持具有"强制储蓄"的功能，对于购买产权保障住房的家庭，不管当期收入是否变化都需要按期偿还住房抵押贷款。所以，对于获得产权支持的家庭，获得住房资产积累的确定性较大。

三是满足居住功能差异。在满足基本居住功能的同时，租赁住房的稳定性、个性化装饰等方面都差于产权住房。拥有产权住房的家庭更愿意按自己的设想装修房屋，能更好满足居住需求。产权住房家庭在小区的"主人"意识较强，更愿意维护社区环境。而对于租赁住房集中的小区，社区活动开展难，阶段性居住的意识强。

四是促进社会就业差异。租赁住房保障家庭得到了长期的"政府补贴"，这种补贴有明显的收入效应和替代效应。收入效应是指保障家庭将补贴看作家庭收入增加的一部分，因此保障家庭往往会减少劳动时间，增加"休闲"时间。替代效应源于对保障对象的补贴是以租金形式进行，相当于住房的消费价格"下降"，因此，受补贴家庭会增加其他商品的消费。目前多数研究倾向于认为住房保障会减少就业，住房保障对就业有负面影响主要来自于收入替代效应，即住房保障家庭将政府的补贴视为自己的一项收入，他们会将其作为其他收入的替代，并可能削弱通过其他渠道取得更多收入的动机（Robert，1992）。这两种效应都可能使保障家庭减少劳动。但这些消极影响在产权住房保障中都不存在，相反产权住房保障反而可能提高保障家庭工作的积极性。一是收入效应，因为住房保障家庭需要支付更大住房成本，所以必须通过增加劳动来提高收入，二是财富积累的被动效应，对于共有产权保障住房家庭，家庭有一个获得完全产权的机会，他们可以通过努力将共有产权保障住房变为完全产权住房，或将来在市场上购买更大的住房以改善住房条件，所以他们会更努力地工作。

上海作为中国住房困难程度较大的城市之一，住房保障经历了产权支持、租赁支持到租赁支持与产权支持并重的演变。其中，1987—1999年，以"住房解困"为重点，先后解决了市区人均居住面积2m²、2.5m²以下特困户和4m²以下困难户，这一阶段主要是由政府提供产权住房保障。第二阶段是2000—2009年，以"廉租住房"为重点，并以租赁补贴为主。第三阶段是2009年以来，重点推进了共有产权保障住房与公共租赁住房两项政策，其中共有产权保障住房提供产权住房保障，而公共租赁住房提供租赁住房保障。同时，加大了廉租住房的支持力度，在廉租住房中，增加了"实物配租"，此前，廉租住房主要是"租金补贴"，由政府发放租金补贴给保障对象，而实物配租主要是由政府建设低租金住房，提供给保障对象居住，保障对象只需支付少量租金，甚至不用支付租金。目前上海市的主要住房保障政策体系如表 10-1 所示。

表10-1 上海市主要住房保障政策体系

住房保障类型	住房保障方式	供应方式
产权住房保障	共有产权保障住房	政府建设低价住房，将部分产权出售给保障对象，5年后保障对象可以购买完全产权，或上市交易
租赁住房保障	廉租住房（实物配租）	政府建设低价住房，低租金出租给保障对象
	廉租住房（租金补贴）	政府提供租金补贴，保障对象到市场上寻找租赁住房
	公共租赁住房	政府或企业建设租赁住房，以略低于市场租金水平出租给保障对象

上海在住房保障政策中有两项住房供应非常接近的政策，一是共有产权保障住房政策，二是廉租住房实物配租政策。两者都是政府建设保障性住房，一般在区域位置上没有区别，多数是位于同一居住小区，在住房品质上没有差异。区别在于实物配租的廉租住房为政府提供的公共住房，保障家庭仅支付低租金，保障住房由管理部门提供装修和房屋维护成本；共有产权保障住房则由保障家庭购买，拥有部分产权份额（一般在 60%～70%），其余与商品住房相似，由自己承担后期的装修、维护和使用成本。相对而言，廉租住房家庭享受的政府补贴更多一些，而共有产权保障住房家庭需要自己承担的居住成本更大一些。这两类住房的一个主要差异在于产权差异，分别代表了租赁支持和产权支持方式，且都是供应给中低收入户籍家庭，因此我们拟以这两类保障家庭作为样本，进行住房保障效果分析。

第三节 两种住房保障政策效果的实证分析

一、数据来源与变量选取

本章数据来源于上海师范大学 2015 年对上海住房保障家庭的一次入户调查，共调查 2000 户住房保障家庭，得到有效样本 1997 户，其中廉租住房家庭 715 户、共有产权保障住房家庭 1282 户。我们对这些家庭享受住房的基本情况、房型、对住房保障的满意情况、享受住房保障后的家庭收入、工作的基本变化情况，以及家庭原来的人口、收入等情况进行了调查，其中家庭人口、原有住房情况及申请住房保障时收入情况等为保障家庭申请住房保障时的审核数据。

（一）解决住房困难满意程度

政府提供的保障住房，无论是租赁还是产权形式，应该都解决了保障家庭的基本住房困难问题。上海廉租住房的配租标准按面积确定，配租面积标准为申请家庭已有住房面积与廉租住房保障面积的差额。廉租住房保障面积为人均居住面积 $10m^2$（约 $20m^2$ 建筑面积）。共有产权保障住房供应标准为：单身申请人士，购买一套一居室；2人或者3人申请家庭，购买一套两居室；4人及以上申请家庭，购买一套三居室，从标准看可以满足基本居住需求。

为了解保障对象的主观感受情况，我们设计了"你认为该住房满足家庭居住情况"的问题，具体包括住房面积大小、房间数多少、空间设计合理、解决原来住房困难四个方面，回答满足和未满足，根据这四项的回答，得出综合评分，分为未满足、基本满足和满足三个等级，作为反映保障对象对现有居住状况的主观感受。我们希望检验政府提供的同样品质的住房，是否因为是自己的产权住房而更能感受到在住房面积、空间设计等方面满足住房需求。

（二）工作时间变化

我们用家庭的工作时间变化来表示享受住房保障后对家庭就业的影响，用来反映不同住房支持对家庭的经济激励作用，分别有工作时间增长、工作时间未变和工作时间减少三种情况。假定在其他因素控制情况下，可以认为家庭的工作时间增加为正激励，反之为负激励。

（三）住房保障方式

住房保障方式分为享受租赁住房保障的廉租住房家庭和享受产权住房保障的共有产权保障住房家庭，该变量设为主要解释变量。

（四）其他控制变量

考虑到租赁住房保障和产权住房保障家庭在收入、家庭财产等方面本来可能存在的差异，我们加入家庭的相关特征作为控制变量，分别为家庭人数、年均收入、人均财产、享受住房保障前住房情况、有无未结婚成年子女、户主年龄和户主性别。相关变量的描述性统计如表 10-2 所示。

表 10-2 相关变量描述性统计

变量		变量分布
被解释变量：		
满足住房情况	未满足	18.7%
	基本满足	26.3%
	满足	55.0%
工作时间变化	减少	3.7%
	未变	74.7%
	增加	21.6%
解释变量：		
保障方式	租赁住房保障	36%
	产权住房保障	64%
控制变量：		
户主性别	男	68.6%
	女	31.4%
户主年龄	18～35 岁	8.4%
	36～50 岁	20.3%
	51～60 岁	46.1%
	61 岁以上	25.2%
家庭人口	3 人以下	67.5%
	4～6 人	30.2%
	7 人及以上	2.3%
有无成年未婚子女	无	36.4%
	有	63.6%
申请保障前住房情况	无房	17.9%
	小于 $7m^2$	25.4%
	7～$15m^2$	56.7%
人均财产	<3 万元	54.7%
	3 万～6 万元	20.4%
	6 万元以上	24.9%
人均年收入	0～6000 元	6.3%
	6000～12000 元	15.1%
	12000～24000 元	45.3%
	24000 元以上	33.3%

从描述性统计看，获得产权住房保障的家庭在工作时间上有明显的增加，如表 10-3 所示，所有享受住房保障家庭，工作时间增加主要集中在获得产权住房保障的家庭，工作时间增加的比例占到 32.6%，而减少的仅为 1.9%。而获得租赁住房保障的家庭，工作时间增加的仅有 2.0%，工作时间减少为 7.0%。

表 10-3　不同住房保障方式享受家庭的工作时间变化

保障方式	工作时间减少	工作时间未变	工作时间增加
租赁保障	7.0%	91.0%	2.0%
产权保障	1.9%	65.5%	32.6%
全部	3.7%	74.7%	21.6%

二、实证模型选择

为检验住房保障形式是否对家庭的住房满意情况及后期的工作激励作用有影响，我们采用多变量离散逻辑回归模型实证分析，运用的实证分析模型如下：

$$\log\left(\frac{P_i}{1-P_i}\right) = \alpha + \beta_1 X_{1i} + \beta_2 X_{2i} + \cdots + \beta_k X_{ki} \quad (10\text{-}1)$$

式中，P_i 为第 i 个家庭对住房保障解决住房满意的概率和对家庭工作激励的作用，X_{ki}（$k=1,2,\cdots$）为具体的住房保障形式，家庭特征如人口、收入、财产等解释变量。

三、实证结果

（一）不同保障政策解决住房问题的满意程度

以住房满意情况为因变量，以式（10-1）为实证模型，分析保障方式等相关影响因素对住房满意程度的影响，结果如表 10-4 所示。

不同保障方式对家庭住房满意程度影响的实证表明，虽然租赁住房与产权住房在房型、供应标准等方面没有大的差异，但由于租赁住房是"租赁他人"的住房，而产权住房是"住自己"的住房，产权住房更能使保障对象感到"有效解决了住房问题"，而租赁住房的保障对象的发生比率仅为 0.424。这说明从主观满意程度上，受到住房是否是自己的影响，但这一主观的影响可能是来自于因为住房是自己的，也可能来自于产权带来的居住稳定性，或产权带来的住房获得感等，但无论是哪一种机制，产权式保障住房更能使保障对象感觉到解决了住房问题。

表 10-4　影响保障家庭住房满意程度的因素回归结果

变量		系数	显著水平	发生比率
保障方式	租赁住房保障	-0.858	0.011	0.424
	产权住房保障（参照组）			
户主性别	男	0.367	0.012	1.443
	女（参照组）			
户主年龄	18～35 岁	0.310	0.313	1.363
	36～50 岁	0.223	0.278	1.250
	51～60 岁	-0.037	0.832	0.964
	61 岁以上（参照组）			
家庭人口	3 人以下	0.207	0.647	1.230
	4～6 人	0.515	0.268	1.673
	7 人及以上（参照组）			
有无成年未婚子女	无	-0.335	0.029	0.716
	有（参照组）			
申请保障前住房情况	无房	-0.322	0.336	0.725
	小于 7m²	-0.094	0.791	0.910
	7～15m²（参照组）			
人均财产	<3 万元	-0.665	0.017	0.514
	3 万～6 万元	-0.696	0.016	0.498
	6 万元以上（参照组）			
人均年收入	0～6000 元	-0.522	0.107	0.593
	6000～12000 元	-0.820	0.002	0.440
	12000～24000 元	-0.693	0.003	0.500
	24000 元以上（参照组）			

从影响住房满意程度的其他因素看，可以发现：①户主性别方面，享受住房保障后，男性户主比女性户主更倾向于感觉到解决了住房困难。②户主年龄方面，50 岁以下的中青年家庭，更能感觉到满足了基本住房需求，但显著性不高。③家庭人口数量方面，家庭人口越少，享受住房保障后越容易感到解决了基本住房困难，尽管系数并不显著。④收入与财产水平方面，收入越高、家庭财产越多，感到住房保障解决基本住房困难的可能性越大，而且系数显著。

一个非常有趣的现象是，当家庭有成年（18 岁以上）未婚子女时，享受住房保障后，更能感觉到解决了住房问题。相对有成年未婚子女家庭，无成年子女家庭感到满足的发生比率仅为 0.716，且系数显著。这与住房是子女结婚的基本条件之一可能存在一定的关系。

另一个有趣的现象是，申请住房保障前的人均住房面积越小，感到住房保障解决住房困难满足度越低，但系数不显著。

（二）不同保障政策对就业的影响

在住房保障家庭享受住房保障后工作时间的变化中，有增加、减少和不变三种情况，我们以不变为参照组，同样运用式（10-1）多元逻辑回归模型进行实证分析，得到的回归结果如表10-5所示。

表10-5　影响住房保障家庭工作时间的因素回归结果

变量		增加组			减少组		
		系数	显著水平	发生比率	系数	显著水平	发生比率
保障方式	租赁住房保障	-3.282	0.000	0.038	0.401	0.548	1.494
	产权住房保障（参照组）						
户主性别	男	-0.094	0.475	0.911	-0.091	0.739	0.913
	女（参照组）						
户主年龄	18～35岁	0.332	0.166	1.393	-0.866	0.179	0.421
	36～50岁	0.377	0.064	1.458	-0.321	0.382	0.726
	51～60岁	0.459	0.003	1.582	-0.530	0.085	0.589
	61岁以上（参照组）						
家庭人口	3人以下	0.224	0.601	1.252	17.050	0.000	25397467.067
	4～6人	0.062	0.886	1.064	16.823	0.000	20237937.837
	7人及以上（参照组）						
有无成年未婚子女	无	-0.186	0.298	0.830	-0.273	0.351	0.761
	有（参照组）						
申请保障前住房情况	无房	0.134	0.518	1.143	-0.047	0.942	0.954
	小于7m²	-0.021	0.952	0.979	0.849	0.203	2.336
	7～15m²（参照组）						
人均财产	<3万元	0.182	0.237	1.199	-0.203	0.643	0.816
	3万～6万元	0.225	0.168	1.252	-0.533	0.284	0.587
	6万元以上（参照组）						
人均年收入	0～6000元	-0.159	0.676	0.853	0.461	0.446	1.585
	6000～12000元	-0.010	0.971	0.990	0.555	0.257	1.743
	12000～24000元	-0.124	0.365	0.883	0.337	0.415	1.401
	24000元以上（参照组）						

从家庭享受住房保障后的工作时间变化看，相对于居住在产权保障房中的家庭，居住在租赁保障住房中的家庭工作时间增加的可能仅为 0.038，且显著；而减少的可能为 1.494，尽管后者不显著，但说明居住在产权保障住房中的家庭增加工作时间的可能性更大，而减少工作时间的可能性更小。这与前面理论中产权住房保障由于收入效应和财富积累的被动效应，可以激励家庭增加就业的分析相一致，工作时间增加，有可能使家庭更多参与社会经济活动，通过自身的努力工作，提高社会经济地位。

从其他影响保障家庭工作时间变化的控制变量看，户主的性别影响并不显著。户主年龄影响比较明显，年轻户主增加工作时间的可能性较大，相对于 60 岁以上户主的家庭，户主年龄在 18～35 岁的增加工作时间的发生比率为 1.393，但不显著；36～50 岁户主的家庭，增加工作时间的发生比率为 1.458，且系数显著；51～60 岁户主的家庭，增加工作时间的发生比率为 1.582，也显著。同样，相对于 60 岁以上户主的家庭，享受住房保障后，减少工作时间的可能性非常低。总体看，在就业年龄阶段，特别是 36～60 岁之间的中青年家庭，更注重财富的积累，更可能增加工作时间。

家庭人口对工作时间增加的影响并不显著，但对工作时间减少可能性的影响却非常显著，相对于 7 人以上的大家庭，6 人户以下家庭工作时间减少的可能性大幅增加，且系数显著。

相对于家庭中有成年未婚子女的，没有成年未婚子女的家庭增加工作时间的可能性较小，而减少工作时间的可能性也较小，说明成年未婚子女对家庭的工作时间影响较大。

申请住房保障前的家庭住房情况对工作时间的变化影响不大或不显著。

从财产情况看，家庭财产越少的家庭，在享受住房保障后，增加工作时间的可能性越大，减少工作时间的可能性越小，但系数并不显著。

同样，享受住房保障前的收入越低的家庭增加工作时间的可能性越小，而减少工作时间的可能性越大。有可能收入越低的家庭，对住房保障福利依赖的可能性越大。

第四节　结论与讨论

一、主要结论

实证表明，政府提供产权住房保障是一项更有效的公共政策。产权住房保障与租赁住房保障相比，对家庭住房满足的程度和家庭就业激励的效果都更强。获得租赁住房保障的家庭，对解决住房问题感到满意的概率低于产权住房保障，发生比率仅为 0.424。获得产权住房保障的家庭更可能增加工作时间，提高收入，相对产权住房保障，租赁住房保障家庭增加工作时间的发生比率仅为 0.038，说明产权住房保障在解决家庭住房困难的同时，能够通过激励家庭增加工作时间，使保障家庭经济更加自力，更好地参与社会经济活动，提高收入，从而提高社会经济地位，以更好地融入社会。同时，相对租赁住房，产权住房保障也更能减少保障的福利依赖，产权住房保障是一次性的，保障家庭不用考虑收入提高对后续享受保障政策的影响，而租赁补贴方式的住房保障家庭则会担心收入提高后不能继续享受住房保障政策。

同时，政府对青年、有未婚成年子女家庭的支持更加有效。对这些家庭给予产权住房保障，不仅能解决其居住问题，也可以提高其在婚姻市场上的"资本"，对家庭的发展和社会的稳定将有更大的作用。青年家庭获得产权住房保障将更有利于激励其增加工作时间，其寻找新的就业机会可能性更大，通过兼职等增加工作时间的可能性更大。

二、政策讨论

第一，将产权住房支持作为住房保障政策的重点之一。近年我国在探索共有产权住房供应中，上海将共有产权住房定位于保障住房，主要供应给中低收入家庭，政策的瞄准性较强，实施的社会效果也较好。目前北京、南京等也在加大共有产权住房的供应，国家住房和城乡建设部也专门出台了支持地方试点共有产权住房的文件。产权型保障住房特别是共有产权保障住房供应，作为一种特殊的产权型住房保障体系，兼顾了家庭住房的居住需求和资产配置功能，但减少了投机功能，减少了住房保障的福利依赖。在大城市，房价高，通过市场购买住房难度较大，增加中低收入家庭的共有产权住房供应，有利于提高家庭居住满意度和社会地位，将是比较有益的保障方式。产权型住房保障的形式有多种，具体包括共有产权保障住房、共有产权住房、限价商品房等，不同保障形式的具体效应是有差异的，如上海的共有产权保障住房，购房家庭可以通过购买完全产权将其变为商品住房，而北京的共有产权住房只能封闭运行，不能购买政府产权变为商品住房，这将对购房家庭后期激励产生差异，也是制定具体政策中需要关注的问题。

第二，避免实物租赁住房支持对政策效果的消极影响。相比较，政府建设公共租赁住房低价出租给保障对象，保障对象的主观满意度不高，且可能形成福利依赖，本可以工作而不工作，对社会整体福利有损害。同时，政府的支出更大，维护管理更难。从具体实践看，20世纪90年代后，各国也都在不断减少公共住房的供应，这在未来仍将是一个重要趋势。在租赁支持上，如果社会上供应给低收入家庭的住房总量充裕，则可以更多地采用租金补贴方式，即政府发放租赁补贴，由保障对象自己到市场上寻找合适的住房，而不是政府提供实物住房。

第三，住房保障公共政策需要更多创新。通过金融、税收等政策，鼓励和支持保障家庭购买产权住房将是未来住房保障的一个主要趋势。住房支持不仅是针对低收入家庭，也包括对中高收入家庭的购房支持。通过低成本的贷款、购房税收优惠、住房贷款利息抵扣个人所得税等，支持中等收入家庭，特别是青年家庭购房已成为住房政策的重点内容之一。我国新型城镇化的过程中，促进新市民的城镇化，更要从产权支持的角度，支持青年家庭拥有产权住房，使之解决居住问题、增加财富积累和稳定社会生活同步。

第十一章

上海共有产权保障住房面临的问题和思考

第一节　共有产权保障住房申请与供应方面
第二节　共有产权保障住房供后使用管理方面
第三节　共有产权保障住房上市管理方面

上海作为共有产权住房的试点城市之一,将经济适用住房与共有产权住房有效地结合起来,既提供了新的保障性住房供应方式,也赋予了共有产权住房新的特征。目前从全国看,上海共有产权保障住房已成为全国试点城市中规模较大、实施时间较长、实施效果较突出的城市之一。但共有产权保障住房在实施过程中还有一些需要解决的问题,还需要进一步完善相关机制。

第一节 共有产权保障住房申请与供应方面

一、共有产权保障住房不宜"应保尽保"

住房保障制度的本质是对中低收入家庭住房提供支持,核心问题是解决居住问题。从解决基本居住问题的角度,住房保障政策应该做到"应保尽保",即按《关于解决城市低收入家庭住房困难的若干意见》(国发〔2007〕24号)中提出的"把解决城市低收入家庭住房困难作为维护群众利益的重要工作和住房制度改革的重要内容,作为政府公共服务的一项重要职责"。

但共有产权保障住房,除了解决基本居住问题之外,兼有帮助家庭积累财富的功能。每一个符合条件的家庭是否都应该得到这个机会,要从两个角度分析,一是未来的房源供应是否可以满足新增需求,如果未来的供应明显是不足的,或未来的供应结构明显是失配的,如房源在远郊,而真正需要居住的人在中心区,可能需要考虑将有限的房源供应给最需要的人;二是除了共有产权保障住房外,这些申请人是否还有其他的政策支持形式,假如这部分人群从解决基本居住问题的角度,除了共有产权保障住房外,还可以得到其他政策支持解决居住问题,如公共租赁住房、租赁补贴、购房的货币化补贴等,则不一定所有申请人都应选择通过共有产权保障住房解决。

共有产权保障住房是否是一项市民的"必得的权利"?在共有产权保障住房政策建设之初,存在着各类社会争议,争论的焦点是担心共有产权保障住房会像以住的经济适用住房,政府有较大的产权让利。虽然共有产权保障住房通过产权份额等解决了这一问题,但作为产权型保障住房,是否应该按需供应?从国际和国内的实践经验看,受制于资源的有限性,产权型保障住房基本上都不是"按需供应",往往只有部分申请人才能得到保障。

二、新增房源供应的持续性不足

一是未来供应数量受到制约。由于上海土地资源紧张,"十三五"期间,特别是"十四五"期间,可用于建设共有产权保障住房的土地越来越少,规划的大型居住社区建设将基本结束,未来大规模新建共有产权保障住房的可能性也越来越小。在未来,如果共有产权保障住房的需求依然较大,无论新建还是配建的保障性住房其数量都是有限的。

二是供应区域结构不匹配。未来可用于新建住房的建设用地多处于郊区,近几批房源区位明显向郊外环转移,由于大型居住社区规模庞大,建设用地需求较高,加上中心城区土地资源稀缺的现状,房源区位由中外环逐步转移至外郊环。从近几批次受理情况来看,东部、北部房源需求数量最大,但在房源筹集上东部、北部房源供应项目偏少,不能满足供应需求,房源布局上存在差异。因此,上海的共有产权保障住房多处于郊区,甚至远郊区,造成了共有产权保障住房供应布局较偏,周边配套设施相对滞后等影响后期入住和使用的客观情况。以2014年公布的共有产权保障住房房源分布情况看,房源主要集中在宝山罗店、浦东惠南民乐、闵行鲁汇、松江泗泾南拓展、浦东周康航拓展、青浦华新拓展、云翔基地等。

所以,从发展趋势看,上海可用于建设共有产权保障住房的土地越来越少,可供选址越来越远。即使共有产权保障住房的总量跟上,但与保障对象的实际区位需求还是有差距的,会面临严重的有效供应不足问题,这将成为制约共有产权保障制度发展的重要瓶颈。所以,必须着眼长期供求关系,完善共有产权保障住房供应机制。

三、初次销售定价折让幅度大将不利于制度持续发展

前几批次的共有产权保障住房定价折让幅度较大、多数项目存在成本倒挂情况。共有产权保障住房试点批次和第一、二批次房源定价较低,在一定程度上限制了后面批次价格上调的空间。在市场涨幅较大的背景下,又要兼顾批次之间、项目之间的平衡导致前几批次政府折让幅度较大。随着项目建设成本不断增加、配套补贴越

来越大，部分项目存在成本倒挂情况。

同时，共有产权保障住房的制度设计基础是政府与个人按出资额享受不同比例的产权份额。若定价过低，个人享受的产权份额明显远远大于个人出资的份额，则将住房作为投资的动机可能被放大，部分家庭会看到投资获利的空间而申请共有产权保障住房，而不是从解决住房困难的实际需求出发，并会带来后期共有产权住房入住率不高等问题，而这并非是住房保障政策的初衷。

通过第 6 批次价格的调整，同时 2018 年住房市场价格也有所下降，共有产权保障住房供需矛盾有所缓解。建议在后期供应中，定价与产权份额的设定应更加接近市场，并在前期申请咨询中将这一情况宣传到位，使有限的共有产权保障住房资源用于真正需要居住的家庭。

四、按批次供应中建设项目统一进度协调难

一是建设进度影响供应进度。保障住房房源建设环节复杂、不确定因素多、建设涉及面广，特别是动迁、建设前期手续办理等工作难度大，各项目之间建设进度也存在差异，结合目前的按区调配选房模式，各区要待该区所有项目均具备供应条件后方可选房，居民从申请受理到摇号选房周期较长。

二是企业预售与建设不一，造成矛盾。有的企业项目进展较顺利，建设较快，已达到交房标准，但由于该批次供应还未实施，需要等待的周期较长，资金成本增加。

三是部分企业未能按时交付、无法正常办理房屋产权证等产生矛盾。部分房源项目因未能确定交房时间，致使无法启动签约工作。部分房源项目未能按合同约定期限交房，存在延期交房的情况。部分房源项目因未按合同约定办理初始登记手续，延期办理大产证。部分房源项目未能按合同约定办理小产证，引发了购房家庭与开发企业之间的矛盾。部分供应项目外围配套未能按原计划完成，给后面的交付使用带来隐患。有的项目因不能确定交付日期导致居民无法签约，信访矛盾突出。

五、共有产权保障住房是否可形成"人等房"的轮候机制

共有产权保障住房作为优质的住房保障资源，在有限的资源情况下，可考虑实

施轮候机制，应该使申请家庭有一个"等待"过程。

轮候机制的实施有三个重要作用，一是可以"以需定供"，根据共有产权保障住房的需求，来筹集房源，做到供应与需求尽可能匹配；二是有一个"筛选"等待期，可以设置一个合理的等待期，如3～5年，在这个等待过程中，如果申请家庭能够通过市场方式解决住房问题，就减少了未来的需求量，这实际也是一个"筛选"机制，将共有产权保障住房供应给最需要的人群，更有利于住房保障资源的合理配置；三是轮候机制可以起到发展二级交易市场的作用，当轮候家庭较多，且共有产权住房供不应求的时候，5年后可以上市交易的共有产权保障住房可供应给轮候家庭，并基本可以保证原购房人的市场化收益。

目前上海市按批次的申请受理过程，由于按批次大量共有产权住房建设的进度难以把握，从开始申请受理到审核、选房、入住有时要经过几年的等待，但这种等待既是被动的，也是不可预期的，所以还起不到真正轮候的效果。

在未来的共有产权住房申请审核机制中，应有两个等待或轮候期，一是从申请审核通过到取得选房资格，二是从选房到入住。第一个等待期或轮候是最重要的，可考虑研究从审核到取得资格，到最后有项目供应，可以选房，有一个若干年的轮候期，并可以考虑按取得资格号的先后顺序分批选房的机制。

六、"常态化"的申请、受理与供应机制是否可行

（一）当前分批次受理符合政策建设过程的实际需要

共有产权保障住房目前的做法是一年一次集中申请受理，在短时间内要完成数万户家庭的材料审核、住房配售等工作。这样做的好处是适应于共有产权保障住房政策推进初期的政策规范实施，特别是有些政策操作口径要一边实践一边优化。所以，在政策试点和完善过程中，全市统一的申请受理是必须的，也是住房保障大力推进的阶段性需要。

但在住房保障工作进入日常化管理以后，考虑到房源建设的差异性和及时性，集中申请受理已不适应目前住房保障工作实际需求。一是无法形成稳定的政策预期，社会上存在对下一批次共有产权保障住房供应时间、政策变化情况不明确的担心，可能会产生"抓住最后一次机会"的心理，家庭无法根据自身经济条件等合理确定

共有产权保障住房的申请时机。二是不利于住房保障资源的供需平衡，由于对下一批次申请家庭数量只能靠预估的形式，住房供应难以实现有效的供需对接，并且共有产权住房建设是动态的，每一个项目的开工时间、建设进度、竣工时间不一，如果实施统一的时间供应，则部分共有产权保障住房将可能建设好后不能及时配售出来，开发商资金回笼压力大。

一部分共有产权保障住房项目无法完工，延误全市的共有产权住房申请受理。因此，在这种情况下，必须考虑共有产权保障住房的常态化申请受理模式。

（二）未来常态化受理的基本设想

当共有产权住房政策完善稳定以后，可考虑探索以下常态化的管理制度，从供应与需求的常态化匹配入手，建立常态化的申请、选房和供应机制。

一是形成日常申请受理机制。共有产权住房申请受理纳入社区事务一门式受理窗口，常年受理。住房保障申请对象可以根据家庭具体的情况，决定申请保障性住房的时间。

二是常年资格审核。住房保障资格审核应将现有的"批量"审核改变为单件常态审核，这一制度需要建立在住房保障事务管理的系统与住房状况信息管理部门、民政收入核对管理部门建立专线信息网络，形成一套规范的常态化查询机制的基础上。在条件成熟以后，可以探索所有住房保障资格的审核前置，所有准备申请住房的家庭可到民政、住房等部门进行收入、住房等条件预审，根据相关部门出具的收入、住房等证明，在一定期限内可以申请住房保障。

第三，具有保障资格家庭轮候选房。通过资格审核的家庭，审核结果在一定年限内（如3年）有效（若有重大事项变更等可进一步细化规则），称为住房保障轮候家庭。该家庭在有效期间，可享有随时根据全市公布的房源信息申请选房的资格。

第四，共有产权保障住房按项目供应。共有产权保障住房根据每一个具体项目的建设进度，安排配售时间，具体可一个项目一开盘或多个项目一起开盘。共有产权保障住房轮候对象根据项目情况，决定是否参加申请选房。

为了避免一个家庭多次选房，可规定一个轮候家庭可多次参加摇号，但仅有2次或3次选房机会。如果按排序有选房机会而放弃选房，则等于放弃一次选房机会。如果规定的次数内都放弃,则必须在取得资格满3年后重新申请。这一重要举措的好处是这些家庭申请的项目基本上都是根据自己的生活、就业状况和适合的区域选择的,不会造成资源的失配。

轮候机制建立以后,改变当年申请、当年或次年供应的机制,可以根据轮候的家庭数量来确定共有产权保障住房的建设数量和进度。这一供应模式可以实现共有产权保障住房"人等房"的供需平衡。不同区域、不同项目、不同房型的选房申请情况,可以有效地反映出共有产权保障住房申请家庭的住房需求意愿,根据这一需求意愿的统计分析,政府在共有产权保障住房建设土地供应方面可以有针对性地供地,对于项目需求比较强的项目,可要求开发企业加快建设进度。对于开发企业而言,这也有助于加快资金回笼,有利于提高开发建设的积极性,减少住房积压的担心。

(三)未来常态化供应的基本设想

在共有产权保障住房销售机制方面,一是为配合常态化共有产权保障住房申请,在房源供应上应建立全市共有产权保障住房交易平台,参照市场化商品房的销售模式,进行预售和网上签约购房。二是各区保障中心和开发建设单位应定期发布共有产权保障住房网上预售信息,收集客源(拟选房的符合资格保障对象),定期公开摇号、选房、签约。参照车牌网上报名方式,可以1:1.2或1:1.5收集客源,到达这一比例后,届时公开摇号。

常态化的申请受理关键要与常态化的供应相衔接和协调,要形成稳定的房源供应预期,形成按项目或按区片的房源供应机制,使申请对象有机会按项目选房,使共有产权保障住房的供应与需求及时、有效衔接(图11-1)。

上述这种"人等房"的机制,就是从申请共有产权保障住房到配售过程中,应该有一个较长的"等候期",这一过程就是共有产权保障住房的"订单式"生产过程。

在条件成熟以后,可进一步探索共有产权保障住房预申请制度,可在申请系统中,考虑增加有选房资格家庭的预申请环节。比如住宅建设中心或开发商公布准备建设的项目、项目的周边配套等,有选房资格的家庭可根据项目情况进行预申请,当预申请家庭超过80%时,项目开工,否则项目暂缓。具体操作中,如果预申请家庭愿意放弃以后一次的选房机会，可考虑该类家庭在本项目选房中有优先选房权，这一模式比较适合在远郊区建设的共有产权保障住房，主要考虑到其申请人不会太多，但对于预申请超过120%的项目，不宜对预申请家庭保留优先选房权。这一做法的最大好处是促使保障性住房的定向供应，做到项目的供需平衡，有效解决"一边是有人没房住，一边有房没人住"现象。

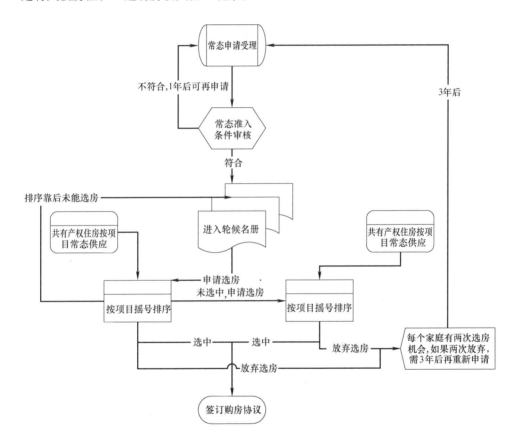

图11-1　共有产权保障住房常态化供应流程设想

对于开发企业而言，除了土地的取得方式不同、供应对象和价格制定不同外，其他都与商品住房建设供应方式相同，后期的销售方式也类似商品住房销售，只不过销售对象是全市所有符合共有产权保障住房资格的家庭。这一模式从大的方面讲，也是处理好了政府与市场的关系，在具体的住房供应等过程中，可以由市场做的都交给市场主体来做，而政府主要从监管和规范的角度发挥作用。

当然，由于上海的区域跨度大，中心城区和郊区的住房需求差异大，未来有两种供应方式，一是分大区供应，这一方式主要照顾到中心城区保障对象的需求；二是全市项目打通，所有项目面向全市供应，在共有产权保障住房主要分布在郊区的情况下，这一方式有利于引导市区人口分布。

在"人等房"的轮候机制上，新加坡的组屋供应使用的预购模式有一定的借鉴意义，特别是他们曾要求只有当一个项目的预购房源达到70%以上才开工建设的机制，有利于需求与供应的匹配。

新加坡在组屋的分配上通过一系列严格的规范和程序，来保证分配过程的公平与透明，并根据种族构成的大致比例合理安排每个区域的申请家庭，以促进各民族的和睦相处。现行的组屋配售方式主要有以下三种：

其一，抽签选购方式（Balloting Exercise），这是最主要的组屋配售方式。特别是当组屋供小于求时，用抽签方式不但操作方便，而且可以避免分配不公和暗箱操作，具体制度包括登记注册、抽签挑选和转让三部分。抽签每年举行1～2次，建屋发展局提前将预售情况公布于众，符合条件的申请人可在建屋发展局登记，并支付选房订金，之后由电脑抽签选出申请人。中签者与建屋发展局签订购房合同并支付房款后，即可领取钥匙入住新房。转让要执行如下原则：申请人因就业、收入或突发情况等原因，需要从一个居民区转到另一个，如果是由大换小，在申请名单中的排序保持不变；如果是由小换大，就得重新排队。

其二，即选即购方式（Walk-in Selection）。该配售方式始于2002年4月，采取该方式的组屋多是位于较偏远或未发展地区的已经竣工的组屋，也有通过抽签方式配售后剩下的组屋单元。符合条件的申请人可以向建屋发展局提出购房申请，由该局按照先到先得的原则进行分配。因而，即选即购一般是在组屋供求关系较为稳定的情况下才采用的配售方式。

其三，预购方式（Build-To-Order），这是建屋发展局于2006年推出的全新的配售方式。操作流程是：建屋发展局公布建屋地点并开放申请→申请人提出购房申请→建屋发展局采用抽签方式选出中选申请人→建屋发展局邀请申请人选择组屋户型及层次等内容→达到70%以上的预订量后，建屋发展局通过招投标确定建筑承包商进行建设→组屋完工后申请人领取钥匙入住。可见，与以往的"先造后售"相反，预购方式是"先售后造"，是"按需而造"，这样不但可以更加贴近申请人的需求，还可以减少组屋空置的风险，也符合新加坡住房市场已趋饱和的实际。

新加坡根据保障住房的供需情况采取了不同的分配方法，对实现保障性住房供需平衡有较好的借鉴意义，上海在共有产权保障住房的分配过程中，也可考虑根据不同项目的供求情况实施不同的供应模式，并以预售模式为主。

七、如何形成准入标准的动态调整机制

一是一定阶段内保持政策稳定性。上海市共有产权保障住房准入标准连续 5 次调整，且每年公布的时间不固定，造成受理前信访量增加，且每批次开始前均出现"当批为最后一批"的恐慌言论，给申请供应工作的顺利开展带来一定影响。鉴于经过连续 5 次的调整后，本市共有产权保障住房各项准入标准已无大的调整空间，故建议维持政策在一定时间内的稳定性，并维持现有准入标准基本不变，形成常态化的申请受理模式，根据适配房源的建设进度，稳定扩大享受对象。

二是形成长期的准入标准调整机制。在维持政策在一定时间内稳定性的基础上，建议对准入标准建立动态调整机制，鉴于目前收入标准已覆盖到中等收入家庭，具体调整可考虑在"十四五"期间实施。准入标准的调整应主要体现在收入标准、财产标准方面。建议在收入标准方面，可以考虑购房家庭对购买共有产权保障住房的支付能力，兼顾居民消费价格指数（Consumer Price Index，CPI）、家庭基本生活支出以及贷款利率等因素，以购买共有产权保障住房的还贷支出占家庭收入的一定比例为基准，当上下浮动达到一定幅度时，启动调节机制。财产标准方面，考虑共有产权保障住房价格、首付比例、城镇居民人均可支配收入、CPI 等因素，当购买共有产权保障住房所需财产相对财产标准的上下波动幅度达到一定程度时，启动调节机制。共有产权保障住房的面积应符合低标准原则，本市共有产权保障住房应坚持家庭人均住房建筑面积低于（含）15m² 的标准，仅针对复合家庭适用面积扣减政策。

第二节　共有产权保障住房供后使用管理方面

随着共有产权保障住房供应的规模越来越大，购买人群的特征越来越多样化，居住小区的条件也千差万别，保障性住房后期管理的难度也越来越大。

一、供后管理的全面有效实施仍有难度

随着共有产权保障住房大批量入住，上海市共有产权保障住房的供后管理工作逐步成为政策的重点，在住房的使用管理方面，目前制度建设已经基本完成，在后期管理上有许多新的成效，如落实了房屋所在区住房保障机构为责任主体，但在实际运行中仍有一些机制需要完善。

（一）违规查处的依据缺乏和执行手段乏力

目前，共有产权保障住房方面虽建立了政府规章，对违规违约使用的行政处罚有了法律依据，但从操作层面看，收回保障性住房、要求支付违约金等查处工作，也存在缺乏执法手段、司法机构执行难等问题。同时在管理规范中，对违规行为界定标准以及调查核实、认定方式等，也面临定性难、操作性不强的困扰。

（二）供后管理界面还不够清晰

保障性住房供后使用管理涵盖保障对象的资格管理、住房的物业管理、使用管理以及社区管理，购房家庭住房使用过程中，部分违规行为属物业管理规定、拆违条例等约束范畴，这些行为应当归房屋所在地管理部门管理。但现实状况是，部分保障房小区出现管理真空，管理界面不够清晰，缺乏协作机制，未形成有效的合力，一定程度上制约了违规行为的及时查处，因此也易引发已经完成整改的保障房家庭重新违规的冲动，违规违约行为存在回潮风险。

（三）特殊对象集中，管理难度大

共有产权保障家庭中的特征明显，一是高龄孤老、纯老家庭、残疾、低保失业等人群比例大，对大型居住社区管理与服务有着很高的期望与要求；二是特殊人群多，需要的管理手段复杂；三是无业人口多。以浦东某小区为例，在4000余户居民中，老年人多，退休老人占37%；还有不同类别的残疾患者，占2.4%；大病低保困难人口占3.3%。以青浦某小区为例，1000多位共有产权保障住房居民中，60岁以上老人占38%；残疾、低保、失业等弱势群体多，约占4%；帮困、救助、就业等

需求大，并有涉毒前科等特殊人员若干，居住情况不稳定，社会管理难度大。同样，另一小区中，在已入住的居民中，共有特殊人员 100 余人，其中数十人有涉毒前科、盗窃等犯罪前科等。有的涉毒、刑满释放等人群更需要重点关注，当这部分人群集中居住在一起时，管理的难度更大。

特别是短期内迅速迁居而来的群众，地域邻里陌生、文明程度不一，亟待融合；而教育、医疗、商业、文体休闲资源的短期不足，又易导致部分共有产权保障房家庭存在入户不入住、违规转租转借等现象。

（四）导入区管理资源不足，管理手段少

2016 年后，共有产权保障住房变为房屋所在区（导入区）管理。目前各区住房保障管理机构人员等管理力量严重不足，每年完成共有产权保障住房的申请受理和供应，廉租住房的申请供应（配租）、复核等工作，常常需要付出全部的精力，在工作集中的阶段还需要"借人"来完成工作，缺乏对共有产权保障进行供后管理的力量，特别是随着共有产权保障入住家庭数量不断增加，居住区域增加，管理的力量更显不足。

新建社区需要当地政府配置大量的管理人员，每年需要大量的管理费用，但管理人员和管理经费都难以保障。特别是对特殊人员的管理，如涉及涉毒人员需要配置专门的社会工作人员，不仅导入区这部分资源非常缺乏，而且社会工作人员的比例是按户籍所在地需要管理的人员进行配置的，许多共有产权保障住房居民的户籍并没有迁入导入区，而其对应的社会工作者在原导出区，就会造成实际管理中的脱节。

目前共有产权保障住房的入住人员，多数家庭的户籍仍在导出区，人户分离现象严重，常常社区对家庭的情况无法完全掌握，缺少信息交换的机制。同时，在管理上没有可实施的具体手段，特别缺少对违规违约家庭的制约手段。

（五）导出导入区之间缺乏联动机制

目前，虽已明确供后管理的责任主体是房屋所在区住房保障部门，但由于人口跨区配售，区保障中心面临"一对多"（即一个房屋所在区的住房保障机构面对多个区、不同项目，一个住房小区内又有多个区的购房家庭）管理局面。由于人户分离

情况非常突出，许多保障家庭既不在房屋所在区工作，户籍关系也不在该区，住房保障部门甚至对住房保障家庭原来的情况、家庭成员的主要联系方式等都难以把握。这就需要导出区相关部门、社区组织予以配合、联动，但目前导出导入区之间尚缺乏联动、配合机制。

二、加大供后违规违约处置力度

随着共有产权保障住房配售入住对象的不断扩大，改变用途、野蛮装修、擅自出租以及变相销售等供后违规违约使用的现象有所发生，发现不及时、处置不到位、管理成本高成为供后使用管理的突出矛盾。解决这个矛盾的主要途径是加强供后管理制度建设和完善工作机制。

（一）按纳入社区管理的思路，突出基层作用

违规行为的发现和防止主要靠基层，初步查处也要靠基层。要在进一步细化和落实属地化管理的前提下，将管理权责和资源尽量下沉到街道(社区)，夯实基层力量，突出基层作用，创新行政管理与社会治理相融合的方式，采取主管部门治理与群众自治相结合、专项治理与综合治理相结合等方法，支持与推动基层做好违规行为的处置工作。要进一步拓展政府购买服务方式，依靠物业公司、居委会组织开展对违规行为发现、劝导、报告的工作。要健全工作制度，推动街镇(社区)管理部门及时受理举报，及时开展初步查处工作；制订对违规行为既准确又易行的取证认定方法，支持初步查处工作的有序有力进行。要强化综合整治、联席会议等平台的作用，对涉及面较广的问题形成协同处置机制。初步查处解决不了或需要进一步处理的违规问题应及时上报，由区住房保障部门负责办理。

（二）探索多部门的行政执法协调机制

对拒不整改的严重违规家庭，通过行政处罚和运用法律手段解决是制度顺利实施的重要保障。在管理中要不断探索行政管理、行政执法的综合协调机制，并对典型案例使用好法律手段，形成一套规范的法律诉讼程序。行政管理部门或保障中心也可聘请专门的法律顾问等。

（三）加大司法支持

由于行政处置的权力、资源有限，一些复杂的、重大的违规违法行为，如严重违规、适合采取大幅度经济处罚或收回住房等措施的，最好通过司法处置来解决。司法处置违规违法案件，权威性、震慑性更强，因此，得到司法部门的理解和支持十分重要。现阶段需要解决的实际问题是司法的渠道要畅通，司法的程序要合理简化，司法判决的执行要及时到位。

（四）经济手段与行政手段相结合

要研究制订与住户切身利益有效挂钩的防治办法，加大违规成本，抑制违规冲动，先期防范或疏导违规行为的发生。应将违规行为与购房满 5 年后允许上市转让的条件紧密结合，制定具体政策，对不同程度的行为，设定限制或取消有关优惠的规定。

（五）将共有产权保障住房使用纳入全市信用体系

应将共有产权保障住房的供后使用管理纳入全市信用体系。以本市诚信体系建设为契机，完善个人信用记录，结合住房保障信用体系建设，将违规使用住房又不及时改正，或长期不配合保障机构检查的家庭，列入"失信名单"，逐步纳入全市信用管理体系，对其后期信贷、就业等产生负面影响。对发现的失信行为进行记录，加大对失信行为的约束和惩戒力度，使诚信守规使用保障房真正成为购房家庭的行为准则和行为自觉。

三、共有产权保障住房纳入社区管理的几个支撑条件

共有产权保障住房只有完全纳入社区管理才能形成长效机制，但需要一些支撑条件才能实现。

（一）形成政府购买服务的资金保障渠道

目前社区管理需要大量的资金投入，仅依靠导出区向导入区的一次性转移支付不能解决持续的资金问题，而完全依靠保障性住房所在区的财政支出，往往也会有

一定困难。所以，对保障性住房供后使用管理，由于需要增加人力等的资金需求，建议形成专项的财政资金。从目前的实践看，不同的区住房保障中心在申请后期管理专项经费时都或多或少存在缺乏依据、财政资金无法保证等问题。所以，要形成由区和市两级层面支持、政府购买服务的机制，分别由导入区、导出区和市住房保障基金中各出一部分，形成常态化的资金支持渠道。

（二）处理好导入区与导出区的信息支撑关系

社区管理需要居民的必要信息，这些信息在人户分离的状态下主要依赖导出区保障中心和社区提供，同时原户籍所在区也需要对保障家庭的一些居住信息进行必要的追踪，因此必须建立必要的信息交换机制。当保障对象入住时，原所在区保障中心应将保障对象的相关信息及社区其他相关信息及时传递给导入区保障中心，保障中心再将这些信息传递给居民所在社区。

（三）探索公共服务功能的转移

结合未来实有人口管理的发展，应研究探索将就业、医疗、子女入学等公共服务纳入共有产权保障住房社区管理，以利于社区的统筹管理。

（四）多方宣传，形成长效的舆论引导

在调研中，我们发现共有产权保障住房的违规使用主要集中在产权人将住房私自出租、出借，尽管可能存在各种主客观原因，但是产权人对共有产权住房产权属性认识不清；管理部门缺乏一个行之有效的售后监督机制，致使产权人存在"违规出租不一定会被发现或被处罚"等侥幸心理是其中的主要原因。因此，加强共有产权住房售后管理应该首先从解决这两大问题着手，而建立一个长效的共有产权保障住房发现和查处机制可以较好地解决上述两大问题。

（1）管理部门可以借助走访机制，向居民明确共有产权住房的"产权共有"属性。政府作为共有产权人，对共有产权保障住房售后管理等措施是依据法律法规行事，而非单纯的行政规定。同时，为了使共有产权保障住房能真正帮助低收入家庭解决住房困难的问题，政府必须对共有产权保障住房的使用和流转进行严格的监督，以确保公共资源的合理配置。

（2）管理部门可以向已经购买和正准备申请购买共有产权保障住房的申请者清楚解释目前有关共有产权住房售后管理的措施及相应的处罚条例，并将具体的监督和处罚方法等明确告知这些家庭。

调研中，许多保障性住房社区的管理人员表示，共有产权保障住房家庭刚开始入住时，大家都能按规定的要求，不敢出租、出借等，但一旦有个别家庭开始违规使用，如果不能及时制止，就可能产生"效仿"现象，更多的家庭可能出现违规使用情况，所以对于共有产权保障住房的违规使用必须处理"坚决"和"及时"，以防微杜渐。

四、提高共有产权保障住房使用效率

以保障性住房为主的大型社区，部分项目存在着入住率低、住房空置率偏高的情况。这是由两方面原因引起的，一是以往征收安置房供应中存在一户多宅情况，二是大型居住社区多在郊区，部分购房人工作、子女就学仍在市中心区，所以宁可暂租住在中心城区。

具体到共有产权保障住房，由于其处于大型居住社区中，因入住率低、公共配套的使用效率低造成配套不足，加上工作通勤等路途较远，部分购房人仍选择在市区居住，使部分小区的住房使用率偏低。

因此，一方面应加大公建配套等，提高居住社区的就业、就医等便利性，吸引共有产权保障住房购房家庭尽快入住。

另一方面，未来可以进一步优化制度，对于购房后长期不入住的现象进行分析，对于单纯为了购房投资，5年内都未装修入住的家庭，要增加其持有成本，因为其在一定程度上浪费了政府产权份额对应的公共资源。

第三节　共有产权保障住房上市管理方面

近年来，上海最早供应配售的共有产权保障住房家庭已进入购房满5年可以上市转让的阶段。当前的政策主要是由政府优先回购和家庭购买完全产权为主。各相关区的保障机构，由于资金来源无预算，交易价格难控且工作程序复杂，在优先购买

购房户的产权方面进展较小。这些情况与政策制定时的研判有所不同，而且预计在近一个时期内不会改变。因此，需要对已有政策规定的合理性、可行性重新审视。

总的来看，关于共有产权保障住房购房满 5 年可上市转让的基本政策安排是正确的，应当坚持，但在若干政策导向与实现可能性的把握、群众意愿与政府目的的结合、实施操作办法的具体可行性等方面，需要研究改进，以取得因势利导、同行互惠、去繁易行的效果。

一、5 年内回购处理复杂

一是产权人或同住人变化。一般情况下，取得不动产权证未满 5 年的，共有产权保障住房的购房人和同住人不能发生变化，特别是购房人与同住人不能随意退出。购房人、同住人购买商品房的，或者全部购房人和同住人减少的，则应当腾退共有产权保障住房，并申请共有产权保障住房回购。但常常遇到的实际情况是，住房保障家庭需要购买其他住房时，又不想让政府回购原共有产权住房。其中一些"合情不合理"的案例，如有的家庭由于子女结婚需要重新购买商品住房，但子女作为共有产权人，必须将现有共有产权保障住房申请政府回购后才能购房，而如果该住房又是保障家庭的唯一住房，老人又需要居住，则这种由于分户带来的矛盾比较难以处理。目前"人性化"处理方式是：因结婚、出生或离婚、死亡等引起人员变化的，家庭协商一致后，经区住房保障实施机构书面同意后，可按相应情况调整购房人、同住人。但由于家庭的具体情况千变万化，实际工作非常复杂。

这种处理总体看是"不合理"的，因为共有产权保障住房购买人在购买过程中，共同购买人或同住人因参加了住房状况或经济状况申请后才符合了准入条件，共同购买人或同住人就应该承担"5 年上市的限制"，如果因个人结婚等可以不受限制，实质上是不公平的。

二是回购资金如何保障。保障机构回购共有产权住房的专项资金来源，如果回购一次就向当地政府申请一次，当回购的数量较多时，行政成本过高，且资金可能难以保证。

三是回购过程中的税费问题。共有产权保障住房回购是一个交易过程，难免要涉及税收等问题，政府在回购时需要承担较多的交易税费。

下一步，建议简化 5 年内回购管理，特别是随着共有产权保障住房规模的不断扩大，如果按所有家庭"个性化"处理方式回购，不仅会影响住房的公平性，也会大幅增加管理成本。可规定：如果 5 年内需要政府回购，所有购房人和同住人必须同时退出保障体系，实现政府回购。如果以家庭成员需要结婚购买新房等理由，部分成员需要退出保障，这是不成立的，因为当初在申请保障时，这些成员是作为共有申请人的，取得保障资格后，就应该受 5 年内限售的制约。

二、满 5 年后上市制度仍需优化

（一）优先回购实施还有瓶颈

上海共有产权保障住房是按半封闭运作设计的，但从实践看，满 5 年政府优先回购的实施还不能成为主要渠道，一是回购资金量大，财政预算安排有困难，即使财政有安排，但回购的数量不确定，可回购的数量受市场波动影响很大，所以无法预先安排预算。二是回购后的房源再使用机制还未理顺，如果作为共有产权保障住房供应给新的申请家庭，加上中间环节的税收等，成本高，定价将明显高于新建共有产权保障住房。如果回购后用于其他保障住房，如公共租赁住房，则仍起不到共有产权保障住房循环使用的作用。

（二）家庭购买完全产权成为主流

从当前的实践看，5 年后家庭购买政府的产权份额，转化为完全商品住房是主要渠道。一是无税收成本，二是可转化为商品住房，而且将来在二手住房市场交易时不受住房市场调控政策的影响（按原产权年限已满 5 年，普通商品住房不用交增值税）。所以家庭购买完全产权后，是继续居住还是在商品住房市场上出售都非常方便。

但实践中遇到的问题是评估价格确定问题，由于购买政府产权份额的评估价格是定期调整的，但房地产市场波动有时比较明显，评估价格和市场价格可能有一定的偏离，特别是当市场价格明显向下调整时，需要政府及时调整评估价格。

（三）直接上市出售机制还未理顺

办法中有 5 年后可以作为商品住房直接上市出售的设计，根据政府与家庭的产权份额分配售房款。目前这一渠道还没有理顺，准备出售的家庭基本都是先购买政府产权，然后再在二手住房市场上出售。

（四）如何促进共有产权保障住房继续循环使用

半封闭的设计本身是为了促进共有产权保障住房可以循环使用于新的保障对象，原来的设计是考虑通过政府优先购买，再出售给新的保障家庭。但在实践中，政策优先购买的实施仍存在很多瓶颈。同时，如果通过政府优先回购实现住房循环使用于共有产权保障住房，则需要政府的长期补贴。因为政府要实施优先回购，出价必须略高于市场价格，但在未来再次作为共有产权保障住房出售时，又要低于市场价格，这一差价需要政府长期的财政补贴，缺乏政策与理论依据。

下一步应健全利用转让房源供应后续保障对象的政策措施，充分利用5年后需要上市转让的房源，连同政府产权份额，按政府规定价格，直接转让给新申请共有产权保障住房对象，实现共有产权保障住房资源的"小循环"，即新老保障对象之间直接交易的"共有产权保障住房二级市场"，这是一个理想的政策导向。但要有效实现，客观上是要有较多的购房户想转让住房，主观上还需要精准政策目标，完善相关办法，配套支持措施。推行这个政策的关键是：定价机制要平衡。首先，初始供房与再次供房的定价机制要平衡，兼顾新老申请户的接受程度，体现新老申请户的住房保障政策待遇公平；其次，与购房户购买政府产权份额的价格相平衡，体现社会权益分配政策的公平性。同时，还需要有引导机制。按照政府规定价格转让，可以给予住房转让户适当的利益优惠，通过相关的税费减免等方法实现。此外要设立专项基金，并制订可操作的办法，推动房源所在地住房保障机构回购住房后再次利用。一些原住户想转让的房源，如果没有新的申请户要购买，政府先回购或再上市交易就是出路。

三、关于5年后上市可进一步探索的方面

（一）完善上市转让的政策规定，以二级市场和家庭购买完全产权渠道为主

现行政策规定，凡上市转让的共有产权保障住房，政府可以优先购买，用于后续保障住房的供应；政府不购买的，可以向市场第三方转让，转让所得按购房户与

政府各自产权份额予以分配。未来5年后上市交易还需要根据实践不断完善。

一是保留优先回购渠道。但根据实际情况实施，如前所述，政府优先购买再出售给保障家庭这个渠道还难以"畅通"，建议未来除共有产权保障住房所在区确有需求并有财政保障的情况下，实施优先回购计划外，一般少实施这一政策。

二是弱化直接上市交易渠道。家庭将共有产权保障住房直接作为商品住房上市交易，还存在一个重要的潜在风险，即购房户与第三方采取售房阴阳合同等隐蔽手段，致使政府不能获得较高的实际售房所得，要防止和查处这些行为的确很难。这个潜在风险一旦成为现实，那么现有上市转让相关政策即失去了存在的意义。

三是新建供应给新保障对象的二级市场。随着越来越多的共有产权保障住房达到满5年的条件，越来越多的家庭可能需要置换住房。特别是后面几个批次中，随着收入线放宽，一些家庭收入增长的持续性较高，出售共有产权保障住房购买其他商品住房改善居住条件的需求越来越大，存量共有产权保障住房的供应量越来越大，可将这部分房源优先供应给新的住房保障申请对象。

四是强化家庭购买完全产权上市交易渠道。应逐步合并家庭购买完全产权与直接上市交易两个渠道。比较合理、可行的方案是上市转让的房源，一律先购买政府产权份额，转为商品住房后，才可向市场需求方转让。届时应纳入二手房市场交易管理，缴纳相应税费。这样做的好处是：政府该得到的能够确保，实施操作方法简便，也防止了暗箱操作和以权谋利的行为。

（二）建立共有产权保障住房二级市场的设想

1.建立存量共有产权保障住房优先出售给新申请对象的"二级市场"

鼓励可上市交易的共有产权保障住房供应给新的保障对象，主要考虑有两个原因，一是未来有效的共有产权保障住房供应可能不足，上海的建设用地供应紧张，可用于新建保障性住房的土地少、位置远；二是如果将回购的共有产权保障住房用于其他租赁型保障住房，则房源分散、管理成本高，同时回购的资金成本高。而通过建立保障体系内部的共有产权保障住房二手市场，也可保证原共有产权保障住房出售家庭获取与直接上市交易相同的收益，建立起一个准上市交易市场。

对于取得共有产权保障住房轮候资格的家庭，在有效供应增加的情况下，既可以等待申请购买新建共有产权保障住房，也可以选择在市场上购买原共有产权保障住房家庭上市交易的住房，该住房的交易价格"随行就市"。

具体操作中，可通过卖家与买家直接议价，并与住房保障中心签订三方合同，卖家不需要支付政府的收益分成，而直接将政府的产权份额转到买家，原有的政府与购房家庭的产权份额不变，交易的仅是原共有产权购房人的产权份额，但新购房家庭的限制上市 5 年年限重新计算。将共有产权保障住房转售给新的保障家庭，其实质相当于政府实施了"优先回购权"再次出售给保障对象，但减少了政府的回购和出售环节，简化了流程，减少了税收计算等环节。

这一方案对于政府应得的收益没有减少，政府共有产权份额收益部分直接转移到"下家"。对于原共有产权保障住房出售价格中，政府根据其产权部分（如 40%），其价款部分直接再次作为政府的出资，与新的共有产权保障住房家庭形成共有产权关系，份额不变。新购房家庭支付的购房款为该住房交易总价的一部分，即原保障家庭的产权部分（如 60%），这一价款也是原保障家庭在市场上出售住房的收益，所以与原有的上市交易收益没有差异。

这一制度的好处还在于，一是政府避免了回购再出售过程，减少了交易成本和政府管理成本；二是通过"市场机制"确定了共有产权保障住房的价格，减少了政府的评估环节；三是政府不用考虑回购资金问题，不需要有新的资金投入；四是充分利用市场机制，交易双方供需容易平衡；五是政府与购房人的产权份额保持不变，不存在政府回购再次出售定价及份额确定的难题。

2. 通过完善政策或经济手段促进二级市场交易

实践中要鼓励原共有产权保障住房购买人将住房出售给新的保障对象，需要一些政策措施和经济手段给予优惠。

第一，完善政策，规定如果共有产权保障住房满 5 年后要出售，必须先在"二级市场"上出售，如按评估价格出售，若有新保障对象愿意按这个价格购买则必须出售给新保障对象。如果一段时期后，如半年，无人购买则可以上市作为商品住房出售。这一政策可以通过在未来批次共有产权保障住房购房合同中约定，或进一步修改管理办法的方式实施。

第二，适当增加其他渠道成本。可考虑如果个人购买完全产权，变为完全商品住房后，将作为新的购房交易，未来该住房再次交易时，相关交易税收认定的购房年限从取得新产权证时开始计算，相当于增加了未来的交易成本。

（三）建立"补售分离"的上市交易流程

上海共有产权保障住房 5 年后上市的管理，目前规定是按政府与个人的产权份额分享增值收益，产权份额的设定在购房合同中明确，但难点在于上市时市场价格的确定和管理流程。从前述新加坡组屋和香港居屋的转售制度看，可以借鉴其上交政府的收益分成与市场实际交易价格无关，即"补售分离"的经验，形成上海共有产权保障住房简洁、高效的上市管理制度。

以评估价格为基础进行收益分成，程序简洁并可避免市场上虚假交易合同的影响。这一制度允许保障对象在取得共有产权保障住房产权证 5 年后，补交政府产权份额收益后取得完全产权，并可随时上市交易，上市交易价格与缴纳政府的收益分成的评估价格相独立。共有产权保障住房的评估价格由政府委托资质、信誉良好的房地产估价公司进行评估，可采用一房一评估，也可由政府部门定期发布具体共有产权保障住房小区内住房的评估基准价，具体住房价格参考当时共有产权保障住房购买时的楼层、房型等折扣系数。共有产权保障住房保障对象按合同的产权份额计算应交给政府的收益，取得完全产权。

共有产权保障住房无论采取哪种形式交易，其基本流程应是"先补价、再交易"，或"先补价、再登记"。但无论哪一种形式，都是补价在先，通过补价，获得共有产权住房的交易登记资格。

1. 交易申请

共有产权保障住房取得产权证 5 年后，原购房人向保障机构提出申请，先在共有产权保障住房二级市场出售，若无新保障对象购买且保障机构确认不先回购后，允许上市交易。

2. 补交价款

（1）补价基础

政府每年定期，如一年两次，委托评估机构对共有产权保障住房进行评估，得出不同区域共有产权保障住房的基准评估价格，并制定不同楼层、房型等影响因素的修正系数。该评估价格一经公布，即用于后期共有产权保障住房上市的补价，中间无论房地产市场的实际价格如何波动都不再变动，在实际操作中，这一评估价格可以考虑到实际波动的可能，并以"让利于民"的原则，略低于市场合理价格。

（2）补价额计算

补价额的计算是采用公开透明的公式，任何家庭都可以初步计算出自己的共有产权住房上市需要交给政府的补价额。

补价额 = 政府上年底公布的该住房所在区域基准价 × 修正系数（楼层、房型等）× 政府的产权份额

保障机构收到补价款后，出具"已缴清政府产权份额价款的书面证明"，该证明有效期为一定期限，如年。

3. 出让交易

补价后，原购房人家庭应在一定期限内完成出让交易，凭保障机构出具的"已缴清政府产权份额价款的书面证明"，与受让人到房地产交易中心申请交易过户。

如果原购房人未能在当期内完成交易，原购房人也可以按"购买完全产权"的政策，申请共有产权保障住房转为商品住房，原共有产权保障住房产权人和同住人协商一致后，按照商品住宅登记有关规定重新确定住房的产权人。

4. 延迟交易

如果原购房人未能在当期完成上市交易，也未能变更为完全产权，后面如果需要上市交易或购买完全产权，则需要按新的评估价格重新计算补价额，如果高于上一期的补价额，则需要补交后，由保障机构重新出具"已缴清政府产权份额价款的书面证明"。

第十二章

专题借鉴：英国共有产权住房运作机制

第一节　英国共有产权住房的基本情况
第二节　英格兰共有产权住房主要运作机制
第三节　北爱尔兰货币化的共有产权住房
第四节　比较与借鉴

英国的共有产权住房制度实施时间长，并取得了明显的成效。国内对其基础制度的介绍已有不少，本章主要从具体政策的运作机制入手，整理相关资料，其对制定相关共有产权住房政策有较强的借鉴价值。

第一节　英国共有产权住房的基本情况

英国分为英格兰、威尔士、苏格兰和北爱尔兰四个部分，其中，英格兰划分为43个郡；威尔士下设22个区；苏格兰下设32个区，包括3个特别管辖区；北爱尔兰下设26个区。在英国这四个地区中，由于不同区域的文化不同，相关制度也有一定的差异，在共有产权住房制度方面，英格兰地区和北爱尔兰地区的做法有一定的典型性。

一、共有产权住房制度实施的情况

英国推出共有产权住房制度的信念是政府认为"任何努力工作并尽力储蓄的人都应该有机会购买一套属于自己的住房"。这一制度使人们可以购买部分产权，而对没有购买的产权部分支付租金，使人们有机会攀上住房改善的阶梯，为下一步购买更好的住房打下基础。

经过30多年的实践发展，英国共有产权住房制度至今已较为成熟。期间也经过一些政策调整，如对取得完全产权过程、购买第二套共有产权住房都曾有限制，现在这方面已有放松。以前针对城市关键岗位，如从事城市公共服务工作的教师、医生有优先政策，目前这些政策已取消。

英国共有产权住房的供应总量每年在1万套左右，其中1990—2005年提供了约7万套，2006—2010年提供了约5万套，2011—2015年提供了4.1万套。共有产权住房作为英国保障性住房中的一种，虽然占总住房存量的比例不大，但这一政策有力地缓解了市场上住房供应不足的状况，有效地满足了被保障家庭对产权住房的需求。

从下一步的发展规划看，英国政府已经将共有产权住房建设作为主要政策目标，如2016年政府宣布了"共有产权住房与可负担住房2016—2020计划"，在未来5年的可负担住房项目中，政府预算的总资金为47亿英镑，其中41亿英镑都将用于共有产权住房。具体的目标为：

（1）13.5万套共有产权住房；

（2）1万套先租后售住房；

（3）8000套针对老年人等特殊群体的租赁住房。

同时，2016年在两项政策上进一步放松，一是放松了对共有产权住房卧室数量的限制，二是对已有共有产权住房家庭再次购买共有产权住房的限制。

二、共有产权住房在住房保障体系中的地位

英国当前的住房制度与自由主义的社会模式相适应，并采取了"补救模式"，即将住房相关的福利政策指向那些收入能力有障碍，或暂时有障碍，或家庭负担较重的社会人员。他们以"新福利制度"代替传统的福利体制，政府充分利用市场机制，维持经济增长与科技创新，鼓励社会成员的自我能力培养，降低政府公共开支。在住房制度上，政府更注重通过支持家庭购房来解决住房问题，使家庭通过自己的努力改善住房状况。

英国的"共有产权住房"（Shared Ownership Housing，在北爱尔兰称为Co-Ownership Housing）制度是一种保障性住房制度，是英国住房保障制度的重要构成部分，由政府对有一定购房支付能力，但又难以完全承担从市场途径购买住房的部分群体进行的一种资助。

英国的住房保障政策框架也是主要有租赁支持和产权支持两种形式（表12-1）。租赁支持主要是相关政策或住房协会对中低收入家庭提供低租金住房，这种住房常常是租赁使用权住房（Leasehold Property）。另一种是产权支持，具体通过4种方式支持居民购买，一是权益式贷款（Help to Buy Equity Loan），二是提供信贷保证金（Help to Buy Mortgage Guarantee），三是购房储蓄支持计划（Help to Buy ISA），四是共有产权住房（Buying through Shared Ownership），其中，政策一和三、政策三和四可以同时享受。

其中的共有产权住房，是政府部门或住房协会提供，由购房人与住房的提供者共同拥有住房产权，购房人对没有购买的产权部分支付租金，在具备能力后，购房

人可逐步增加购买产权。需要注意的是，租赁使用权住房和共有产权住房常常是相通的，租赁使用权住房可以转化为共有产权住房出售，而直接出售的共有产权住房在取得完全产权前也基本属于租赁使用权住房。

表 12-1　英国住房保障和支持体系

供应对象	住房支持形式
中高收入家庭	购房援助计划： 　免息借款 　按揭担保 税收优惠： 　住房资本利得税 　租赁税 　新建住房增值税
中低收入家庭	共有产权住房 权益共享住房 信贷保证金 购房储蓄支持计划
低收入家庭	租赁使用权住房（先租后售） 租金补贴 社会租赁住房
弱势群体	老年人、残疾人的帮助政策，针对居住在房车内家庭的政策

第二节　英格兰共有产权住房主要运作机制

一、供应对象

（一）准入资格

英格兰的共有产权住房申请标准主要有两方面，一是收入标准，二是支付能力标准。实际上就是在收入标准上既有收入上限也有收入下限，前者是为了保证家庭没有能力在市场上购买住房，后者是为了保证家庭能买得起共有产权住房，并支付得起后期的贷款和住房使用费用。这与其他住房保障政策只有收入上限没有收入下限不同，因为共有产权住房作为购买的产权住房，必须有一定的支付能力。

1. 收入上限

2016 年收入标准是家庭最高年收入为 8 万英镑（伦敦地区为 9 万英镑）。收入包括薪资收入及所有家庭资产产生的收益，所以也要求家庭申报所有资产，但要计算所有资产产生的收益。这些资产包括所有存款、债券、股票、土地以及其他金融投资等。但准入标准没有资产线的要求，当然如果资产过大，产生的收益就会超过收入标准。

2. 收入下限（支付能力）

收入下限没有绝对的标准，但必须具有与拟购买住房相当的支付能力。具体由审核人员通过对申请者家庭收入、日常消费现金流等综合评估，得出其是否具有购买共有产权住房及支付未来住房使用成本的能力。

3. 住房要求

该政策主要倾向于首次购买家庭，即无房家庭。目前对已有住房、但需要另买一个住房改善又无法负担的家庭，也在考虑之列，但有严格的要求和标准。所以，一般情况下，已有住房必须出售后才能重新购买新的共有产权住房，特殊的情况需要政府部门的审批。

（二）准入资格审查

共有产权住房供应商必须将所有申请购买者名单提供给当地有资格的销售代理，并登记。

在销售代理初步审核申请者提交的资料基础上，供应商必须确保所有供应对象符合共有产权住房要求的所有资格，并且保证这一资格也符合从申请到购买过程中可能产生的政策调整。

在资格审查后，申请人有义务将后期家庭的变化及时通知供应商和销售代理。

在优先政策上，目前除了军人有优先权外，其他优先权都已经被取消。

（三）几种特殊形式的共有产权住房

共有产权住房在供应给普通家庭基础上，针对不同的特殊对象，也形成了不同的具体政策。具体包括：

（1）老年人共有产权计划。该政策针对55岁以上的老年人，但不能购买完全产权，最高可以购买75%的产权，而且买到75%的产权后不用再支付未拥有产权部分的租金。

（2）失能人群共有产权计划。对于长期失能人群有特殊的共有产权住房计划，比如有人需要 1 楼的住房，但仅可购买 25% 的产权。当然也可以申请普通共有产权住房，最高可买到 75% 的产权。

（3）农村住房计划。

（4）保护区住房计划。

（5）自建住房。允许家庭通过自建住房的方式取得共有产权住房，但对成本有要求，不得高于市场价格的 80%。

二、共有产权住房的供应

（一）供应主体

共有产权住房的供应主体主要是住房协会，以及地方政府或政府认可的开发商，其中住房协会是最重要的主体。

一般的共有产权住房具体由城市住房协会负责运作，由政府对其供应对象和运作方式作出框架性的安排。具体的运作方式由住房协会根据本地区特定情况来灵活制订，包括建设、对象审查、管理、住房再上市出售等环节。

所有供应商都可申请政府的资金支持，然后开展共有产权住房建设和供应，甚至一些以盈利为目的的私人开发商也可以通过申请政府资金开展共有产权住房的供应。

（二）政府的资金支持

用于出售的住房都是获得了政府资金资助的住房，供应商通过政府新增的资金和出售住房产权回收的资金开发新的住房建设项目。同时也可以使用银行贷款等其他资金，但在申请政府资助时，必须列清所有将使用资金的用途，申请程序也采用投标的方式。

政府的支持还包括低价土地，以保证开发商开发部分保障性住房。政府还通过限制土地供应价格，以保证未来该土地用于共有产权住房建设。

（三）定价与首次购买份额

共有产权住房的定价必须是完全的市场价格，供应方一般没有让利。具体从皇家特许测量师处得到公允的评估价。

存量租赁住房作为共有产权住房的出售价格也必须是完全市场价，并且不考虑现在的租赁状况，即是否有人在租用，需要像一个完全可以重新出租的住房一样进行估价。

购房人首次购买的产权份额在 25% ~ 75% 之间。购房人根据自己的经济能力选择需要购买的份额，供应商不能事前要求购房人必须购买的产权份额。同时，也不允许供应商自行规定将同一项目内住房以相同的首次购买份额出售，如供应商不能规定所有住房首次购买的份额为 25%。每一套房的首次购买份额由购买人自己决定。

但在购房人的可支付能力内，鼓励购房人尽可能购买较大的份额。一般结合资格审查，通过对购房家庭的收入和资产分析，审核人会给购房人提出最合理的购买份额建议。

同时，要求购房人在支付购房款后必须保留足够的储蓄用于支付购买环节的相关税费以及搬迁成本。

（四）出售价格折扣

购买政府和住房协会的住房，可以享受一个折扣。根据住房的位置、住房面积大小，可以享受 9000 ~ 16000 英镑的折扣。

同时，供应商还可以给予一定的价格优惠，如在住房价格较高的区域，而该地区居民的收入相对较低，购买共有产权住房有一定困难的情况下，供应商可以给予一定的价格折扣。这一折扣必须由供应商来承担，而不能减少购房者的实际份额。

但折扣的限度有规定。如果提供价格折扣后，住房的价格将会低于成本或当地政府规定允许的最大优惠时，则不能提供折扣。

（五）购房人贷款

购房人可以通过向银行或住房协会申请贷款购买自己的产权份额，具体由购房人直接向贷款发放机构申请。剩余产权的持有人住房协会不承担信贷产生的相关责任和义务。

（六）合约

供应商提供的住房质量等必须满足购房人申请抵押贷款对住房条件的要求，必须是满足购买人取得抵押贷款条件的合约，并能提供满足购房人完成购买所需要的其他证明文件。

剩余产权的租赁期限必须大于 25 年（贷款的最高期限），常常是 99 年。低于 55 年的租约将无法得到政府的资助。

三、租金及后期使用

（一）未购买产权部分支付租金

英国共有产权住房的一个重要政策是对家庭未购买的产权部分需要支付租金，但租金水平比较低，而且增长幅度有一定限制。较稳定的低租金是英国共有产权住房对家庭支持的重要体现。

1. 最初租金水平设定

未购买产权部分由购房人向供应商支付租金。年租金水平确定为不超过未购买产权部分市场价格的 3%。政府建议供应商提供的租金平均不超过 2.75%。

2. 租金增长

年租金增长的最高限额为租赁价格指数 +0.5%，并且以每年的一个固定的月份租金指数作为基准，每年公布一次。

（二）使用与维护费用

不论购房人拥有房屋多大比例的产权（即使只有 25% 的产权），房屋的一切维修费用均由购房人承担。其中，房屋内部的维修由购房人自己委托专业机构来进行，费用由个人承担；房屋的公共部分由住房协会来维修（当然也可以委托专业机构），但费用最后要分摊给每个购房人家庭。

（三）后期使用限制

共有产权住房只能用于自住，不得转租（包括床位出租），不得用于经营（包括早餐店）等，以保证政府的公共资金不能通过产权住房获得商业利益。所以供应商必须在一开始就提醒购房人，共有产权住房和其他保障资金一样，都是为解决基本居住或生活问题而提供的帮助，而不是商业利益的帮助。

四、后期产权管理

(一)购买剩余产权

所有出售的共有产权住房必须允许购房人在将来购买完全产权(不包括老年人共有产权住房或其他特殊的住房计划)。这种不断购买新的产权份额,并变为完全产权的过程称为"爬楼梯"。

每次购买新的产权份额的价格完全取决于购买时住房的市场价格,市场价格上升就涨价,市场价格下降就跌价。所以,每次购买部分产权份额时都要重新评估住房价格,并且由购买人支付评估费。

每次新增的产权份额不低于10%,没有最高限制,直到住房变为完全产权住房。

(二)产权回购

住房协会为主的供应商可以在一定条件下回购家庭购买的产权份额。

1. 在取得完全产权前原购房人需要出售

在没有取得完全产权前,如果购房人要出售住房,必须首先供应给新的申请人。在提出拟出售后8个星期内,不能在公开市场上出售,先由供应商寻找新的合格购买对象,并将住房卖给其他符合购房资格的对象。如果在此期间内供应商没有找到合适的购买人,则可以在公开市场上出售,购房人和供应商分别按原产权份额获得售房款。如果在公开市场上也没有找到合适的对象出售,则由原供应商(共有产权人)回购。原供应商回购必须建立在公开市场上找不到购买人的前提下,并且可以通过申请政府的住房回购资金实施。

2. 原购房人出现还贷困难,可回购部分产权份额

如果购房人出现拖欠贷款或其他还贷困难状况,面临贷款人要收回抵押住房等风险,供应商必须使用回购资金回购住房的部分产权,以使原购房人能够还得起贷款,并能使原购房人继续居住在该住房中。甚至由原供应商回购全部产权份额,原购房人则变为一个完全的租客。这种由供应商回购部分产权份额的情况,称为"下楼梯"。

(三)房屋出售

在购房人没有取得完全产权前,供应商具有"优先回购权"。

原购房人通过"爬楼梯"取得完全产权后,则该住房成为完全的商品住房,购房人可以随时上市出售。

第三节　北爱尔兰货币化的共有产权住房

北爱尔兰有 160 多万人口,他们的共有产权住房(Co-Ownership Housing)制度从 1978 年开始实施,至 2015 年底已帮助 2.6 万多个家庭通过共有产权制度购买了住房。目前有 8000 多户家庭住在共有产权住房中。

一、供应对象

北爱尔兰的共有产权住房的申请没有具体的收入线标准。每年政府根据申请的人数和资金能力,结合家庭的具体情况确定可以资助的对象。

共有产权住房申请人必须是没有能力从公开市场上购买住房的家庭或个人。没有具体的收入标准,是否具有从公开市场上购买住房的能力也没有具体的标准,由共有产权住房协会(The Northern Ireland Co-Ownership Housing Association Limited)综合评估确定谁有能力自己购房和通过共有产权购买住房。

同时购房人必须提供他可以取得贷款及支付未来房屋使用费用的资料。共有产权住房协会评估的主要依据是购房人最近 12 个月的收入、消费和信用记录。对于认为可以自己负担住房的家庭以及无力购买共有产权住房的家庭则不予资助。

其他一些条件主要包括:

(1)年龄大于 18 岁,没有上限;

(2)在北爱尔兰拥有居住权;

(3)无住房,不能拥有任何房产和抵押贷款。

可支付能力的主要评估标准有:

(1)购房家庭年收入的 3 倍 + 储蓄,不能低于所购住房市场价格的 50%,同时也不能高于 90%。

(2)储蓄必须高于 5000 英镑,以用于支付购房过程中的相关费用。

(3)必须向供应商支付不低于 5000 英镑的订金。

(4)申请人必须有全职工作,并且在申请前连续就业 6 个月以上。

(5)信用报告。申请人必须提供一份最近 6 年的信用报告,该报告由指定的信用公司出具,具体包括抵押、信贷、信用卡,以及其他有用的信用信息,包括电话、煤气、电力等项目,还包括与其他人有关联的投融资事项。

二、供应管理

(一)管理主体

北爱尔兰的共有产权制度主要由共有产权住房协会执行,这是一个正式注册的住房协会,并有开发和筹集基金的功能。该机构是政府支持的实体,从资金来源看,主要由国家社会发展部提供的政府资金为主,另外还有银行贷款和拥有的共有产权部分的租金收入。所以,该机构主要是执行政府的住房保障职能。

(二)共有产权住房的房源

共有产权住房主要来源于市场上的存量房源,申请家庭可以购买当前市场上出售的任何房源,包括新建住房和二手房,但有一些条件。

1. 价格上限

可以作为共有产权购买的住房有一个价格上限,每年更新标准,2016 年所购住房价格不超过 15 万英镑。

2. 结构要求

一般的普通结构和框架结构住房都可以作为共有产权住房,其他结构的住房要根据具体情况确定。

3. 其他要求

新建住房必须有 10 年的建设质量担保;所购住房不包括家具等其他可移动的设备。

申请人必须详细说明其购买动机。

4. 不适合的房屋

对不适合作为共有产权住房的房屋作了明确的规定,如没有 10 年质量保证的住房;多户共用住房;单卧室住房;缺少公共道路、供水的住房等。

（三）首次购买产权份额和价格

购房人首次可以购买住房 50%~90% 的产权份额。因住房多数是从市场上购买，所以购房价格也是完全的市场价格。购房人确定自己要购买的份额，其他份额由住房协会购买并持有，购房人支付租金。

（四）共有产权住房购买的基本程序

共有产权住房购买的基本程序如下：

（1）与住房协会联系；

（2）找房；

（3）获得原住房出售意向；

（4）向住房协会申请，提交所有申请资料；

（5）约谈，所有购房人都必须参加，期间会询问一些具体的问题；

（6）出具确认函：拟购住房被评估，并且住房协会通过审核材料后，如果认为符合条件，将向申请人出具一个确认函；

（7）申请人认可确认函；

（8）筹资，包括购房人申请贷款等；

（9）约见律师，住房协会将和购房人律师一起完成所有手续；

（10）完成购房，并成为共有产权住房成员。

三、租金及后期管理

（一）未购买产权部分支付租金

与英格兰地区的共有产权住房一样，购房人需要对未购买产权部分支付租金。租金水平的确定为未购买产权部分的 2.5%。租金每年的 4 月份调整一次，参考商品零售价格指数确定。如果有地租，地租将加到租金中。

租金的确定与调整由社区管理部负责进行。

（二）共有产权住房的后期使用费用

所有物业管理及其他服务费用由购房人直接支付。

购房人必须对住房维修和保护负责，并支付建筑保险费，以及其他必需的保险费用。

（三）后期使用限制

共有产权住房必须用于自住，不能用于任何商业用途或出租。强调购房人必须明白共有产权住房的购买是为了实现一个"家"，而不是其他用途。

特殊情况下需要阶段性出租的，必须经过供应商许可，同时如果有贷款也必须经过贷款人许可。

四、购买剩余产权份额

北爱尔兰的共有产权住房同样可以使用"爬楼梯"的方式增加产权份额，购房后可以在任何时候增加产权份额，购买价格同样按当时市场价格执行。住房协会将会评估住房的市场价格，并告诉购房人新份额的费用。每次增加的产权份额为 5% 的倍数。

第四节　比较与借鉴

一、英国与上海共有产权住房政策对比

英国与上海的共有产权住房都属于保障性住房的范畴，两者都在一定程度上使用了政府与市场相结合的手段，都是政府对家庭刚性住房需求的支持，政策的思路基本一致，在具体的设计上有一些细微的差别（表 12-2）。其中最主要的区别是：

（1）在准入资格上英国不仅有收入上限要求，还有下限要求，要求其可以支付该住房的购买和使用成本。上海只有上限，没有下限，可能出现没有能力购房的家庭申请的情况。

（2）在后期使用中，英国需要对未购买的产权份额支付租金，当然这一租金比较低，体现了保障功能。上海则不收取租金。

（3）在购买的产权份额上，英国比较灵活，首次可在 25%~75% 之间，每个家

庭根据自己的支付能力确定，后期可以增加，在还贷有困难的情况下甚至可以减少。上海的产权份额则是固定的。

表 12-2　英国和上海共有产权保障住房政策比较

比较项目		英格兰区域	北爱尔兰区域	上海
准入资格	收入要求	年收入为 8 万英镑以下	有	年收入低于 7.2 万元人民币
	住房要求	改善性需求；首套住房优先	无住房	人均建筑面积 15m² 以下
	支付能力要求	收入可支付住房贷款及未来使用成本	年收入的 3 倍 + 储蓄不低于房价的 50%	无
	审查主体	供应商、销售代理	共有产权住房协会	住房保障中心
房屋供应	供应主体	住房协会或开发商	社会存量住房	开发商
	政府支持	补贴资金为主，少数低价土地	政府资金为主	土地划拨、税费减免
	房屋定价	完全市场价（测量师评估）	市场价格，有价格上限	成本定价
	购房人首次份额	可选，25%~75%	可选，50%~90%	固定，55%~70%
	后期份额增加	可增加，每次 10% 以上	可增加，每次 5% 以上	一次性购买完全产权
	后期份额减少	还贷困难时可以	无	不可以
	完全产权前回购	优先出售给其他保障对象	可以	政府回购
	上市交易	购买完全产权后	购买完全产权后	5 年后
	上市交易对象	优先供应给新保障对象	优先供应给新保障对象	完全市场化
贷款	贷款额度	自己产权部分	自己产权部分	自己产权部分
	共有产权方责任	不承担信贷产生的相关责任和义务	不承担信贷产生的相关责任和义务	不承担信贷产生的相关责任和义务
后期使用	租金	未购买产权部分市场价格的 3%（一般为 2.75%），每年根据指数调整	未购买产权部分市场价格的 2.5%，每年调整	无
	物业费、保险费等	购房人全部承担	购房人全部承担	购房人全部承担
	使用限制	只能用于自住	特殊情况下，经许可后，可阶段性出租	只能用于自住

北爱尔兰与英格兰共有产权住房的主要区别在于，一是北爱尔住房协会自己不建设住房，共有产权住房是由购房人自己到市场上寻找合适的房源，才申请和住房协会按共有产权方式购买；二是收入线没有明确的上限，根据资格审查情况由住房协会确定是否有购买共有产权住房资格；三是首次购买份额最低为 50%。

总体看，英国共有产权住房与上海共有产权保障住房在住房政策取向上比较一致，主要是保障基本居住的功能，同时也有对资产积累的支持功能。

二、几点主要启示

英格兰与北爱尔兰的共有产权保障住房政策，可以带给我们以下几点启示：

（1）共有产权住房不是完全的商品化住房，实质是具有保障性质的住房，表现在未购买产权份额的低租金和供应方的托底回购政策，既保障了购房人的基本居住权，也为住房资产的实现提供了保障。

（2）供应商一般是非营利机构，并有政府的资金支持，所有的住房支持政策最终都有政府的财政或其他政策支持。

（3）充分利用市场化的机制，住房销售定价及后来的产权份额增减都按最新的市场价格定价，减少了购房人运用供应商份额进行投资获利的可能。

（4）在取得完全产权前限制使用，取得完全产权后自然变为商品住房。住房在获得完全产权前，因为有供应方的支持政策，所以只能用于满足自住。

（5）采用半封闭运行，二手共有产权住房优先出售给新的申请对象，使新的申请对象更容易找到合适的房源。

（6）住房的所有后期维修、物业管理、保险等费用由购房人承担，不考虑产权份额。

（7）未购住房产权部分的租金水平低，不高于产权价值的3%，体现了保障功能。

第十三章

共有产权住房政策的进一步讨论

第一节 共有产权住房在我国的实践
第二节 发展共有产权住房应坚持的几个基本原则
第三节 共有产权住房未来展望

第一节 共有产权住房在我国的实践

一、江苏淮安等地的先行先试

早在 2005 年前后，我国一些城市就针对保障性住房进行了共有产权机制的探索，如江苏的姜堰、如皋、淮安等地。2004 年姜堰市建成 2 万 m^2 的解困房，每套面积 $65m^2$，家庭可以拿到 $45m^2$ 的房屋产权，剩下的 $20m^2$ 产权归政府，由住房保障部门代表政府按国有资产管理，家庭暂时没钱购买完全产权可先租住，等有钱了再买下完全产权。2006 年如皋出台的《共有产权保障性住房试点办法》，在拆迁安置住房中实施了共有产权机制。2007 年苏州在原来完全出售型中低收入家庭住房形式基础上，增加了共有产权型中低收入家庭住房供应形式。2007 年，淮安出台了《淮安市市区保障性住房建设供应管理办法》，替代了原有经济适用住房制度，实施共有产权住房制度。[①]

淮安市将共有产权住房定位为经济适用住房的替代，称为共有产权经济适用住房。其对当时的经济适用住房有两个重要的突破，一是将经济适用住房用地划拨改为出让，以使共有产权经济适用住房与商品住房在用地性质上完全接轨，但并不征收土地出让金，而是将土地出让与划拨土地之间的差价和政府给予经济适用住房的优惠政策，显化为政府的共有产权部分；二是将供应对象界定为中低收入家庭，即覆盖到"中等收入"家庭。

淮安的共有产权经济适用住房在向商品住房转化上，保障对象可以分期购买政府产权部分住房，变共有产权住房为完全产权的商品住房。政府鼓励个人尽快购买政府拥有的产权份额，在 5 年内购买的，可享受原共有产权房的价格，5 年以后 8 年以内购买的，按原供应价格加第 6 年起的银行同期贷款利息购买，8 年以后购买的，按届时市场评估价格购买。

2014 年，淮安被列入国家共有产权住房六个试点城市之一，并及时出台了《淮安市全国共有产权住房试点工作实施方案》（淮政发〔2014〕132 号）。在该方案中，淮安提出拓展保障模式，继续实行由政府通过集中建设、分散配建、市场收购等方

[①] 鲍磊. 安得广厦千万间——共有产权的淮安模式 [M]. 南京：江苏人民出版社，2011.

式筹集房源，向符合共有产权住房供应条件的对象定向销售部分产权，形成共有产权住房。可在个人出资不低于 60% 的条件下，由个人自行选择出资份额，形成共有产权住房。实物配售价格一般比同期同地段普通商品住房销售价格低 5%~10%。在继续实行由拆迁人或房屋征收主体向符合条件的棚户区危旧房改造和被拆迁家庭实施共有产权住房的基础上，进一步拓展三个保障模式：一是政府货币补贴助购普通商品住房。由政府向符合共有产权住房供应条件的对象提供货币补贴，供应对象直接到市场购买定向目录内的普通商品住房，形成共有产权住房。二是政府、企业出资购买普通商品住房。由政府、房地产开发企业或其他社会机构（下称企业）向符合共有产权住房供应条件的对象提供支持，共同购买定向目录内的普通商品住房，形成共有产权住房。三是政府提供公共租赁住房先租后售。承租政府所有的成套公共租赁住房的保障对象，原则上住满 2 年后，可以家庭为单位，根据自身条件按照出资额不低于 60% 申请购买承租的公共租赁住房，形成共有产权住房，申请购买的价格为市场评估价。

同时在共有产权住房供应对象上不断拓展，保障对象涵盖大中专毕业生、进城务工人员、淮安市户籍农民、淮安市所属乡镇工作的国家工作人员和城市中等偏下住房困难家庭，通过政府助购主要以解决居民首套房为目的。

根据淮安市《市住房保障工作领导小组关于调整 2018 年度市区住房保障标准的通知》（淮房保组〔2018〕2 号），2018 年共有产权住房的供应标准为中等偏下收入家庭人均住房建筑面积低于 $16m^2$；保障标准为家庭人均住房建筑面积 $24m^2$；收入标准为家庭人均月收入不高于 2748 元；资产标准为金融资产不超过 15 万元。

具体的准入标准按 5 类人群分别设计：

（1）城市中等偏下收入住房困难家庭（或暂住证家庭）：具有市区城市居民户口 2 年以上（或持有市区暂住证满 1 年以上）；家庭人均月收入不高于 2748 元；家庭人均住房建筑面积不高于 $16m^2$，且无其他房屋；家庭资产不得高于规定额度等。

（2）新就业人员：具有市区城市居民户口；具有中专以上学历；自毕业的次月起计算，毕业不超过 8 年；已与市区用人单位签订劳动合同或者聘用合同，并参加市区城镇职工基本社会保险等。

（3）进城务工人员：已与市区用人单位签订劳动合同或者聘用合同；在市区连续缴纳城镇职工基本社会保险 2 年以上；申请人已婚等。

（4）淮安市户籍的农民：具有淮安市户籍；申请人与共同申请人在市区范围内无私有房产。

（5）淮安市所属乡镇工作的国家工作人员：具有淮安市所属乡镇户籍；淮安市所属乡镇国家工作人员（国家机关、国有企业、国有出资企业、事业单位工作人员）；已与用人单位签订劳动合同或聘用合同，并参加市区城镇职工基本社会保险；申请人与共同申请人在市区范围内无私有房产。

截至 2018 年底，淮安市市区共有 1122 户住房困难家庭通过政府提供的共有产权住房实现了"有住房"的梦想，其中政府向 797 户中等偏下收入家庭、新就业人员和进城务工人员、325 户棚户区改造家庭累计提供助购资金 7277 万元[①]。

二、其他试点城市的探索

共有产权住房作为一种住房产权模式创新，并在各地实施一段时间后，国家从制度层面开始考虑其推广的可能。2014 年 4 月国家确定了北京、上海、深圳、成都、淮安、黄石 6 个城市为共有产权住房试点城市，希望通过各地的实践探索出合理的发展模式。当时，这六个城市中有部分城市已在实施共有产权住房政策，如淮安、上海、黄石、北京已提出或正在实施，而成都与深圳的政策尚未正式出台。

（一）北京的试点情况

北京于 2013 年 10 月出台了《关于加快中低价位自住型改善型商品住房建设的意见》，设计了带有共有产权住房特征的方案，该方案起源于限价商品住房，称为"中低价位自住型改善型商品住房"。自住型改善型商品住房定位于"商品住房"或"政策性住房"，但不属于保障性住房。该方案的考虑是，此类住房的共有产权特征主要体现在该住房上市时的分成制度上，即购房人取得房屋所有权证 5 年以后转让的，如有增值，应当按照届时同地段商品住房价格和该自住型商品住房购买时价格差价的 30% 缴纳土地收益等价款。当时，北京的共有产权住房供应对象是所有北京可以购买商品住房的家庭（符合限购条件），对中低收入住房困难家庭没有特别的优先或优

---

① 金义旻，赵同军，熊雄. 淮安共有产权房保障家庭取得历史性突破 [N/OL]. 淮安 114 网，2018-11-20 . http://www.0517114.net/article-view-18021.html.

惠，所以总体上属于商品住房的范围，但同时也起到了支持部分首次购房家庭的作用，兼顾了住房保障的作用。到 2017 年底，北京自住型商品住房已经累计签约 6 万余套。

2017 年 9 月，北京出台了《北京市共有产权住房管理暂行办法》，按照"新房新办法，老房老办法"的原则，已供地但尚未销售的自住型商品住房统一按照共有产权住房进行后续销售及使用管理；已经签约销售的自住型商品住房项目继续按照原自住型商品住房相关规定管理，并预计未来 5 年将实现 25 万套共有产权住房土地供应。具体政策已在第八章第五节专题介绍。

（二）黄石的试点情况

黄石市的共有产权保障性住房模式开始于 2009 年，2011—2014 年，李克强总理三次批示，支持黄石探索共有产权模式[①]。

黄石的共有产权住房体现在保障性住房的供应主体和保障对象两个方面。在供应主体上，根据《黄石市公共租赁住房管理暂行办法》，其共有产权形式是由政府与社会力量按照公共租赁住房政策，共同出资建设或收购，按投资比例拥有相应的产权份额。对于产权投资人也有一定的退出机制，即公共租赁住房承租人在租满 3 年后，各产权主体可依法转让其持有的份额，但不得改变公共租赁住房的用途，即该住房的产权虽然可以转让，住房仍供应给住房保障对象。

对于保障对象，主要是在棚户区改造中，被拆迁人的还建房超出部分，由政府（指定的企业）持有产权，实行先租后售，以缓解被拆迁人的经济压力，待经济条件好转时可一次或分次购买产权。在承租期间，保障对象对政府部分的产权按公共租赁住房缴纳租金。黄石的共有产权公共租赁住房也只有少量试点，还没有在保障性住房中推开。

（三）深圳的试点情况

深圳最初准备试行的带有共有产权特征的住房是"安居型商品房"，该住房定位也是保障性住房，供应价格约为同地段同类商品房均价的 70%，到一定年限后（10

---

① 吕萍，藏波，陈泓冰. 共有产权保障房模式存在的问题——以黄石市为例 [J]. 城市问题, 2015(6):79-83.

年）可以购买为完全产权，但没有对产权分配等进行约定。

三、更多城市的探索

随着共有产权住房试点取得了一定的经验，其他一些城市从完善本地住房供应体系的角度，也开始探索共有产权住房政策，包括南京、广州、烟台、福州等城市。

（一）南京市的试点情况

南京的共有产权住房分为面向保障对象类和面向人才类，面向人才的共有产权住房在第八章第五节中已经介绍过，其面向中低收入家庭的共有产权住房定位于"共有产权保障住房"。2015年7月，南京市政府发布了《南京市保障性住房共有产权管理办法（试行）的通知》（宁政规字〔2015〕10号），其中规定：共有产权保障住房是指保障对象按出资金额比例与政府委托部门或机构按份拥有产权的保障性住房。其保障对象是指江南六区范围内，家庭收入、财产、车辆、住房状况等符合特定条件的家庭，并将其分为三类重点，分别是中低收入家庭、首次置业家庭和新就业家庭，可以申请购买共有产权住房：

（1）中低收入家庭：城市低收入、中等偏下收入住房困难家庭。

（2）首次置业家庭：具有江南六区户籍且在本市无房屋权属登记、交易记录的城镇居民无房家庭。

（3）新就业家庭：具有江南六区户籍且在本市无房屋权属登记、交易记录，签订劳动合同且连续缴纳社会保险2年及以上，全日制院校本科及以上学历、毕业未满5年的新就业人员。

（4）经市政府认定的其他住房困难家庭。

其中，对于第一类购买群体，即城市中低收入家庭，具体准入标准（2018年）为同时满足以下条件：

（1）具有江南六区户籍满5年的城镇居民；

（2）家庭人均月收入在规定标准以下（中等偏下收入低于3333元；低收入低于2083元）；

（3）家庭人均住房建筑面积在规定标准以下（15 m^2 以下）；

（4）家庭人均财产在规定标准以下（中等偏下收入家庭认定标准为：3 人户低于 20 万元，2 人及以下户低于 23 万元，4 人及以上户低于 17 万元；低收入家庭认定标准为：3 人户低于 15 万元，2 人及以下户低于 17 万元，4 人及以上户低于 13 万元）。

（5）家庭车辆在规定标准以下（中等偏下收入家庭认定标准：拥有 2 辆以上或 1 辆价格超过 12 万元机动车辆的家庭不认定为城市中等偏下收入住房困难家庭；低收入家庭认定标准：拥有 2 辆以上或 1 辆价格超过 8 万元机动车辆的家庭不认定为城市低收入住房困难家庭）。

保障对象可分次购买共有产权保障住房产权份额。首次购买的产权份额，城市低收入住房困难家庭不得低于 50%，城市中等偏下收入住房困难家庭不得低于 70%，其他保障对象不得低于 80%。

后期可以不断增加产权份额，自首次购买产权 5 年内，保障对象可根据自身需求，分次继续按原购买价格购买剩余产权份额，每次不少于 10%；5 年后购买的价格根据届时市场价评估确定。

5 年后可以上市交易，自购房发票记载时间 5 年后，经共有产权人同意，共有产权保障住房可上市交易，交易价格按届时市场价执行。取得的房屋价款扣除原房款后，剩余房款按产权份额比例分割。

共有产权保障住房出让给符合申购共有产权保障住房条件的家庭和个人的，按不低于原保障对象拥有的产权份额转让；出让给其他家庭或个人的，买方需购买完产权。

南京的共有产权保障住房供应以来，根据不完全统计，目前已有近 3000 户家庭分别通过中低收入家庭和新就业无房家庭的标准申请到了共有产权保障住房，如表 13-1 所示。

表 13-1　南京共有产权保障住房供应数量　　　　　　　　　　（户）

公示时间	中低收入家庭	新就业无房户（含首次置业）
2016 年第 3 季度	374	247
2016 年第 4 季度	331	344
2017 年第 1 季度	278	249
2017 年第 2 季度	310	300
2017 年第 3 季度	369	5
2018 年第 3 季度	51	
2018 年第 4 季度	4	

数据来源：根据南京市住房保障和房产局历次《申请住房保障的家庭名单公示》整理。

(二) 广东省试点情况

2018年9月，广东省住房和城乡建设厅公布了《关于推进共有产权住房发展的指导意见（征求意见稿）》，其中，将共有产权住房设计为纳入城镇保障性安居工程，由政府提供政策支持，由供应主体筹集，参照同地段、同品质商品住房价格水平确定评估价格，以低于评估价格配售给供应对象，并限定使用和处分权利，实行供应主体与供应对象按份共有产权。供应对象，为符合规定条件的城镇无房家庭。共有产权住房5年后可转让给新申请家庭，10年后可购买完全产权，转化为商品住房。同样，对政府持有的产权部分，家庭不需要支付租金，但要全额交纳维修基金和承担物业费。

(三) 福州市试点情况

福州市的共有产权住房也是分为面向人才的共有产权住房和面向户籍住房困难家庭的共有产权住房两类。

其中，对于面向人才的共有产权住房，市政府于2018年6月发布了《福州市人才共有产权住房实施方案》（榕政综〔2018〕117号）。这一政策主要是"货币化补贴"模式，规定为：人才共有产权住房是面向引进到本市工作，符合人才引进相关条件的福建省引进高层次A、B、C类人才和福州市三个层次创业创新人才供应的，由人才与市国有房产管理中心共同出资购买，对于三类人才，政府分别出资100万元、130万元和180万元，并按出资比例在一定期限内共同持有产权份额的商品住房。市国有房产管理中心按照市财政局提供的购房经费，与人才共同出资购买人才共有产权住房，根据出资比例确定产权份额。购房人才拥有住房使用权，市国有房产管理中心持有的产权份额不收取租金。购房人才在本市工作满2年后，从第3年开始每满1年免费获得市国有房产管理中心持有的10%产权份额。满12年后，购房人才获得市国有房产管理中心持有的所有产权份额，房屋权属性质转为完全产权商品住房。

面向住房困难家庭的共有产权住房，准入条件主要有：

（1）申请人本人应具备本市鼓楼、台江、仓山、晋安、马尾五城区居民户口，或在本市五城区连续缴交3年以上（含3年）社保或个人所得税；

（2）申请人本人及配偶和未成年子女在本市五城区人均住房建筑面积不超过15m^2；

（3）单身家庭申请购买的，申请人应年满35周岁。

根据《福州市开展共有产权住房试点实施方案》，购房人所占产权份额为60%，政府产权份额为40%。2018年8月，福州市公布的第一批房源共有两个项目，分别为仓山区金城湾393套，销售均价为29200元/m^2，购买人购买60%产权份额，开发企业市新榕建设公司持有剩余40%产权份额；仓山区钱隆府500套，销售均价为28100元/m^2，购买人购买60%产权份额，市国有房产管理中心持有剩余40%产权份额。

2018年12月，有1078户共有产权住房申请家庭通过审核，并予以公示。

第二节　发展共有产权住房应坚持的几个基本原则

一、共有产权住房政策应坚持住房保障或住房支持的定位

共有产权住房政策是住房政策的范畴，不是简单的产权安排，是政府或非营利组织为解决部分住房困难家庭住房支付能力不足问题而实施的政策。根据政府或非营利组织支持的力度不同，共有产权住房可分为保障性共有产权住房和支持性共有产权住房。完全的商品型共有产权住房不属于住房政策的范畴，在实践中也没有任何的政策障碍，不需要政府作出专门的规定。

国内外共有产权住房的实践，都表现出政府通过某种方式、在一定程度上对购房家庭有支持，如上海体现在使用权的让渡上，不收取租金；英国虽然收取租金，但是低于市场化租赁房的租金；南京等城市按低于市场的价格出售。所以总体上来说，共有产权住房是一项保障性或支持性的住房政策。

共有产权住房可以及时地解决住房困难和居住稳定性问题。共有产权住房相对其他住房政策，可以使保障对象以较少的购房费用及时获得住房，并实现长期稳定居住。租赁型保障住房一般难以满足长期稳定居住的需求。租金补贴的廉租住房和公共租赁住房，如果需要保障对象自己到市场上寻找合适的住房，则常常难以找到，或租赁关系不稳定。

共有产权住房在解决基本住房问题的同时，还可以解决购房人享受公共服务的公平性与可得性问题。因为教育等公共资源往往是与户籍、住房产权等相联系的，

共有产权购买人可以享受和完全产权住房相同的公共服务资源。

总体上看，共有产权住房最适宜于解决住房保障问题，因为其供应对象都是需要住房保障或支持的家庭，是缺乏市场化商品住房购买能力的家庭，它主要是解决住房的可得性问题。共有产权住房随着城市的发展，住房需求关系的改善，也可以适当用于解决改善性住房问题。虽然理论上共有产权住房也可以解决商品住房的可得性问题，但更宜由市场主体通过市场化手段来解决，而不需要政府承担更大责任、出台过多的政策支持。

二、共有产权住房供应对象应以"夹心层"为主

共有产权住房供应对象最适合于没有完全支付能力购买市场化商品住房，但又有一定支付能力，可以购买部分产权的家庭。这些家庭介于具有完全的市场支付能力和没有任何市场支付能力家庭之间，一般不属于最基本住房保障的范围，所以可称之为"夹心层"。从英国的共有产权住房实践看，申请人的收入标准有上限和下限，其中上限是没有能力购买商品住房的收入水平，下限是可以支付未来住房支出的最低收入，也是"夹心层"政策。所以共有产权住房供应最好有一个范围，对于收入更低的家庭，只能通过廉租住房等最基本的住房政策解决其住房问题。

供应对象的第二个特征是购房人的收入要有提高的预期。购买共有产权住房的家庭，一般应是收入有提高的可能，或者保持现在收入稳定的可能。家庭收入稳定才可能保证未来按期偿还购房贷款，支付产权住房的相关维护费用等。而收入有提高的可能，未来才有可能退出共有产权住房体系，进入市场化住房供应体系。所以共有产权住房供应对象应是收入稳定或有提高预期的"夹心层"家庭，这类家庭一般以青年家庭或有青年人口的家庭为主。

三、共有产权住房应坚持按出资额形成共有产权份额

共有产权住房的定价和产权份额是政策的核心内容，如果定价偏低，或个人产权份额明显大于其出资额所占市场价格比例，就会出现明显的投资套利空间，就可能出现过去以投资动机为主购买经济适用住房的现象。所以共有产权住房无论是保

障性还是支持性，政府在定价和产权份额上不能有过大的让利，而应严格按家庭购买人出资占该住房的市场价格比例折算产权份额。

同样，在未来上市交易或家庭购买完全产权时，政策的设计也应严格按产权份额计算上市交易出售价格的分成，以及家庭购买政府产权份额的市场价格，使购买人在产权收益上没有超额所得，所得仅限于自己出资的部分。

所以，判断是否是真正的共有产权住房政策，关键看购买时产权份额是否按出资额占市场价的比例设定，未来上市或购买完全产权时，是否按产权份额对应的市场价格。如果脱离了这两点，则与原来的经济适用住房、限价商品住房等支持性产权住房政策没有差别，就不是真正意义上的共有产权住房了。

四、政府对共有产权住房的支持力度应适度

从各国实践的情况看，共有产权住房无论是保障性住房还是政策性支持住房，一般都是政府（或代表政府的非营利机构）和家庭共有。结合我国实际的情况，建议政府所占的产权份额不能过高，最高不宜超过50%，反过来说，家庭所占的产权比例应大于50%，使购房家庭成为产权的主要持有人。这样有利于购房家庭积极履行产权和实际使用人的权责，特别是落实房屋的维修保养责任，也利于购房家庭将这个住房作为"自己的住房"看待，增加安居的感觉。同时，也可防止政府持有产权份额过多带来财政负担过重、政策难以持续的风险。

五、共有产权住房应允许家庭购买完全产权

共有产权住房的购买家庭，在解决住房困难问题的同时，还着重考虑资产的积累及与产权住房相对应的公共服务，这个要求有合理合法性，因而共有产权住房政策应允许更多的购买家庭最终获得完全产权。

共有产权家庭购买完全产权并用于自住是共有产权住房政策的重要目标。相对而言，共有产权家庭长期拥有部分产权，或到一定年限后上市交易、政府回购都是次要的政策目标，只允许家庭长期拥有共有产权，并长期享受政府产权的利益输出，既不利于家庭住房资产的积累，也不利于政府投入资源的回收。如果到一定年限后

就立即上市交易，说明该住房主要满足家庭的投资功能，不是用于长期居住需要，所以也失去了住房政策制定的根本。对于政府回购，虽然有利于保障性住房资源的循环利用，但政府财政安排复杂，操作性稍差。

六、共有产权住房不必覆盖所有产权型保障住房

共有产权住房主要是从产权收益的角度，明确出资额与收益额的关系，以减少未来产权关系的不确定性。这一住房供应类型的实施，相应要求更复杂的管理机制，要求有机构代表政府拥有产权份额，并在产权管理、供后使用管理等方面有完备的制度，也意味着更高的管理成本。在一个城市的保障性住房特别是共有产权住房供应量不大的情况下，实施共有产权住房政策从财政支出效率的角度看是不"经济"的。

另一方面，从住房的支持政策看，支持家庭购买住房有多种形式，包括购房补贴、信贷与税收优惠等，不一定非要提供实物的产权保障住房。从实际需求和有效供给关系分析，单项的住房实物供给难以满足多样性的住房需求。充分利用市场提供丰富多彩的住房资源，充分发挥金融、税收等货币化住房支持政策，创新政策工具和实施手段，将比单项实物供给产生更有效更合理的作用。此外，如果在市场资源紧缺的情况下需要提供实物的保障住房，也不一定非要采用共有产权的形式，以前的限价房供应给中低收入家庭，政府可能有较大的让利，但对于解决中低收入家庭的住房困难，也起到了有效支持的作用，如果能在准入环节把好关，其他产权型保障住房政策同样有生命力。

七、共有产权住房是一个复杂的机制，应"因城施策"

共有产权住房不适用于所有城市，特别是住房供需矛盾不紧张的中小城市。一方面共有产权住房管理需要建立一套复杂的政策体系和管理体系，有一套专门的保障机制和管理队伍，需要管理的规模效应。因为它不同于一般的保障性住房，仅解决建设和供应就行，共有产权住房不仅要解决销售中不同产权关系的处理、更加复杂的产权登记问题，还要解决后期的产权管理、后期的使用管理等问题，需要大量

的管理人力资源和财政资源。如果单纯从管理效率的角度看，对于大城市，共有产权住房供应量有一定规模的情况下，平均的管理成本会下降，而对于小城市，供应数量较小的共有产权住房体系是"规模不经济的"，可能平均的管理成本就比较高。所以从政策实施成本的角度看，与其把有限的住房保障资源用于管理成本，不如用于简单的住房保障方式，解决更多的中低收入家庭住房困难问题。另一方面，对于多数中小城市而言，土地资源相对不紧张，住房的供需矛盾相对不突出，住房的市场价格相对不高，通过其他产权型住房支持，或其他租赁型住房支持就可以解决好住房问题，不必使用更复杂的共有产权机制。

共有产权住房由于要求从建设、供应、后期管理都有一套相对严密的政策体系，并且在政策实施过程中要求较高的科学性和精准性，如果有一个环节管理"失控"，就可能造成制度的失效。所以共有产权住房的政策制定与实施都要结合城市需求对象的特征、城市住房管理的特点，不应要求形成统一的共有产权住房政策。如果要发展共有产权住房政策，也应结合本城市其他住房供应政策，放到整体的住房供应体系中，与其他住房政策相协调，形成本地特色住房制度。

第三节　共有产权住房未来展望

一、共有产权保障住房

（一）共有产权保障住房的生命力在于没有过度让利

当共有产权住房定位于保障性住房时，将主要定位于解决住房困难问题，同时在住房稳定性、公共服务可得性、住房资产积累上提供一定的支持。其主要功能是解决住房困难问题，同时解决资产积累的合理性问题：财富积累要依靠家庭自身，而不能仅靠政府资助。

共有产权保障住房将有利于消除出于"资产利得"的投资性购房，使住房成为"用来住的不是用来炒的"，这一机制发挥作用的前提是实施真正的共有产权机制，即在财产权上，严格按家庭与政府（或机构）的出资额比例享受产权份额，未来的产权出让收益严格按产权份额，而没有"额外"的资本利得。

如果共有产权保障住房对家庭有过多让利，将仍可能被"异化"，失去住房保障的基础，而转化为投资性购房。这种过多让利既可能出现在出售价格和产权份额的让利方面，也可能表现为后期上市时的让利，如出售价格明显低于购房人按市场价格比例划分产权的金额，或在未来上市交易时，购房人明显获得高于其份额的市场收益，都可能"诱发"投资性购房。

（二）共有产权保障住房的有效性在于使用权上有让渡

共有产权保障住房的"保障"一定是体现在"使用权"的让渡上，即对家庭"居住"的保障。这一般体现在对政府产权部分不收取租金，由保障家庭"免费居住"，当然也可以低租金居住。如果对使用权没有任何让渡，对家庭收取市场化租金，则会失去住房保障的"初心"。

住房保障首先要考虑解决"居住"问题，解决居住问题可以是阶段性的，也可以是长期性的，共有产权保障住房总体上看是长期性的。共有产权保障住房在保障"居住"的同时，还保障了保障对象可享受与"产权"住房相同的教育等公共服务，保障了其稳定的居住环境，保障了其社会经济地位。

（三）共有产权保障住房的可行性在于购房人获得合理的收益

共有产权保障住房无论是采用封闭运作还是开放运作，都必须使购买家庭获得其投资的合理资产收益，否则"购买住房"就没有意义。这种投资收益来源于社会普惠性的"投资"，政府没有过度让利，只不过给购房家庭提供了一个合理合法投资的机会。

（四）共有产权保障住房名称要避免被"污名化"

共有产权保障住房实施的成本较高，对管理水平的要求更高，需要一套系统的制度框架，是较复杂的住房政策。所以在不准备实施严格的"共有产权机制"的情况下，城市住房保障政策最好不要使用"共有产权保障住房"这一名称，在产权住房保障上，仍可使用"有限产权住房"、"限价商品住房"、"经济适用住房"、"政策商品住房"等。如果在财产权或资产收益权上没有实施严格的共有产权机制，虽然在产权份额上实施了共有产权，但过去"经济适用住房"体系中出现的"寻租"等问题同样会在共有产权保障住房体系中出现。

二、人才类共有产权住房

各地实施的人才类共有产权住房，实质上是一种激励政策，而不是保障政策。人才类共有产权住房一般都会存在产权上的让渡，或资产利得上的让渡，这种让渡不是因为购房人需要"保障"，而是对购房人在当地工作的一种"激励"。在房价较高的地区，人才类共有产权住房虽然名义上是一种住房支持，但实质上是对收入分配不足的一种补偿。从社会公平的角度看，人才住房的问题，用人单位应承担更多的责任，而不能由政府大包大揽。因此，人才类共有产权住房不应该简单地纳入住房保障体系。

（一）人才类共有产权住房可以多样化

人才类共有产权住房因为实质上是一种通过"资产"让渡的方式来吸引人才的手段，所以各地可以因地制宜地实施不同的政策，在产权份额确定、未来产权转让等方面，完全可以根据用人单位的财力、条件以及政府的政策支持力度实施不同的方案。

（二）人才类共有产权住房可考虑"先租后售"

对于人才类的共有产权住房，主要目的是希望起到"留住人才"的作用，对于青年人才前期积蓄有限的情况，也可以考虑先租后售的形式，在一定年限内由人才租赁住房，并可给予一定的租赁补贴，在居住一定年限后，人才可以逐步购买产权，具体的购买方式可以一次购买一定比例的产权如10%等。

（三）人才类共有产权住房可考虑"货币化"

人才住房的多样性、个性化都比较强，通过政府建设住房的形式供应人才住房往往不宜满足其实际住房需求。建议通过货币化补贴的形式，由政府或单位与人才共同到市场上购买商品住房，根据购买款的承担部分形成共有产权份额。

人才类的共有产权住房可以由政府鼓励用人单位实施，也可以通过政府组织专门机构实施，由于人才类的共有产权住房不属于"住房保障"范畴，所以政府的财政支出应当从人才专项资金中支出，而不宜从住房保障资金中支出。

三、共有产权商品住房

共有产权商品住房应定位于一种完全市场化的行为，在未来房地产市场中，可能会出现由开发商和购买人共同持有住房的状况，即购买人先购买部分产权，待以后条件成熟时再购买剩余的产权，但购房人同样可以享受"完全产权"住房的公共服务。

对于未购买产权部分，购房人一般应支付租金，但家庭是否需要支付未购买产权部分的租金、采取何种支付方式，完全由产权双方确定。

共有产权商品住房可以针对不同的人群形成不同的机制，如以开发商为主体的共有产权商品住房主要是一种新的市场销售策略，而以用人单位为主体的共有产权商品住房是一种新的用人政策。特殊情况下，如需要实施由政府为主体的共有产权商品住房，一般应体现为一种支持政策，这种政策支持对象，应当符合政府的社会公共政策需要覆盖和体现的目标。

四、货币化共有产权住房的实现形式

政府建设共有产权住房，既能在短期内有效增加住房供应量，也会增加低价产权住房，优化住房供应结构，是解决住房供应不足、住房支付能力不足问题的重要手段。但政府建设供应的产权住房是有限度的，应更多发挥市场机制。特别是当城市住房供需矛盾不突出、住房供应结构比较合理、市场房源比较丰富时，如果还需要解决一部分居民住房支付能力不足的问题，则可探索金融、税收为主的住房支持政策，帮助居民通过市场解决住房困难。而在共有产权住房政策上，可考虑通过货币化补助的形式，采取住房共有产权方式，借鉴英国北爱尔兰的做法，由购房人通过市场寻找合适的住房，由政府资助，共同购买普通商品住房，变为共有产权住房。从资产角度分析，政府在共有产权住房模式中对购房家庭的资助，本质上是提供了一笔与政府产权份额价值对应的无息或低息贷款，当购房家庭自住时不用归还，当购房家庭要取得全部产权或将住房上市转让时，就需要向政府按约定条件归还贷款。这种资助本质，为共有产权住房政策采取货币化补助方式提供了依据，而且为货币化补助方式的工具多样性、渠道广泛性提供了拓展天地。货币化的共有产权住房政策，可能更适合于一些住房供求关系不紧张的中小城市，或用于人才类的共有产权住房政策。江苏淮安市在近几年开始探索这一政策，并取得了一定成效，但总的来看，我国这方面的实践经验不多，手段也较单一，英国北爱尔兰的这方面政策和运作机制值得很好借鉴。

五、共有产权住房需"分类管理"

共有产权住房政策是一种产权复杂的住房政策，在房屋管理内部的分工上也要依据住房政策的属性分别实施管理。

（一）共有产权住房政策不必是一个单一的住房政策

由于共有产权住房可定位用于保障性住房，也可定位用于政策性住房或商品住房，所以共有产权住房不能制定一个笼统的或"统一"的"共有产权住房政策"，要因不同的定位制定不同的政策。定位于保障性住房的按保障住房政策制定，定位于商品住房的按商品住房管理实施。如果不分共有产权住房的定位，而制定一个统一的政策，不仅是不现实的，而且也不利于共有产权住房规范健康发展。

（二）共有产权保障住房宜纳入住房保障体系管理

共有产权保障住房应完全纳入住房保障体系，作为住房保障体系的重要构成部分，由住房保障部门实施管理。在住房的建设、供应和后期管理方面，应以保障性住房的基本要求实施。在土地出让、税收优惠等方面，应适用保障性住房的政策。

建议国家出台专门的"共有产权保障住房管理办法"，对作为保障性住房的共有产权住房制定系统的政策，解决地方政府无上位法依据的问题。

（三）人才类共有产权住房宜纳入商品住房体系管理

人才类共有产权住房，宜纳入商品住房的管理体系，因为这类住房虽然体现了对家庭的住房支持，但不是住房的"基本保障内容"，要解决的住房问题已不仅是住房困难，还包含了住房改善甚至住房舒适问题，不仅在"居住"上有支持，在"产权收益"上也很宽容，建议基本按市场化的机制运行。

参 考 文 献

[1] Apgar W. The state of the nation's housing: An update[R]. Cambridge, MA: Joint Center for Housing Studies,1989.

[2] Brian A Jacob, Jens Ludwig. The effect of means-tested housing assistance on labor supply: New evidence from a housing voucher lottery[J]. The American Economic Review,2012,102（1）:272-304.

[3] Brian J M. Are homeowners better citizens? Homeownership and community participation in the United States[J]. Social Forces,2013, 91(3):929-954.

[4] Butler S M. Privatizing federal spending[M]. New York:Universe Books,1985.

[5] Forrest R,Lee J. Cohort effects, differential accumulation and Hong Kong's volatile housing market[J]. Urban Studies, 2004,41(11):2181-2196.

[6] Harkness J M,Newman S J. Effects of homeownership on children: The role of neighborhood characteristics and family income[J]. Economic Policy Review - Federal Reserve Bank of New York,2003,9(2):87-107.

[7] Howenstine E. Appraising the role of housing in economic development[J]. International Labour Review,1957,75(1) : 21-33.

[8] Leamer E. Housing is the business cycle[J]. International Economic Review,2007,46(3):149-233.

[9] Meehan E. Low-income housing: The ownership question[J]. Journal of Housing,1988,45 (5-6): 105-109.

[10] Moffitt R. Incentive effects of the U S welfare system: A review[J]. Journal of Economic Literature,1992,30(1):1-61.

[11] Edgar O Olsen, Scott E Davis and Paul E Carrillo. Explaining attrition in the housing voucher program[J]. Cityscape, A Journal of Policy Development and Research,2005, 8(2):95-113.

[12] Peter Saunders. Beyond housing classes: The sociological significance of private property rights in means of consumption[J]. International Journal of Urban and Regional Research, 1978,18(2):202-227.

[13] Rachel Bogardus Drew. Constructing homeownership policy: Social constructions

and the design of the low-income homeownership policy objective[J]. Housing Studies, 2013, 28(4): 616-631.

[14] Stegman M, Holden D. Nonfederal housing programs[M]. Washington D C: Urban Land Institute, 1987.

[15] Susin Scott. Longitudinal outcomes of subsidized housing recipients in matched survey and administrative data[J]. Cityscape, A Journal of Policy Development and Research, 2005, 8(2):189-218.

[16] Turner T M, Luea H. Homeownership, wealth accumulation and income status[J]. Journal of Housing Economics, 2009, 18(2):101-114.

[17] U S HUD. Public housing homeownership hemonstration[J]. Federal Register, 1984, 49(108): 43028-43034.

[18] U S HUD. Cuomo sets goal of boosting black and hispanic homeownership above 50 percent in three years[EB/OL].（2012-05-06）. http://www.hud.gov:80/pressrel/pr00-132.html.

[19] William M Rohe, Michael A Stegman. Public housing homeownership: Will it work and for whom? [J]. Journal of the American Planning Association, 1992, 58(2): 144-157.

[20] Wise S. Statement on HUD's public housing homeownership demonstration program[C]//Subcommittee on Employment and Housing, U S House of Representatives, 1985, 9 July.

[21] 阿列克斯·施瓦兹. 美国住房政策 [M]. 北京：中信出版社，2008.

[22] 鲍磊. 安得广厦千万间："共有产权"的淮安模式 [M]. 南京：江苏人民出版社，2011.

[23] 陈淑云. 共有产权住房：我国住房保障制度创新 [J]. 华中师范大学学报（人文社会科学版），2012(1):48-58.

[24] 邓宏乾，王贤磊，陈峰. 我国保障住房供给体系并轨问题研究 [J]. 华中师范大学学报（人文社会科学版），2012(3):29-37.

[25] 韩文龙，刘灿. 共有产权的起源、分布与效率问题——一个基于经济学文献的分析 [J]. 云南财经大学学报，2013, 29(1):15-23.

［26］金细簪，虞晓芬．共有产权存在的合理性释义及未来发展思路 [J]．中国房地产，2014（11）:22-26．

［27］黎明月，吴憬，胡宝仪．共有产权模式在保障性住房体系中的应用及测算比较 [J]．建筑经济，2014（9）:93-96．

［28］李健正，肖棣文．社会政策视角下的香港住房政策：积极不干预主义的悖论 [J]．公共行政评论，2009，2(6):1-25+202．

［29］李健正．住房政策、住房自有与资产建设：东亚社会政策的一种新视角 [J]．公共行政评论，2010(3)：48-70．

［30］李艳玲．20世纪30年代美国城市公有住房建设初探 [J]．华东师范大学学报（哲学社会科学版），2003(4):115-120．

［31］刘洪玉，杨帆，徐跃进．基于2010年人口普查数据的中国城镇住房状况分析 [J]．清华大学学报（哲学社会科学版），2013，28(6):138-147+158．

［32］卢珂，李国敏．住房公平与政府正义 [J]．社会科学辑刊，2012(4):137-140．

［33］吕萍，修大鹏，李爽．保障性住房共有产权模式的理论与实践探索 [J]．城市发展研究，2013（2）:20-24．

［34］孟钟捷．德国历史上的住房危机与住房政策(1918—1924)——兼论住房统制模式的有效性与有限性 [J]．华东师范大学学报（哲学社会科学版），2011，43(2):133-138+157．

［35］上海市房地产科学研究院．上海住房保障体系研究与探索 [M]．北京：人民出版社，2012．

［36］吴立群，宗跃光．共有产权住房保障制度及其实践模式研究 [J]．城市发展研究，2013(2):7-9．

［37］虞晓芬，金细簪，陈多长．共有产权住房的理论与实践 [M]．北京：经济科学出版社，2015．

［38］郑思齐，符育明，任荣荣．住房保障的财政成本承担：中央政府还是地方政府 [J]．公共行政评论，2009，2(6):109-125+204-205．

［39］朱亚鹏．中国共有产权房政策的创新与争议 [J]．社会保障评论，2018，2(3):112-122．

［40］朱亚鹏．中国住房保障政策分析——社会政策视角 [J]．公共行政评论，2008(4):84-109+199．

后　　记

　　这本书的写作念头始于 2017 年秋，正值上海共有产权保障住房启动政策制定 10 年，后来书稿几经搁置。始终困扰我们的一个矛盾是，上海共有产权保障住房政策已实施 10 年，一方面感觉非常有必要对共有产权保障住房运行多年来的情况进行整理，对政策的利弊得失加以考量；另一方面，全国有推进共有产权住房的趋势，想到上海共有产权保障住房还有一些问题没有很好地解决，如供后管理和住房的循环利用问题，而且管理体系和机制的建设投入了大量的人力物力，一些城市是难以简单"复制"这一模式的，这本书会不会"误导"兄弟城市？这个矛盾一直困扰着我们整理写作的过程。

　　然而当回想起保障家庭入住新房时的喜悦，回想起各区住房保障管理基层同志加班加点的辛苦，回想起参与政策制定同志的"瞻前顾后"，这一切不都是为了圆普通市民的"住房梦"吗？住房是增强人民获得感、幸福感、安全感的主要内容，共有产权保障住房政策不正起到了这一作用吗？我们又深感有义务将上海的做法讲清楚，遇到的问题不回避，以求真、求实的态度，梳理上海的共有产权保障住房政策体系。

　　在本书的整理过程中，得到了许多领导、同仁的理解和支持，在此一并致谢。上海市房屋管理局张立新副局长、住房保障处张冰处长给予了大力支持。上海市住房保障事务中心胡迎胜主任不仅提供了中肯的建议，而且安排了有经验的同志提供资料。非常感谢在资料整理过程中，上海市房屋管理局保障处王永刚、姚文江，住房保障和房屋管理局档案管理中心王侃，住房保障事务中心余群、陈萍、蒋忻、徐瑛、潘颖娇等同志给予的帮助，他们提供了非常有价值的资料或素材。也感谢上海市住宅建设中心唐磊主任，住房保障事务中心朱麟、彭俊烨副主任的建议。第九章第一节部分内容由夏国祥老师整理。当然本书文责自负，书中还难免会有一些表述不准确、分析不科学之处，请读者们多多指正。

　　这本书最终成稿，也源于一种"责任感"。我们两人作为上海市共有产权保障住房政策制定和研究的参与者，在当前的学术研究工作中，仍经常在一起讨论共有产权保障住房等住房保障政策的定位、难点等问题，这次共同努力整理了这本资料，并加入了近年的思考，希望为我国更好地实施住房保障政策，解决人民"住有所居"有所帮助。

崔光灿　李东

2019 年 4 月